老吕专硕系列

MBA/MPA/MPAcc

主编 ◎ 吕建刚

编委 ◎ 张英俊 芦苇

管理类、经济类联考

老·吕·写·作

真题超精解

（母题分类版）

北京理工大学出版社
BEIJING INSTITUTE OF TECHNOLOGY PRESS

版权专有　侵权必究

图书在版编目（CIP）数据

管理类、经济类联考·老吕写作真题超精解：母题分类版/吕建刚主编．—北京：北京理工大学出版社，2021.5
　　ISBN 978－7－5682－9841－4

Ⅰ.①管⋯　Ⅱ.①吕⋯　Ⅲ.①汉语-写作-研究生-入学考试-题解　Ⅳ.①H15－44

中国版本图书馆 CIP 数据核字（2021）第 091534 号

出版发行 / 北京理工大学出版社有限责任公司	
社　　址 / 北京市海淀区中关村南大街 5 号	
邮　　编 / 100081	
电　　话 / （010）68914775（总编室）	
（010）82562903（教材售后服务热线）	
（010）68948351（其他图书服务热线）	
网　　址 / http：//www.bitpress.com.cn	
经　　销 / 全国各地新华书店	
印　　刷 / 保定市中画美凯印刷有限公司	
开　　本 / 787 毫米×1092 毫米　1/16	
印　　张 / 20	责任编辑 / 王玲玲
字　　数 / 469 千字	文案编辑 / 王玲玲
版　　次 / 2021 年 5 月第 1 版　2021 年 5 月第 1 次印刷	责任校对 / 周瑞红
定　　价 / 69.80 元	责任印制 / 李志强

图书出现印装质量问题，请拨打售后服务热线，本社负责调换

如何高效使用真题？

所有同学都知道，真题是考研备考的重中之重，那么，如何高效使用真题呢？我认为，至少分为两个步骤。

第一步，当然是限时模考。《老吕综合真题超精解（试卷版）》提供了完整的真题套卷和标准答题卡，就是为了方便你模考。

老吕要求你严格按照 3 小时的做题时间，排除一切干扰，从写名字到做题、涂卡、写作文，进行限时模考。通过限时模考，我们能调整做题顺序、把握做题速度、测试自我水平、进行查缺补漏。

另外，老吕发现有很多同学在模考时懒得写作文，或者做题太慢，没时间写作文。你进了考场也懒得写作文吗？虽然模考没有人监督你，但请不要自欺欺人！

但使用真题的关键是第二步，就是模考后，使用《老吕综合真题超精解（母题分类版）》进行题型总结。为什么呢？理由如下。

1. 数学的命题特点是重点题型反复考（以管理类联考为例）

来看一道 2019 年的真题：

设圆 C 与圆 $(x-5)^2+y^2=2$ 关于直线 $y=2x$ 对称，则圆 C 的方程为（　　）．

（A）$(x-3)^2+(y-4)^2=2$　　　　　　　（B）$(x+4)^2+(y-3)^2=2$
（C）$(x-3)^2+(y+4)^2=2$　　　　　　　（D）$(x+3)^2+(y+4)^2=2$
（E）$(x+3)^2+(y-4)^2=2$

这一道题曾在 2010 年考过近似题，如下：

圆 C_1 是圆 C_2：$x^2+y^2+2x-6y-14=0$ 关于直线 $y=x$ 的对称圆．

（1）圆 C_1：$x^2+y^2-2x-6y-14=0$．
（2）圆 C_1：$x^2+y^2+2y-6x-14=0$．

再看一道 2019 年的真题：

某单位要铺设草坪，若甲、乙两公司合作需要 6 天完成，工时费共计 2.4 万元；若甲公司单独做 4 天后由乙公司接着做 9 天完成，工时费共计 2.35 万元．若由甲公司单独完成该项目，则工时费共计（　　）万元．

（A）2.25　　（B）2.35　　（C）2.4　　（D）2.45　　（E）2.5

这一道题曾在 2015 年考过近似题，如下：

一项工作，甲、乙合作需要 2 天，人工费 2 900 元；乙、丙合作需要 4 天，人工费 2 600 元；甲、丙合作 2 天完成了全部工作量的 $\frac{5}{6}$，人工费 2 400 元．甲单独做该工作需要的时间和人工费分别为（　　）．

(A) 3 天，3 000 元　　　　　　　　　(B) 3 天，2 850 元

(C) 3 天，2 700 元　　　　　　　　　(D) 4 天，3 000 元

(E) 4 天，2 900 元

再看一道 2019 年的真题：

设数列 $\{a_n\}$ 满足 $a_1=0$，$a_{n+1}-2a_n=1$，则 $a_{100}=$（　　）．

(A) $2^{99}-1$　　(B) 2^{99}　　(C) $2^{99}+1$　　(D) $2^{100}-1$　　(E) $2^{100}+1$

这一道题在 2019 版《老吕数学要点精编》中有原题，如下：

数列 $\{a_n\}$ 中，$a_1=1$，$a_{n+1}=3a_n+1$，求数列的通项公式．

受篇幅所限，老吕不再一一列举真题，但老吕可以很负责任地和你说，数学 90%以上的题目是以前考过或者在老吕的书上写过的题。因此，数学备考一定要总结题型，也就是搞定母题。

2. 逻辑的命题特点也是重点题型反复考（管理类、经济类联考通用）

自 1997 年到现在，仅管理类联考和管理类联考的前身 MBA 联考，就考了 1 500 余道逻辑题，而逻辑只有三四十个知识点，这意味着什么？就是所有题目，都在以前考过十几二十次，"新瓶装旧酒"而已。

来看一道 2019 年的管理类联考真题：

新常态下，消费需求发生深刻变化，消费拉开档次，个性化、多样化消费渐成主流。在相当一部分消费者那里，对产品质量的追求压倒了对价格的考虑。供给侧结构性改革，说到底是满足需求。低质量的产能必然会过剩，而顺应市场需求不断更新换代的产能不会过剩。

根据以上陈述，可以得出以下哪项？

(A) 只有质优价高的产品才能满足需求。

(B) 顺应市场需求不断更新换代的产能不是低质量的产能。

(C) 低质量的产能不能满足个性化需求。

(D) 只有不断更新换代的产品才能满足个性化、多样化消费的需求。

(E) 新常态下，必须进行供给侧结构性改革。

此题考查的是串联推理，你可以在近 10 年的管理类、经济类联考真题中找到 40 余道相似题（受篇幅所限，老吕不再一一列举）。

再看一道 2018 年的管理类联考真题：

唐代韩愈在《师说》中指出："孔子曰：三人行，则必有我师。是故弟子不必不如师，师不必贤于弟子，闻道有先后，术业有专攻，如是而已。"

根据上述韩愈的观点，可以得出以下哪项？

(A) 有的弟子必然不如师。

(B) 有的弟子可能不如师。

(C) 有的师不可能贤于弟子。

(D) 有的弟子可能不贤于师。

（E）有的师可能不贤于弟子。

此题考查的是简单命题的负命题，你可以在近10年的管理类、经济类联考真题中找到约10道相似题（受篇幅所限，老吕不再一一列举）。

再看一道2016年的管理类联考真题：

近年来，越来越多的机器人被用于在战场上执行侦察、运输、拆弹等任务，甚至将来冲锋陷阵的都不再是人，而是形形色色的机器人。人类战争正在经历自核武器诞生以来最深刻的革命。有专家据此分析指出，机器人战争技术的出现可以使人类远离危险，更安全、更有效率地实现战争目标。

以下哪项如果为真，最能质疑上述专家的观点？

（A）现代人类掌控机器人，但未来机器人可能会掌控人类。
（B）因不同国家之间军事科技实力的差距，机器人战争技术只会让部分国家远离危险。
（C）机器人战争技术有助于摆脱以往大规模杀戮的血腥模式，从而让现代战争变得更为人道。
（D）掌握机器人战争技术的国家为数不多，将来战争的发生更为频繁也更为血腥。
（E）全球化时代的机器人战争技术要消耗更多资源，破坏生态环境。

此题考查的是措施目的削弱，你可以在近10年的管理类、经济类联考真题中找到10道相似题（受篇幅所限，老吕不再一一列举）。

可见，逻辑备考的关键，也是题型总结，也就是搞定母题。

3. 写作的命题大方向不变（管理类、经济类联考通用）

首先，论证有效性分析是典型的套路化文章，常见的逻辑谬误都有固定的写作套路，而且，也都曾在真题里出现过。

常见的论证有效性分析母题如下：

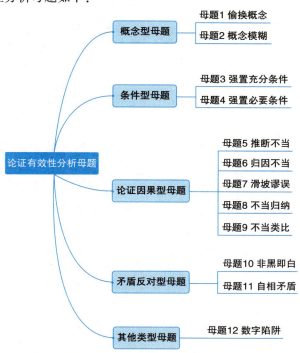

最后，论说文真题看起来变化多端，实际上考的都是管理者素养、企业管理、社会治理三个方向，本质上来说，都是对考生管理决策能力的考查，因此，论说文母题的思路如下：

4. 全年备考规划

（1）199管理类联考全年备考规划

阶段	备考用书	使用方法	配套课程
零基础阶段	《老吕数学要点精编》（基础篇） 《老吕逻辑要点精编》（基础篇） 《老吕写作要点精编》（基础篇）	第1步：理解核心考点。 第2步：本节自测+阶段模考辅助练习，"小试牛刀"。	老吕数学基础班 老吕逻辑基础班 老吕写作基础班
母题基础阶段	《老吕数学要点精编》（母题篇） 《老吕逻辑要点精编》（母题篇） 《老吕写作要点精编》（母题篇）	第1步：理解母题，掌握命题模型及变化。 第2步：归纳总结解题技巧、方法。 第3步：自测+模考强化练习，巩固提高。	老吕数学母题班 老吕逻辑母题班 老吕写作母题营
母题强化阶段	《老吕数学母题800练》 《老吕逻辑母题800练》	第1步：母题精练（题型强化训练）。 第2步：母题模考测试。 第3步：总结归纳错题及相关题型。	老吕数学母题800练 老吕逻辑母题800练
真题阶段	第1轮模考： 《老吕综合真题超精解》（试卷版）		真题串讲班
	第2轮总结： 《老吕数学真题超精解》（母题分类版） 《老吕逻辑真题超精解》（母题分类版） 《老吕写作真题超精解》（母题分类版）	第1步：用试卷版真题限时模考，分析错题，总结方法。 第2步：用母题分类版真题，总结归纳各题型解题技巧，探析真题的命题规律与破解之道。	—
冲刺阶段	《老吕综合冲刺8套卷》	第1步：限时模考。 第2步：反思错题。 第3步：回归母题，系统总结。	—
押题阶段	《老吕综合密押6套卷》 《老吕写作考前必背母题33篇》	第1步：限时模考。 第2步：归纳总结。	冲刺点题班

(2) 396 经济类联考全年备考规划

阶段	备考用书	使用方法	配套课程
零基础阶段	《396 数学要点精编》（考点+题型） 《老吕逻辑要点精编》（基础篇） 《老吕写作要点精编》（基础篇）	第1步：理解核心考点。 第2步：经典例题+章节测试，"小试牛刀"。	396 数学基础班 老吕逻辑基础班 老吕写作基础班
母题基础阶段	《396 数学要点精编》（题型+测试） 《老吕逻辑要点精编》（母题篇） 《老吕写作要点精编》（母题篇）	第1步：理解母题/题型，掌握命题模型。 第2步：归纳总结解题技巧、方法。 第3步：模考强化练习，巩固提高。	396 数学强化班 老吕逻辑母题班 老吕写作母题营
母题强化阶段	《396 数学母题 800 练》 《老吕逻辑母题 800 练》	第1步：题型强化训练。 第2步：模考测试。 第3步：总结归纳错题及相关题型。	老吕逻辑母题 800 练
真题阶段	真题（试卷版） 《396 综合真题超精解》（试卷版）	第1步：限时模考，分析错题，总结方法。 第2步：总结归纳各题型解题技巧，探析真题的命题规律与破解之道。	经综真题解析
真题阶段	真题（母题分类版） 《老吕逻辑真题超精解》（母题分类版） 《老吕写作真题超精解》（母题分类版）		—
冲刺阶段	《396 综合密押 6 套卷》 《老吕写作考前必背母题 33 篇》	第1步：限时模考。 第2步：反思错题。 第3步：回归母题，系统总结。	396 数学冲刺班 写作点题班

真题是考研备考的重中之重，老吕全套图书更是你成功上岸的必备。希望这套书能帮助大家考上梦想中的名校，实现你的人生理想。让我们一起努力，让我们一直努力！加油！

吕建刚

图书配套服务使用说明

一、图书配套工具库：喵屋

扫码下载"乐学喵 App"
(安卓/iOS 系统均可扫描)

下载乐学喵App后，底部菜单栏找到"喵屋"，在你备考过程中碰到的所有问题在这里都能解决。可以找到答疑老师，可以找到最新备考计划，可以获得最新的考研资讯，可以获得最全的择校信息。

二、各专业配套官方公众号

可扫描下方二维码获得各专业最新资讯和备考指导。

老吕考研
(所有考生均可关注)

老吕教你考MBA
(MBA/MPA/MEM/MTA
专业考生可关注)

会计专硕考研喵
(会计专硕、审计
专硕考生可关注)

图书情报硕士考研喵
(图书情报硕士考生可关注)

物流与工业工程考研喵
(物流工程、工业工程
考生可关注)

396经济类联考
(金融、应用统计、税务、
国际商务、保险及资产评估
考生可关注)

三、视频课程

扫码观看
199管综基础课程

扫码观看
396经综基础课程

四、图书勘误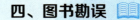

扫描获取图书勘误

目 录
Contents

第一部分　论证有效性分析

论证有效性分析的母题——12大常见逻辑谬误 / 2

第1章　管理类联考论证有效性分析真题超精解

2009年管理类联考论证有效性分析母题思路详解 / 5
2010年管理类联考论证有效性分析母题思路详解 / 10
2011年管理类联考论证有效性分析母题思路详解 / 15
2012年管理类联考论证有效性分析母题思路详解 / 21
2013年管理类联考论证有效性分析母题思路详解 / 27
2014年管理类联考论证有效性分析母题思路详解 / 33
2015年管理类联考论证有效性分析母题思路详解 / 40
2016年管理类联考论证有效性分析母题思路详解 / 46
2017年管理类联考论证有效性分析母题思路详解 / 52
2018年管理类联考论证有效性分析母题思路详解 / 58
2019年管理类联考论证有效性分析母题思路详解 / 64
2020年管理类联考论证有效性分析母题思路详解 / 70
2021年管理类联考论证有效性分析母题思路详解 / 75

第2章　经济类联考论证有效性分析真题超精解

2011年经济类联考论证有效性分析母题思路详解 / 80
2012年经济类联考论证有效性分析母题思路详解 / 84
2013年经济类联考论证有效性分析母题思路详解 / 88
2014年经济类联考论证有效性分析母题思路详解 / 92
2015年经济类联考论证有效性分析母题思路详解 / 96
2016年经济类联考论证有效性分析母题思路详解 / 100
2017年经济类联考论证有效性分析母题思路详解 / 103

2018 年经济类联考论证有效性分析母题思路详解 / 106
2019 年经济类联考论证有效性分析母题思路详解 / 110
2020 年经济类联考论证有效性分析母题思路详解 / 114

第二部分 论说文

论说文12种经典通用母理总结 / 120

第3章 管理类联考论说文真题超精解

2009 年管理类联考论说文母题思路详解 / 122
2010 年管理类联考论说文母题思路详解 / 131
2011 年管理类联考论说文母题思路详解 / 139
2012 年管理类联考论说文母题思路详解 / 148
2013 年管理类联考论说文母题思路详解 / 157
2014 年管理类联考论说文母题思路详解 / 166
2015 年管理类联考论说文母题思路详解 / 174
2016 年管理类联考论说文母题思路详解 / 182
2017 年管理类联考论说文母题思路详解 / 194
2018 年管理类联考论说文母题思路详解 / 203
2019 年管理类联考论说文母题思路详解 / 213
2020 年管理类联考论说文母题思路详解 / 221
2021 年管理类联考论说文母题思路详解 / 235

第4章 经济类联考论说文真题超精解

2011 年经济类联考论说文母题思路详解 / 243
2012 年经济类联考论说文母题思路详解 / 249
2013 年经济类联考论说文母题思路详解 / 256
2014 年经济类联考论说文母题思路详解 / 261
2015 年经济类联考论说文母题思路详解 / 267
2016 年经济类联考论说文母题思路详解 / 272
2017 年经济类联考论说文母题思路详解 / 279
2018 年经济类联考论说文母题思路详解 / 289
2019 年经济类联考论说文母题思路详解 / 294
2020 年经济类联考论说文母题思路详解 / 299
2021 年经济类联考论说文母题思路详解 / 304

第一部分 论证有效性分析

论证有效性分析的母题——12大常见逻辑谬误

> **注意：**
> 本书是以母题的思路解析真题，而论证有效性分析的母题就是常见逻辑谬误，故把论证有效性分析的母题——12大常见逻辑谬误整理如下，以供考生使用和学习。

谬误母题	定义	识别谬误	分析谬误
偷换概念	在论证过程中，将一些似乎一样的概念进行偷换，实际上改变了概念的修饰语、适用范围、所指对象等具体内涵。	材料中有相似概念。	从内涵或外延上解释两个相似概念的不同之处。
概念模糊	对于一个概念来说，其内涵和外延必须是明确的、确定的。如果在论证过程中，没有对核心概念进行适当的界定，其内涵和外延有让人费解之处，就称为概念模糊。	概念模糊这一谬误，只适合质疑核心概念，所以找核心概念。	材料的核心概念A存在含混之处。既可以理解为B，又可以理解为C，也可以理解为D。因此，材料基于此概念做的论证均难以成立。
强置充分条件	真题中常见把不充分的条件当作充分条件来使用的错误，认为只要有了A，一定会有B。在这类错误的句子中，常出现"一定""就""必然"等绝对化词句。	关键词：如果……那么（就）……、只要……就……、一……就……、……必须……、所有……都……	前提A不一定能推出结论B，因为前提A只是条件之一，前提A再加上其他前提C、D等才能推出结论B。
强置必要条件	真题中常见把普通条件当作必要条件来使用的错误，认为只有有了A，才会有B；没有A，就一定没有B。这时，我们只需要用"没有A，也可以有B"来反驳即可。	关键词：只有……才……、……是……的前提、……是……的基础、……对于……不可或缺、除非……才……	A并不是B的必要条件，即使没有A，通过C、D等条件也能实现B。

续表

谬误母题	定义	识别谬误	分析谬误
推断不当	论证就是通过一个或一些论据，来证明一个论点的真实性。如果其论据虚假、论据不充分或者论证存在不当假设，那么就不能推出论点，逻辑上称为犯了"推不出"的逻辑谬误。简单地说，可以称之为推断不当。 另外，在因果关系中，如果我们根据目前的情况，推断未来会出现某个结果（执因索果），但这一推断存在问题，可称之为"结果推断不当"。这种题目的写法与"推不出"相同，因此，我们统称为"推断不当"。 还有，措施目的型的题目从本质上来说，也是执因索果。因为"目的"就是我们想要的一个结果，而措施是我们实现这个结果的手段。所以，措施达不到目的，本就是对未来的推断过于乐观，我们的目的（想要的结果）未必能实现。但是，这一类型的题目多出现在逻辑题以及经济类联考的写作中，管理类联考的论证有效性分析中出现次数较少。	关键词：这说明……、……将（会）……、因此……、所以……	A 并不能推出 B：①前提 A 本身是虚假的，是不成立的。（论据虚假）②单独前提 A 推不出 B，还依赖前提 C、D 等。（论据不充分）③结果 B 不一定会发生。（结果推断不当）
归因不当	在现实生活中，我们经常先观察到现象，然后再去寻找出现这种现象的原因。这种以现象（果）作为研究对象，寻找导致其产生的原因的过程，称为"归因"或者"溯因"。在探求原因时出错，就称之为归因不当。 另外，很多事情的发生，可能是多个原因共同起作用的结果。如果我们盲目地认为，这一事件的发生只有一个原因，就犯了单一归因（忽略他因）的逻辑错误。	关键词：因为……、由于……（注意：归因不当的关键词大多数时候是不明显的，要注意根据材料的论证内容去识别。）	未必是原因 A 导致结果 B，可能是原因 C、D 等；A 并非导致 B 的唯一原因，原因 C、D 都有可能导致结果 B。

续表

谬误母题	定义	识别谬误	分析谬误
滑坡谬误	所谓滑坡谬误，就是论述者使用了一连串的因果推论，夸大了每个环节的因果关联程度，把不一定发生的事情说成一定发生的事情，最后往往得到不好的结果。	有两个或两个以上的因果推导，如：……，就……，就……，就……	A、B、C之间并不具备必然的相关性，A不一定导致B，更不一定导致C。
不当归纳	归纳型题目是通过调查统计、个人的所见所闻，而总结出一个针对全体或者某个群体的结论。其推理方法是不完全归纳法。因为结论中的对象范围比前提的对象范围要大，因此，很容易犯不当归纳（以偏概全）的逻辑错误。	前提的论证范围小，结论的论证范围大。	①样本选择不当，局部的样本情况和总体的情况不同。②局部具有的性质，整体不一定具有。
不当类比	类比是根据两个或两类相关对象具有某些相似或相同的属性，从而推断它们在另外的属性上也相同或者相似。	关键词：像……一样、同……一样、……也是一样。	指出不能把A和B类比的原因，如A和B本质属性不同。
非黑即白	非黑即白就是误把反对关系当作矛盾关系，误认为否定一方，就肯定了另外一方，也称为非此即彼。非黑即白也叫虚假二分，即错误地把一个事件误认为只有两种可能性。	关键词：不是……就是……	①A和B不是矛盾关系，除了A和B外，还有其他选择。②A和B可以共存。
自相矛盾	两个相互矛盾的命题必有一真一假。不能两个都肯定，也不能两个都否定，否则就犯了"自相矛盾"的逻辑错误。	前后论断不一致、冲突。	一方面肯定A，一方面又否定A，前后矛盾。
数字陷阱	平均值陷阱：一个样本的平均值，不能代表每个个体的情况。反之，个体的情况，也无法说明平均状况。 增长率陷阱：根据基数和增长率，才能计算现值。所以，只知道基数或增长率，无法计算现值。 比率陷阱：根据分子和分母，才能计算比率。所以，只知道分子或分母，无法计算比率。	如果材料中出现数字或数量关系，就要考虑此种谬误。	①个体的平均值不能代表整体的平均值。②忽略基数。

第 1 章 管理类联考论证有效性分析真题超精解

2009 年管理类联考论证有效性分析母题思路详解

真题原题

论证有效性分析：分析下述论证中存在的缺陷和漏洞，选择若干要点，写一篇 600 字左右的文章，对该论证的有效性进行分析和评论。（论证有效性分析的一般要点是：概念特别是核心概念的界定和使用是否准确并前后一致，有无各种明显的逻辑错误，论证的论据是否成立并支持结论，结论成立的条件是否充分等。）（30 分）

1 000 是 100 的十倍，但是当分母大到上百亿的时候，作为分子的这两个数的差别就失去了意义。在知识经济时代，任何人所掌握的知识，都只是沧海一粟。这使得在培养与选拔人才时，知识尺度已变得毫无意义。

现代网络技术可以使你在最短的时间内查询到你所需要的任何知识信息，有的大学毕业生因此感叹何必要为学习各种知识数年寒窗，这不无道理。传授知识不应当继续成为教育，特别是高等教育的功能。学习知识需要记忆。记忆能力，是浅层次的大脑功能。人们在思维方面的差异，不在于能记住什么，而在于能提出什么。素质教育的真正目标，是培养批判性思维与创造性思维能力。知识与此种能力之间没有实质性的联系，否则就难以解释，具备与爱因斯坦相同知识背景的人多的是，为什么唯独他发现了相对论。硕士、博士这些知识头衔的实际价值一再受到有识之士的质疑，道理就在这里。

"知识就是力量"这一曾经激励了几代人的口号，正在成为空洞的历史回声，这其实是时代的进步。

谬误精析

段落 1	论证结构
①1 000是100的十倍,但是当分母大到上百亿的时候,作为分子的这两个数的差别就失去了意义。②在知识经济时代,任何人所掌握的知识,都只是沧海一粟。③这使得在培养与选拔人才时,知识尺度已变得毫无意义。	①→②→③点明论点

序号	质疑内容	谬误分析
1	质疑①	**虚假论据** "1 000是100的十倍,但是当分母大到上百亿的时候,作为分子的这两个数的差别就失去了意义",这一论证并不妥当。这一论证仅仅做了数字上的比较,却忽略了数字使用的现实环境,因此,无法断定两个数字的差别没有意义。
2	质疑①→②→③	**不当类比** 由单纯的数量关系类比到"任何人所掌握的知识,都只是沧海一粟",是不当类比。而且,人类也并不需要掌握全部或者是较大部分的知识,而是只要掌握某一领域的知识,就足以成为人才,因此,不能说"在培养与选拔人才时,知识尺度已变得毫无意义"。

段落 2	论证结构
④现代网络技术可以使你在最短的时间内查询到你所需要的任何知识信息,有的大学毕业生因此感叹何必要为学习各种知识数年寒窗,这不无道理。⑤传授知识不应当继续成为教育,特别是高等教育的功能。⑥学习知识需要记忆。记忆能力,是浅层次的大脑功能。⑦人们在思维方面的差异,不在于能记住什么,而在于能提出什么。⑧素质教育的真正目标,是培养批判性思维与创造性思维能力。⑨知识与此种能力之间没有实质性的联系,否则就难以解释,具备与爱因斯坦相同知识背景的人多的是,为什么唯独他发现了相对论。⑩硕士、博士这些知识头衔的实际价值一再受到有识之士的质疑,道理就在这里。	④→⑤ ⑥ ⑧ ⑦ ⑨ ⑩

序号	质疑内容	谬误分析
3	质疑④	**推断不当** "通过现代网络技术可以查询到知识",不代表大学生不必寒窗苦读、不必学习知识。因为,查询到知识不代表能够掌握、运用这些知识。
4	质疑⑥⑦	**推断不当** 学习知识需要记忆,不等于只需要记忆。"记住什么"和"提出什么"也并不矛盾,完全可以共存。如果在学习知识的过程中既锻炼了"记住什么"的能力,又锻炼了"提出什么"的能力,岂不是一举两得,又怎么能得出知识无用论?

续表

序号	质疑内容	谬误分析
5	质疑⑨→⑩	**推断不当** "具备与爱因斯坦相同知识背景的人多的是,但唯独他发现了相对论",只能得出结论:知识不是发现相对论的充分条件,而不能得出知识是无用的。
6	质疑⑩	**归因不当** "硕士、博士受到质疑",是因为知识无用?还是因为这些硕士、博士没有掌握足够的知识?如果是后者,那么材料的论证不但不能说明知识无用,反而说明我们应该掌握更多的知识。

段落 3	论证结构
⑪"知识就是力量"这一曾经激励了几代人的口号,正在成为空洞的历史回声,这其实是时代的进步。	⑪再次点明论点

(说明:以上谬误分析引用和改编自教育部考试中心《管理类专业学位联考综合能力考试大纲》给出的参考答案。)

参考范文

知识不再是力量了吗?

材料通过一系列推理,得出了"知识不再是力量"的结论。然而其论证过程中存在多处不当,分析如下:

首先,材料由"任何人所掌握的知识,都只是沧海一粟",推断出"知识尺度已变得毫无意义",存在不妥。尽管个人掌握的知识有限,但只要可以满足社会各领域进步的需要,知识就是有意义的。

其次,材料由"现代网络技术可以使你查询到任何知识信息",推断出"传授知识不应当继续成为教育,特别是高等教育的功能",存在不妥。网络只是一种新的知识载体,而不等同于知识,而且"查询到知识"也不等于"掌握了知识"。并且,网络上的知识是杂乱无章的,如何在海量的知识中获取、应用我们需要的知识,也需要以了解和掌握知识为前提。

再次,材料以爱因斯坦的例子佐证"知识"和"批判性思维与创造性思维能力"没有实质性的联系,存在不妥。爱因斯坦的例子只能说明,"知识"不是"爱因斯坦发现相对论"的充分条件,而并不能说明"知识对于他发现相对论来说是无用的",更无法推出"知识与此种能力之间没有实质性的联系"。

最后,材料通过"硕士、博士这些知识头衔受到质疑",推断出"知识无用",有以偏概全之嫌。能力平庸的硕士、博士确实存在,但同样不乏有创造性成果的硕士、博士,部分硕士、博士的情况并不能代表所有硕士、博士的情况。而且,"知识头衔"受到质疑,不等于"知识"受到质疑。可能这些人受质疑的原因,恰恰是他们没有掌握该"知识头衔"应该具备的"知识"。

综上所述，材料的论证存在多处逻辑漏洞，"知识就是力量，正在成为空洞的历史回声"这一结论难以令人信服。

（全文共651字）

学生习作展示及点评

1. 习作一

知识不再是力量了吗

老吕弟子班学员　孟令钊

标题没有问题。

材料试图说明"'知识就是力量'正在成为空洞的历史回声"，然而其论证过程中存在多处不当，分析如下：

开头段很好。

首先，由"任何人所掌握的知识，都只是沧海一粟"得出"知识尺度在培养与选拔人才时已毫无意义"，有失妥当。因为人才并不需要掌握所有的知识，只需在某个或某几个领域有所专攻。此外，选拔和培养人才的标准也并不是能否掌握所有知识。

找点正确，论证有力。

其次，"能通过现代网络技术迅速查询到所有知识"，并不能否定"为学习知识数年寒窗"的必要性。因为查询到知识并不意味着能掌握和运用知识，而这正是我们学习知识、学校传授知识的目标和意义。

找点正确，论证有力。

再次，批判性思维与创造性思维等思维能力与记忆能力并不冲突，二者是可以共存的。如果一个人能做到思维能力与记忆能力兼优，不是更好吗？况且，有的思维能力的养成无法脱离记忆能力的辅助，肯定前者、贬低后者，并由此得出"知识无用"，有失偏颇。

找点正确，论证有力。

又次，拥有与相对论相关的知识是发现相对论的必要条件而非充分条件。试想，若爱因斯坦不具备这些知识，又怎么可能凭空提出相对论呢？因此，由此例否定知识与思维能力间的联系，显然不妥。

找点正确，论证有力。

最后，材料提及对"硕士、博士"的质疑，却未曾说明这种质疑是否源于知识无用，如果这些硕士、博士受到质疑是因其未能掌握足够的知识，那么材料不仅无法说明知识无用，反而说明我们应学习更多的知识。

结尾没有问题。

综上所述，材料的论述存在多处漏洞，"'知识就是力量'正在成为空洞的历史回声"这一观点未必成立。

> **总评**
>
> 本文找点准确,分析有力,完成度较高,可评为一类卷,分数区间为 25~27 分。

2. 习作二

知识不是力量吗

老吕弟子班学员　曾连清

上述材料试图论证<u>知识不是力量</u>,然而其论证存在多处逻辑漏洞,分析如下:

首先,从"分子与分母间的关系"得到"任何人所掌握的知识,都只是沧海一粟",犯了不当类比的逻辑错误。因为人不需要掌握全部或大量知识,只要在一个领域掌握足够的知识即可成为人才。因此,"知识尺度已变得毫无意义"这一结论欠妥当。

其次,"用网络在短时间内查询到知识信息"不能推出"大学生不必寒窗苦读"。因为能查询到知识不代表能掌握、运用这些知识,难道每次要运用知识时就去查询吗?

再次,"记住什么"与"提出什么"之间并不矛盾,材料在此忽略了还有可能是"两者共存"的情况,故此处论证有效性存疑。

另外,"具备与爱因斯坦相同知识背景的人多的是,但唯独他发现了相对论"不能推出"知识与培养批判性思维、创造性思维之间没有实质性联系"。因为知识不是爱因斯坦发现相对论的充分条件,而可能是必要条件之一。

最后,材料认为"硕士、博士这些知识头衔的实际价值一再受到质疑"的原因是知识无用。实际上,受到质疑的原因有很多,可能是"不会运用知识",也可能是"掌握的知识不够",所以,未必是知识无用导致质疑的出现,材料的论证有待商榷。

综上所述,材料的论证存在多处逻辑漏洞,知识不是力量这一结论难以令人信服。

旁批:
- 标题没有问题。
- 画线句子建议加引号。
- 找点正确,论证有力。
- 找点正确,论证有力。
- 找点正确,论证有力。
- 找点正确,论证有力。
- 找点正确,论证有力。
- 结尾没有问题。

> **总评**
>
> 本文找点准确,分析也有力度。文章可评为一类卷,分数区间为 25~27 分。

2010年管理类联考论证有效性分析母题思路详解

真题原题

论证有效性分析：分析下述论证中存在的缺陷和漏洞，选择若干要点，写一篇600字左右的文章，对该论证的有效性进行分析和评论。（论证有效性分析的一般要点是：概念特别是核心概念的界定和使用是否准确并前后一致，有无各种明显的逻辑错误，论证的论据是否成立并支持结论，结论成立的条件是否充分等。）（30分）

美国学者弗里德曼的《世界是平的》一书认为，全球化对当代人类社会的思想、经济、政治和文化等领域产生了深刻影响。全球化抹去了各国的疆界，使世界从立体变成了平面，也就是说，世界各国之间的社会发展差距正在日益缩小。

"世界是平的"这一观点，是基于近几十年信息传播技术迅速发展的状况而提出的。互联网的普及、软件的创新，使海量信息迅速扩散到世界各地。由于世界是平的，穷国可以和富国一样在同一平台上接收同样的最新信息，这样就大大促进了各国的经济发展，从而改善了它们的国际地位。

事实也是如此。所谓"金砖四国"国际声望的上升，无不得益于它们的经济成就，无不得益于互联网技术的发展。同时，也可作为"世界是平的"这一观点的有力佐证。

毋庸置疑，信息传播技术革命还远未结束，互联网技术将会有更大的发展，人类社会将会有更惊人的变化。可以预言，由于信息技术的迅猛发展，世界的经济格局与政治格局将会发生巨大的变化，世界最不发达国家和最发达国家之间再也不会让人有天壤之别的感觉，非洲大陆将会变成另一个北美。同样，也可以预言，由于中国的信息技术发展迅猛，中国和世界一样，也会从立体变为平面，中国东西部之间的经济鸿沟将被填平，中国西部的雄起指日可待。

谬误精析

段落1	论证结构
①美国学者弗里德曼的《世界是平的》一书认为，全球化对当代人类社会的思想、经济、政治和文化等领域产生了深刻影响。②全球化抹去了各国的疆界，使世界从立体变成了平面，也就是说，世界各国之间的社会发展差距正在日益缩小。	①一般来讲，此部分应该是背景介绍，但由于本文的所有观点都来自这本书，故《世界是平的》一书可看作本文论点的论据 ②点明论点

续表

序号	质疑内容	谬误分析
1	质疑①	**论据不充分** 上述论证的出发点是《世界是平的》一书。但该书的观点仅仅是美国学者弗里德曼的一家之言，而非被实践证实过的真理，将它作为论据缺乏充分的有效性。

段落2	论证结构
③"世界是平的"这一观点，是基于近几十年信息传播技术迅速发展的状况而提出的。④互联网的普及、软件的创新，使海量信息迅速扩散到世界各地。⑤由于世界是平的，穷国可以和富国一样在同一平台上接收同样的最新信息，这样就大大促进了各国的经济发展，从而改善了它们的国际地位。	④→③→⑤

序号	质疑内容	谬误分析
2	质疑③→⑤	**推断不当** 从"世界是平的"这一观点推出"穷国可以和富国一样在同一平台上接收同样的最新信息"，缺乏充分的论据。由于各国的资金、技术、语言等方面的不同，穷国和富国即使在同一平台上，也未必能接收到同样的信息。

段落3	论证结构
事实也是如此。⑥所谓"金砖四国"国际声望的上升，无不得益于它们的经济成就，无不得益于互联网技术的发展。⑦同时，也可作为"世界是平的"这一观点的有力佐证。	⑥→⑦

序号	质疑内容	谬误分析
3	质疑⑥	**归因不当** "'金砖四国'国际声望的上升"未必完全归因于"经济成就和互联网技术的发展"，资源、气候、人才、教育、政策等都会影响经济发展。同样，世界经济格局与政治格局的变化也不仅仅取决于互联网技术的发展。

续表

段落4	论证结构
⑧毋庸置疑，信息传播技术革命还远未结束，互联网技术将会有更大的发展，人类社会将会有更惊人的变化。⑨可以预言，由于信息技术的迅猛发展，世界的经济格局与政治格局将会发生巨大的变化，世界最不发达国家和最发达国家之间再也不会让人有天壤之别的感觉，非洲大陆将会变成另一个北美。⑩同样，也可以预言，由于中国的信息技术发展迅猛，中国和世界一样，也会从立体变为平面，中国东西部之间的经济鸿沟将被填平，中国西部的雄起指日可待。	⑧→⑨、⑩

序号	质疑内容	谬误分析
4	质疑⑧	**推断不当** "互联网技术将会有更大的发展"仅仅是预测，尚未成为事实。要想支持这一预测，需要更充分的论证。
5	质疑⑩	**推断不当、不当类比** 造成中国东西部差距的原因有很多，比如地理位置的差异、教育和人才的差距、科技水平的差距，等等。仅仅由信息技术的发展并不能完全解决这些问题。 另外，中国的国情与世界上其他国家的情况不同，不能进行简单类比。

（说明：以上谬误分析引用和改编自教育部考试中心《管理类专业学位联考综合能力考试大纲》给出的参考答案。）

参考范文

世界是平的吗？

材料通过一系列推理，断定"世界从立体变成了平面"。然而其论证存在多处不当，分析如下：

首先，上述论证的出发点是《世界是平的》一书。但该书的观点仅仅是美国学者弗里德曼的一家之言，而非被实践证实过的真理，将它作为论据缺乏充分的有效性。

其次，"穷国可以和富国一样在同一平台上接收同样的最新信息"，并不能推出"这会促进各国的经济发展，改善它们的国际地位"。由于各国经济基础不一样，接收、处理、运用信息的能力各不相同，利用信息发展经济的能力也不同。所以，"在同一平台上接收同样的信息"未必能改善穷国的经济情况和国际地位。

再次，材料把"'金砖四国'国际声望的上升"完全归功于"经济成就和互联网技术的发展"，有失偏颇。事实上，"金砖四国"的"经济成就和互联网技术的发展"可能只是其国际声望上升的部分原因，也可能是由于军事力量的提高，科技、文化、卫生事业的发展等。认为"国际声望的上升，无不得益于经济成就和互联网技术的发展"，过于绝对。

最后，材料由"信息技术迅猛发展"，推出"国家之间再也不会让人有天壤之别的感觉"，存在不妥。经济的发展，除受信息因素的影响外，还受政治、地理、文化、历史、人口等种种因素的影响。由于非洲相对于北美、中国西部相对于中国东南沿海，在这些方面都存在着巨大差异，所以，"信息技术的迅猛发展"未必能解决"穷国与富国的差距问题"，也未必能解决"中国东西部的差距问题"。

综上所述，由于上文存在诸多逻辑错误，"世界将从立体变成平面、非洲和中国西部崛起指日可待"的结论也难免有草率、武断之嫌。

（全文共697字）

学生习作展示及点评

1. 习作一

世界未必是平的
老吕弟子班学员　　WJY

	标题没有问题。

材料旨在说明"信息技术的发展，使得世界各国的发展差距日益缩小"，然而其论证存在多处不当，现分析如下：

> 开头段很好。

首先，"穷国和富国可以在同一平台上接收同样的最新信息"推不出"就能促进各国的经济发展"。且不说信息存在不对称性，各国未必能接收到同样的最新信息。就算穷国能通过互联网接收到这些信息，但穷国的文化、思想等较为落后，不一定能有效利用这些信息，也就未必能促进其经济发展。

> 找点正确，论证有力。

其次，"'金砖四国'国际声望的上升，无不得益于经济成就和互联网技术的发展"，有失偏颇。金砖四国国际声望的上升受到多方面因素的影响，如文化教育、社会治安等，不能把经济成就和互联网技术的发展作为唯一原因。

> 找点正确，分析有力。

再次，"信息技术的发展会让世界的经济格局和政治格局发生巨变，各国间的差距将缩小"，未必如此。信息技术可能没有如此大的影响力。世界各国之间的差距可能是历史、地理位置、气候等多方面因素造成的，信息技术的发展恐怕也不能改变这些客观因素。

> 找点正确，分析有力。

最后，材料认为"中国的信息技术的发展能填平中国东西部之间的经济鸿沟"，过于绝对。中国东部存在着天然的地理位置、地形地貌的优势，仅靠信息技术的发展无法弥补东西部之间的经济差距。

> 找点正确，分析有力。

综上所述，材料存在诸多逻辑谬误，结论难以让人信服。

> **总评**
>
> 找点准确,分析有力,可评为一类卷,分数区间为 25~27 分。

2. 习作二

世界是平的吗?

老吕弟子班学员　暴躁少女

标题没有问题。

上述材料试图论证"世界是平的"这一观点。然而,其论证过程存在多处不当,分析如下:

开头段很好。

首先,材料由"弗里德曼的《世界是平的》一书"推出材料的观点,存在不妥。因为弗里德曼的书籍仅仅代表他自身的观点,尚未被实践所证实,也并非全人类都认同的观点,所以论据并不充分,缺乏有效性。

找点正确,论证有力。

其次,"穷国和富国接收同样的信息"并不一定能"改善他们的国际地位"。因为即使他们接收到了相同的信息,处理信息的能力和利用信息的能力也不尽相同,也可能无法达到促进经济发展、改善国际地位的结果。

找点正确,论证有力。

再次,"'金砖四国'国际声望的上升"仅仅是因为"经济成就",过于绝对。实际上,影响"国际声望上升"的原因有很多,可能是军事水平的提高、文化实力的增强、医疗措施的完善等其他多种影响因素。<u>所以,未必仅仅是"经济成就"导致"国际声望上升",材料的论证有待商榷。</u>

找点正确,论证有力。

画线句子啰唆。

并且,材料认为"互联网技术将会有更大的发展",这只是作为一个预测,缺乏事实论据,要想此预测成立,还需要更多有力的论据。那么,在此基础上所做的"人类社会将会有更惊人的变化"这一结论的成立也有待考量。

找点正确,论证有力。

最后,材料认为"中国东西部的经济鸿沟将被填平",过于绝对。事实上,经济的发展还受文化底蕴、地理位置、人才建设、地方政策、交通发达程度等多方面的因素影响,仅仅因为"信息技术发展迅猛",也无法完全解决问题。

找点正确,论证有力。

结尾没有问题。

综上所述,材料存在多处逻辑漏洞,"世界是平的"这一观点令人难以信服。

> **总评**
>
> 找点准确，分析有力，一些小瑕疵不影响得分，可评为一类卷，分数区间为25~27分。

2011年管理类联考论证有效性分析母题思路详解

真题原题

论证有效性分析：分析下述论证中存在的缺陷和漏洞，选择若干要点，写一篇600字左右的文章，对该论证的有效性进行分析和评论。（论证有效性分析的一般要点是：概念特别是核心概念的界定和使用是否准确并前后一致，有无各种明显的逻辑错误，论证的论据是否成立并支持结论，结论成立的条件是否充分等。）（30分）

如果你要从股市中赚钱，就必须低价买进股票，高价卖出股票，这是人人都明白的基本道理。但是，问题的关键在于如何判断股价的高低。只有正确地判断股价的高低，上述的基本道理才有意义，否则，就毫无实用价值。

股价的高低是一个相对的概念，只有通过比较才能显现。一般来说，要正确判断某一股票的价格高低，唯一的途径就是看它的历史表现。但是，有人在判断当前某一股价的高低时，不注重股票的历史表现，而只注重股票今后的走势，这是一种危险的行为。因为股票的历史表现是一种客观事实，客观事实具有无可争辩的确定性；股票的今后走势只是一种主观预测，主观预测具有极大的不确定性，我们怎么可以只凭主观预测而不顾客观事实呢？

再说，股价的未来走势充满各种变数，它的涨和跌不是必然的，而是或然的。我们只能借助概率进行预测。假如宏观经济、市场态势和个股表现均好，它的上涨概率就大；假如宏观经济、市场态势和个股表现均不好，它的上涨概率就小；假如宏观经济、市场态势和个股表现不相一致，它的上涨概率就需要酌情而定。

由此可见，要从股市中获取利益，第一是要掌握股价涨跌的概率，第二还是要掌握股价涨跌的概率，第三也还是要掌握股价涨跌的概率。掌握了股价涨跌的概率，你就能赚钱；否则，你就会赔钱。

谬误精析

段落1	论证结构
①如果你要从股市中赚钱，就必须低价买进股票，高价卖出股票，这是人人都明白的基本道理。但是，问题的关键在于如何判断股价的高低。②只有正确地判断股价的高低，上述的基本道理才有意义，否则，就毫无实用价值。	①→②点明论点

序号	质疑内容	谬误分析
1	质疑①	**强置必要条件** 要从股市中赚钱，不一定"必须低价买进股票，高价卖出股票"。券商可以通过为股民服务获利，股民也可以通过股票的分红、配股等方式获益。所以，低买高卖确实是从股市中赚钱的手段之一，但并不是唯一手段。

段落2	论证结构
③股价的高低是一个相对的概念，只有通过比较才能显现。④一般来说，要正确判断某一股票的价格高低，唯一的途径就是看它的历史表现。但是，有人在判断当前某一股价的高低时，不注重股票的历史表现，而只注重股票今后的走势，这是一种危险的行为。⑤因为股票的历史表现是一种客观事实，客观事实具有无可争辩的确定性；股票的今后走势只是一种主观预测，主观预测具有极大的不确定性，我们怎么可以只凭主观预测而不顾客观事实呢？	③引入句 ⑤→④

序号	质疑内容	谬误分析
2	质疑④	**绝对化** "要正确判断某一股票的价格高低，唯一的途径就是看它的历史表现"，显然是欠妥当的。股票价格的高低受多种因素影响，例如国家政策、宏观经济状况、国际金融市场变动、行业状况、企业状况，等等。
3	质疑⑤	**推断不当** 主观预测可以是根据历史表现的客观事实作出的，也可能和客观事实一致。因此，不能全然否认主观预测的合理性。

续表

段落 3	论证结构
⑥再说，股价的未来走势充满各种变数，它的涨和跌不是必然的，而是或然的。我们只能借助概率进行预测。⑦假如宏观经济、市场态势和个股表现均好，它的上涨概率就大；假如宏观经济、市场态势和个股表现均不好，它的上涨概率就小；假如宏观经济、市场态势和个股表现不相一致，它的上涨概率就需要酌情而定。	⑥⑦ }⑧点明论点

序号	质疑内容	谬误分析
4	质疑④⑥	**自相矛盾** 材料前文中提到判断某一股票的价格高低的唯一途径是"看它的历史表现"，后文中又提到"只能借助概率进行预测"，两处自相矛盾。
5	质疑⑦	**强置充分条件** "宏观经济、市场态势和个股表现"是股票价格的部分决定因素，股票价格还受诸如国家政策、企业生产经营状况等多方面因素的影响。"宏观经济、市场态势和个股表现"均好，股票的上涨概率未必就大。

段落 4	论证结构
⑧由此可见，要从股市中获取利益，第一是要掌握股价涨跌的概率，第二还是要掌握股价涨跌的概率，第三也还是要掌握股价涨跌的概率。掌握了股价涨跌的概率，你就能赚钱；否则，你就会赔钱。	⑧点明论点

序号	质疑内容	谬误分析
6	质疑⑧	**偷换概念** "股价的涨跌"与前文中"股价的高低"不是同一概念。涨跌是股价的动态变化，是现在价格与过去价格的差额，而股价的高低是对股价的静态判断。材料有偷换概念的嫌疑。
7	质疑⑧	**绝对化** 材料认为"掌握了股价涨跌的概率，你就能赚钱；否则，你就会赔钱"，这一判断过于绝对。掌握了股价涨跌的概率有可能赚钱，也有可能赔钱，因为小概率的暴跌所造成的损失，有可能抵消或超过大概率的微涨所带来的收益。

（说明：以上谬误分析引用和改编自教育部考试中心《管理类专业学位联考综合能力考试大纲》给出的参考答案。）

参考范文

如此炒股未必可行

上文认为要从股市中赚钱，必须判断股价的高低，掌握股价涨跌的概率。然而其论证存在多处漏洞，故其结论也不是必然成立的。

首先，要从股市中赚钱，不一定"必须低价买进股票，高价卖出股票"。券商可以通过为股民服务获利，股民也可以通过股票的分红、配股等方式获益。而且低买高卖的关键是判断"股价的高低"，这和"股价的涨跌"并不是相同的概念。

其次，"要正确判断某一股票的价格高低，唯一的途径就是看它的历史表现"，显然是欠妥当的。股票价格的高低受多种因素影响，如宏观经济走势、国家政策、行业发展情况、企业经营状况、股民的信心等，论证者显然忽略了其他因素的影响。

再次，"股票的历史表现是一种客观事实"，"股票的今后走势只是一种主观预测"，不能推出"历史表现"的正确性和"今后走势"的错误性。主观预测可以是根据历史表现的客观事实作出的，也可能和客观事实一致。因此，不能全然否认主观预测的合理性。

最后，"宏观经济、市场态势和个股表现"只是股票价格的部分决定因素，未必能准确预计股价涨跌的概率。"掌握了股价涨跌的概率，你就能赚钱；否则，你就会赔钱"的论证也欠妥当。概率具有或然性，不具有必然性，因此得不出必然赚钱或赔钱的结论。

综上所述，上文中的论证存在多处逻辑错误，其结论值得商榷，掌握了股价涨跌的概率未必必然赚钱。

（全文共552字）

学生习作展示及点评

1. 习作一

掌握股价涨跌就能稳赚不赔了吗?

老吕弟子班学员　七七

材料通过一系列论证,认为"掌握股价涨跌的概率就能赚钱",然而论证过程中存在多处不当,故其结论有待商榷。 [标题合理。]

[开头段没有问题。]

首先,股价的高低与股价的涨跌并不是同一概念。股价的高低,是与其他股票相比较之后得出的结果,而股价的涨跌是同一股票,现价相对于买价的差价。 [找点正确,质疑写得不错。]

其次,低价买进股票并高价将其卖出确实是从股市中赚钱的一种十分常见的投机方法,但这并不是唯一的途径。因为,股票还会给投资者带来股息分红,或是公司价值增值带来的资本溢价等投资性收益。 [找点正确,质疑有力。]

再次,判断股价高低时,历史表现并不是其唯一途径。因为,股票价格与公司经营情况密不可分,其变化受宏观经济形势、整体行业发展、国家政策扶持等多种因素的影响。故如果只看历史表现,可能会在实际投资过程中出现相当大的纰漏,造成不可挽回的损失。 [分析得不错。]

最后,股民并非只能借助概率预测股价的未来走势。即使市场态势、宏观经济和个股表现均好,<u>如果国家政策制裁某一行业</u>,那么该行业的企业股票上涨的概率未必就大,反而有可能下跌。 [画线句子中"制裁"用词不当。]

综上所述,材料的论证存在多处逻辑漏洞,"掌握股价涨跌的概率就能赚钱"的结论难以令人信服。 [结尾简洁有力。]

> **总评**
>
> 　　找点准确,质疑有力。可评为一类卷,分数区间为25～27分。

2. 习作二

掌握股价涨跌就能挣钱①?

老吕80天密训学员　小雅

① "挣钱"过于口语化，尽量和材料用词一致。

材料通过一系列的论证，得出"掌握了股价涨跌的概率，你就能赚钱，否则你就会赔钱"的结论，然而其论证过程中存在多处逻辑漏洞，其结论难以成立，具体分析如下：

第一，<u>材料开头称"要从股市中赚钱，就必须低价买进股票，高价卖出股票"有所不妥②</u>，通过入股、分红等方式也能从股市中赚钱，低买高卖只是从股市中赚钱的途径之一，而并非唯一途径。

②标点符号使用不当。

⊙问题②建议改为：材料认为"要从股市中赚钱，就必须低价买进股票，高价卖出股票"，存在不妥。

③本段句式与上段完全相同，有重复之感，容易让阅卷人感觉考生文笔匮乏。

第二，材料认为"判断股价高低的唯一途径就是看它的历史表现"，过于绝对。对股价进行价格分析、价格预测等也可以判断股价的高低，<u>历史表现只是判断股价高低的途径之一，而并非唯一途径③</u>。

④引用啰嗦。

第三，作者认为"对于股价的走势，我们只能借助概率进行预测"，而前文中又称<u>"股价今后的走势只是一种主观预测，主观预测具有极大的不确定性，因此不能只凭主观预测而不顾客观事实"④</u>，两处自相矛盾。

⑤本段的逻辑层次太多，让阅卷人难以快速领会写作意图。而且，也缺少有效的分析：为什么未必准确？有哪些可能的影响因素？

第四，<u>材料由"宏观经济、市场态势和个股表现"</u>的好坏，<u>并不能推出</u>"要从股市中获取利益，就要掌握股价涨跌的概率"，<u>诚然</u>，我们可以根据"宏观经济、市场态势和个股表现"对股价涨跌的概率进行预测，<u>然而</u>这种预测未必是准确的，<u>也就未必一定会从中获取利益。</u>⑤

⑥当句子中反复出现相同的内容时，可用代词来代替。

最后，<u>材料中称"掌握了股价涨跌的概率，你就能赚钱"，然而前文中判断的是"股价的高低"，"股价的高低"和"股价的涨跌"二者是不同的概念⑥</u>，前者是静态数值上的高低，而后者是动态的变化，此处有偷换概念之嫌。

⊙问题⑥建议改为：材料中称掌握了"股价涨跌"的概率，你就能赚钱，然而前文中判断的是"股价的高低"，这二者是不同的概念。

结尾不错。

综上所述，材料中主张"掌握了股价涨跌的概率，你就能赚钱"，缺乏足够的论据支持，其论证结论难以令人信服。

> **总评**
>
> 本文逻辑谬误找点都比较准确,但由于作者文字驾驭能力有限,影响了文章的分析力度,可评为三类卷,分数区间为16~18分。

2012年管理类联考论证有效性分析母题思路详解

真题原题

论证有效性分析:分析下述论证中存在的缺陷和漏洞,选择若干要点,写一篇600字左右的文章,对该论证的有效性进行分析和评论。(论证有效性分析的一般要点是:概念特别是核心概念的界定和使用是否准确并前后一致,有无各种明显的逻辑错误,论证的论据是否成立并支持结论,结论成立的条件是否充分等。)(30分)

地球的气候变化已经成为当代世界关注的热点,这一问题看似复杂,其实简单,只要我们运用科学原理——如爱因斯坦的相对论——去对待,也许就会找到解决这一问题的方法。

众所周知,爱因斯坦提出的相对论颠覆了人类对于宇宙和自然的常识性观念,不管是狭义相对论还是广义相对论,都揭示了宇宙间事物运动中普遍存在的相对性。既然宇宙万物的运动都是相对的,那么,我们观察问题时,也应该采用相对的方法,如变换视角等。

假如我们变换视角去看一些问题,也许会得出和一般常识完全不同的观点。例如,我们称为灾害的那些自然现象,包括海啸、台风、暴雨,等等,其实也是大自然本身的一般现象而已,从大自然的视角来看,无所谓灾害不灾害,只是当它损害了人类利益、危及了人类生存的时候,从人类的视角来看,我们才称之为灾害。

再变换一下视角,从一个更广泛的范围来看,我们人类自己也是大自然的一部分。既然我们的祖先是类人猿,而类人猿正像大熊猫、华南虎、藏羚羊、扬子鳄乃至银杏、水杉等一样,是整个自然生态中的有机组成部分,那为什么我们自己就不是了呢?

由此可见,人类的问题就是大自然的问题,即使人类在某一时间部分地改变了气候,也还是整个大自然系统中的一个自然问题,自然问题自然会解决,人类不必过多干预。

谬误精析

段落1	论证结构
①地球的气候变化已经成为当代世界关注的热点，这一问题看似复杂，其实简单，只要我们运用科学原理——如爱因斯坦的相对论——去对待，也许就会找到解决这一问题的方法。	①背景介绍，无谬误

段落2	论证结构
②众所周知，爱因斯坦提出的相对论颠覆了人类对于宇宙和自然的常识性观念，不管是狭义相对论还是广义相对论，都揭示了宇宙间事物运动中普遍存在的相对性。③既然宇宙万物的运动都是相对的，那么，我们观察问题时，也应该采用相对的方法，如变换视角等。	②→③

序号	质疑内容	谬误分析
1	质疑②	虚假论据 把爱因斯坦的相对论理解为宇宙间事物运动中普遍存在的相对性，是对相对论的误解，不能作为论据。
2	质疑②→③	不当类比 由"宇宙万物的运动都是相对的"得出"观察问题时也应该采用相对的方法，如变换视角等"，不能成立，类比不当。

段落3	论证结构
④假如我们变换视角去看一些问题，也许会得出和一般常识完全不同的观点。⑤例如，我们称为灾害的那些自然现象，包括海啸、台风、暴雨，等等，其实也是大自然本身的一般现象而已，从大自然的视角来看，无所谓灾害不灾害，只是当它损害了人类利益、危及了人类生存的时候，从人类的视角来看，我们才称之为灾害。	⑤→④

续表

序号	质疑内容	谬误分析
3	质疑⑤	**虚假论据** 从大自然的视角否认自然灾害，与人类关注的气候问题不是同一个问题，偏离了论题，因此，无法作为文章的论据。

段落4	论证结构
⑥再变换一下视角，从一个更广泛的范围来看，我们人类自己也是大自然的一部分。⑦既然我们的祖先是类人猿，而类人猿正像大熊猫、华南虎、藏羚羊、扬子鳄乃至银杏、水杉等一样，是整个自然生态中的有机组成部分，那为什么我们自己就不是了呢？	⑦→⑥

序号	质疑内容	谬误分析
4	质疑⑦	**概念混淆** 通常所说的"人类"是相对于"自然"的一个概念，同理，我们所指的大自然是相对人类社会而言的，不能把二者混为一谈。
5	质疑⑦→⑥	**不当类比** 类人猿是整个大自然的一部分，并不必然推出由类人猿进化而来的人类也是大自然的一部分。因为"祖先"具有的性质，后代未必具有。

段落5	论证结构
⑧由此可见，人类的问题就是大自然的问题，即使人类在某一时间部分地改变了气候，也还是整个大自然系统中的一个自然问题，⑨自然问题自然会解决，⑩人类不必过多干预。	⑧ ⑨ } ⑩

序号	质疑内容	谬误分析
6	质疑⑥→⑧	**推断不当** 由人类是大自然的一部分，无法得出"人类的问题就是大自然的问题"的结论。因为部分具有的性质，整体未必具有。
7	质疑⑧→⑩	**自相矛盾** 材料认为"人类的问题就是大自然的问题"，如果这样，那么人类的干预也是大自然自己的内部问题，这和"人类不必过多干预"自相矛盾。

（说明：以上谬误分析引用和改编自教育部考试中心《管理类专业学位联考综合能力考试大纲》给出的参考答案。）

参考范文

人类不必干预自然问题吗?

上述论证试图用爱因斯坦的相对论去解释地球的气候变化,从而得出"自然问题自然会解决,人类不必过多干预"的结论。看似有理,实则偏颇。

首先,爱因斯坦的相对论是物理领域的研究成果,用它解决所有宇宙和自然问题,未必适用。而"用相对的眼光看问题",则是哲学领域的思维方法,与"相对论"不是同一概念。

其次,从大自然的角度去看待灾害问题,并没有解决灾害问题,只是回避了这个问题。虽然从大自然的角度来看,灾害只是自然现象的一种,但是,它对人类的伤害是客观存在的,这样的伤害不会因为我们观察视角的转换而消失。

再次,"我们的祖先是类人猿",类人猿是大自然的一部分,并不必然推出由类人猿进化而来的人类也是大自然的一部分。类人猿和人类的概念并不等同,人类除了有自然属性外,还有社会属性。虽然客观地说,人类也是大自然的一部分,但是材料中提供的论证并不充分,有用事实代替论证的嫌疑。

最后,"人类的问题就是大自然的问题",太过绝对。即使人类是大自然的一部分,也不能得出人类的问题都是大自然的问题的结论。比如人类的情感问题,就很难说是大自然的问题。退一步讲,如果"人类的问题就是大自然的问题",那么人类对灾害的干预,不也就是大自然对自己的干预了吗?

所以,上述论证存在诸多逻辑问题,难以得出"自然问题自然会解决,人类不必过多干预"的结论。

(全文共563字)

学生习作展示及点评

1. 习作一

人类不必干预自然问题吗

老吕弟子班学员　王家豪

上述材料通过一系列论证，试图得出"自然问题自然会解决，人类不必过多干预"的结论。然而其论证过程中存在诸多逻辑漏洞，分析如下：

首先，爱因斯坦的相对论是关于时间和空间的理论，并不是材料中"宇宙间事物运动中普遍存在的相对性"，所以无法成为材料的论据。即便"宇宙万物的运动是相对的"，也无法将物理理论类比到"观察问题时，也应该采用相对的方法"，这里有不当类比的嫌疑。

其次，"变换视角去看一些问题"，未必"得出和一般常识完全不同的观点"。自然视角将灾害归纳为自然现象和人类视角的气候灾害并不是同一个问题，所以无法成为材料的论据。即便是一个问题的不同视角，也仅仅是提出问题，并不能改变现象的本质解决问题。

再次，"类人猿是整个自然生态的有机组成部分"，不代表"我们人类也是大自然的一部分"。因为经过长时间的生物进化，我们人类与类人猿有着巨大的差异，我们人类祖先所具有的特性现在的人类未必具有。仅仅是简单地将现代人类类比为类人猿，不够严谨。

最后，由人类是大自然的一部分，无法得出"人类的问题就是大自然的问题"这一结论。因为部分所具有的特点整体未必具有。如果这样，人类干预自然问题就属于"自然问题自然会解决"，与结论"人类不必过多干预"自相矛盾。

综上所述，材料的论证过程中存在着诸多的逻辑漏洞，因此无法得出"人类不必过多干预自然问题"的结论。

侧栏点评：
- 标题不错。
- 开头没有问题。
- 找点正确，分析有力。
- 找点正确，分析有力。
- 找点正确，分析有力。
- 找点正确，分析有力。
- 结尾没有问题。

总评

这篇文章应该是看完参考答案以后写的，内容与参考答案相似度极高。如果能写成这样，当然能拿一类卷，分数区间为26~28分。

> **考场小贴士**
>
> 平时进行论证有效性分析训练时，应先不看参考答案，自行写一篇文章，然后再依据参考答案和参考范文对自己的文章进行修改。

2. 习作二

人类不必干预自然问题吗

老吕弟子班学员　饺子

材料认为"人类不必过多干预自然问题"，但其论证存在多处不当，分析如下：

首先，"只要运用爱因斯坦的相对论，就能解决地球的气候变化"，有些武断。因为，爱因斯坦的相对论是研究物理的理论知识，无法解决地球的气候变化问题。即便可以解决，也并非充分条件①。

其次，"宇宙万物的运动都是相对的"，不意味着"观察问题时应采用相对的方法"。因为，"相对"和"相对的方法"②是两个不同的概念。前者是指客观规律，后者是指用辩证的思想所采取的方法。

再次，"从大自然的视角来看，海啸、台风等自然现象不是灾害"，难以让人信服。如果海啸、台风等自然现象足以毁坏大自然的调节系统，使得大自然无法恢复平衡状态，那还不能称之为灾害吗？

还有，"类人猿是大自然的一部分"不代表"人类也是大自然的一部分"。因为，人类是由类人猿进化而来，两者之间有明显的差异③。

⊙问题③建议改为：虽然人类是由类人猿进化而来的，但经过数千万年的演变，人类与类人猿之间已经具有非常明显的差异。因此，无法得出"人类也是大自然的一部分"。

最后，"人类的问题就是大自然的问题"，这显然是荒谬的。因为，人类的问题不仅包括自然问题，还包括战争问题、情感问题、政治问题等，难道这些也是大自然的问题吗？

综上所述，由于材料的论证存在多处逻辑漏洞，因此，"人类不必干预自然问题"这一结论难以让人信服。

标题正确。

开头段正确。

①该同学在这一点上试图使用让步的手法，但实际上前后矛盾了。建议删除此句。

②应该是："运动是相对的"与"相对的方法"是不同的概念。

③既然"人类由类人猿进化而来"，那为什么"两者之间有明显的差异"呢？要清楚表达你的想法。

结尾没有问题。

> **总评**
>
> 本文逻辑谬误找得不够精确，影响了得分，可评为三类卷，分数区间为 16~18 分。

2013 年管理类联考论证有效性分析母题思路详解

真题原题

论证有效性分析：分析下述论证中存在的缺陷和漏洞，选择若干要点，写一篇 600 字左右的文章，对该论证的有效性进行分析和评论。（论证有效性分析的一般要点是：概念特别是核心概念的界定和使用是否准确并前后一致，有无各种明显的逻辑错误，论证的论据是否成立并支持结论，结论成立的条件是否充分等。）（30 分）

一个国家的文化在国际上的影响力是该国软实力的重要组成部分。由于软实力是评判一个国家国际地位的要素之一，所以，如何增强软实力就成了各国政府高度关注的重大问题。

其实，这一问题不难解决。既然一个国家的文化在国际上的影响力是该国软实力的重要组成部分，那么，要增强软实力，只需搞好本国的文化建设并向世人展示就可以了。

文化有两个特性：一个是普同性，一个是特异性。所谓普同性，是指不同背景的文化具有相似的伦理道德和价值观念，如东方文化和西方文化都肯定善行、否定恶行；所谓特异性，是指不同背景的文化具有不同的思想意识和行为方式，如西方文化崇尚个人价值，东方文化固守集体意识。正因为文化具有普同性，所以，一国文化就一定会被他国所接受；正因为文化具有特异性，所以一国文化就一定会被他国所关注。无论是接受还是关注，都体现了该国文化影响力的扩大，也即表明了该国软实力的增强。

文艺作品当然也具有文化的本质属性。一篇小说、一出歌剧、一部电影，等等，虽然一般以故事情节、人物形象、语言特色等艺术要素取胜，但在这些作品中，也往往肯定了一种生活方式，宣扬了一种价值观念。由此可见，只要创作更多的具有本国文化特色的文艺作品，那么文化影响力的扩大就是毫无疑义的，而国家的软实力也必将同步增强。

谬误精析

段落1	论证结构
①一个国家的文化在国际上的影响力是该国软实力的重要组成部分。由于软实力是评判一个国家国际地位的要素之一，所以，如何增强软实力就成了各国政府高度关注的重大问题。	①背景介绍，无谬误

段落2	论证结构
②其实，这一问题不难解决。③既然一个国家的文化在国际上的影响力是该国软实力的重要组成部分，④那么，要增强软实力，只需搞好本国的文化建设并向世人展示就可以了。	③→④ ④点明论点

序号	质疑内容	谬误分析
1	质疑④	**强置充分条件** 材料认为"要增强软实力，只需搞好本国的文化建设并向世人展示就可以了"。但是，仅仅"向世人展示"可能产生影响力，也可能不会产生影响力。
2	质疑③→④	**强置充分条件** "一个国家的文化在国际上的影响力"仅仅是"软实力"的重要组成部分，而不是全部。一个国家的软实力还包括教育、科技、卫生等各方面。所以，仅"搞好本国的文化建设并向世人展示"，未必能增强国家的软实力。

段落3	论证结构
⑤文化有两个特性：一个是普同性，一个是特异性。⑥所谓普同性，是指不同背景的文化具有相似的伦理道德和价值观念，如东方文化和西方文化都肯定善行，否定恶行；所谓特异性，是指不同背景的文化具有不同的思想意识和行为方式，如西方文化崇尚个人价值，东方文化固守集体意识。⑦正因为文化具有普同性，所以，一国文化就一定会被他国所接受；正因为文化具有特异性，所以一国文化就一定会被他国所关注。⑧无论是接受还是关注，都体现了该国文化影响力的扩大，也即表明了该国软实力的增强。	⑤→⑦→⑧ ⑥是对⑤的解释

续表

序号	质疑内容	谬误分析
3	质疑⑦	**强置充分条件** "文化具有普同性",不必然"一国文化就一定会被他国所接受",因为一国文化已经具备了相似的伦理道德和价值观念,为什么还要去接受他国的文化呢?"文化具有特异性",也不必然"一国文化就一定会被他国所关注"。如果两种文化的特性形成对立的话,可能吸引来的不是关注,反而是排斥。
4	质疑⑧	**推断不当** 一国文化被"接受和关注",不见得体现了"该文化影响力的扩大",更不意味着"该国软实力的增强"。因为"接受"和"关注"并不意味着受其影响;而且,影响力有可能是正面的,也有可能是负面的。正面的影响力可以增强国家的软实力,但负面的影响力则会减弱国家的软实力。

段落 4	论证结构
⑨文艺作品当然也具有文化的本质属性。⑩一篇小说、一出歌剧、一部电影,等等,虽然一般以故事情节、人物形象、语言特色等艺术要素取胜,但在这些作品中,也往往肯定了一种生活方式,宣扬了一种价值观念。⑪由此可见,只要创作更多的具有本国文化特色的文艺作品,那么文化影响力的扩大就是毫无疑义的,而国家的软实力也必将同步增强。	⑨ ⑩ } ⑪再次点明主题

序号	质疑内容	谬误分析
5	质疑⑨⑩→⑪	**强置充分条件** 文艺作品要被他国接受和关注,隐含一个假设,即这一作品会被翻译并传播到其他国家。如果这一作品不能被翻译,或者传播媒介有限,那么很难对其他国家产生影响力。另外,文艺作品的影响力还取决于受众的价值观念和接受能力。假如受众对作品中的价值观念无法认同或缺乏接受能力,那么文艺作品就很难产生"文化影响力"。
6	质疑⑪	**强置充分条件** "创作更多的具有本国文化特色的文艺作品",仅仅是提高本国文化影响力的因素之一,不是充分条件;而扩大本国文化影响力也仅仅是提高国家软实力的因素之一,也不是充分条件。所以,"创作更多的文艺作品"不必然带来"国家软实力的同步增强"。

(说明:以上谬误分析引用和改编自教育部考试中心《管理类专业学位联考综合能力考试大纲》给出的参考答案。)

参考范文

如此提高软实力未必可行

材料认为只要搞好本国的文化建设并向世人展示,就能提高国家的软实力。其论证存在多处不当,让人难以信服。

第一,"一个国家的文化在国际上的影响力"仅仅是"软实力"的重要组成部分,而不是全部。软实力还包括教育、科技、卫生、体育等多个方面。所以,仅"搞好本国的文化建设并向世人展示",未必能增强国家的软实力。

第二,"文化具有普同性",不必然"一国文化就一定会被他国所接受",因为一国文化已经具备了类似的伦理道德和价值观念,为什么还要去接受他国的文化呢?"文化具有特异性",也不必然"一国文化就一定会被他国所关注"。如果两种文化的特性形成对立的话,可能吸引来的不是关注,反而是排斥。

第三,"接受还是关注"不必然"体现了该国文化影响力的扩大",更不意味着"该国软实力的增强",因为"接受"和"关注"并不意味着受其影响。就算受其影响,这种影响有可能是正面的,也有可能是负面的。正面的影响可以增强国家的软实力,但负面的影响则会减弱国家的软实力。

第四,文艺作品虽然"肯定了一种生活方式,宣扬了一种价值观念",但其影响力还取决于受众的价值观念和接受能力。假如受众对作品中的价值观念无法认同或缺乏接受能力,那么文艺作品所蕴含的生活方式和价值观念就未必会被接受或关注,也不一定能产生"文化影响力"。

综上所述,仅仅创作一些文艺作品,就能搞好本国文化建设,从而能提高本国软实力的论断显然过于乐观,难以成立。

(全文共 593 字)

学生习作展示及点评

1. 习作一

软实力增强仅靠文化建设么?

老吕弟子班学员　孟令钊

上述材料旨在说明,增强软实力,只需将本国文化建设好就可以了。然而其论证存在多处逻辑漏洞,所以,其论证让人难以信服。 | 标题没有问题。

开头段很好。

首先,"一个国家的文化在国际上的影响力"确实是该国软实力的重要组成部分,但软实力还包括人民的素质教养以及文化程度等其他内容。因此,仅"搞好本国的文化建设并向世人展示"不代表软实力就能提高,可能还需要其他方面的发展。 | 找点正确,论证有力。

其次,文化具有"普同性",但并不一定会被他国所"接受";文化具有"特异性",也并不一定就能被他国所"关注"。因为,可能虽然两国有着相似的价值观念和伦理道德,但由于存在着生活习俗或者环境发展的差异,两国文化会产生"排斥"而并不会被接受。 | 找点正确,论证有力。

再次,文化被"接受"或是"关注",并不意味着文化影响力的"扩大"。因为接受和关注并不代表会影响他国的文化,可能仅仅表示认同。而且,如果被他国排斥,产生的文化影响力是负面的,更不能增强该国的软实力,而是减弱国家的软实力。 | 找点正确,论证有力。

又次,本国的文艺作品宣扬的"价值观念"和肯定的"生活方式",可能会因为两国的差异导致被他国"排斥"或者"无法理解",而不是被他国"接受"或"关注",因此并不能产生"文化影响力"。 | 质疑力度很强。

最后,创作更多"具有本国文化特色的文艺作品"并不能推出"文化影响力的扩大"。因为有可能本国的文艺作品无法传播到其他国家或者他国并不接受和认同,也就无法增强本国的软实力。 | 找点正确,论证有力。

综上所述,由于材料在论证过程中存在多处不当,因此仅靠文化建设增强软实力的建议未必可行。 | 结尾没有问题。

总评

通篇完成度很高,谬误找寻正确,且分析有力。在考场上,此篇文章可评为一类卷,分数区间为 24~28 分。

2. 习作二

增强软实力只需搞好本国的文化建设吗？①

老吕弟子班学员　王鹏程

⊙问题①建议改为：如此提高软实力未必可行

上述材料通过种种分析，试图论证只需搞好本国的文化建设并向世人展示，就可以增强软实力。然而其论证存在多处不当，分析如下：

首先，文章指出"要增强软实力，只需搞好本国的文化建设并向世人展示就可以了"，值得商榷，因为一个国家软实力的体现不只包括文化建设，还包括科学、教育、卫生、体育等多方面建设。

其次，"文化具有普同性，所以一国文化就一定会被他国所接受"，未必如此，如果一个国家所形成的伦理道德和价值观念不被他国认同，那么该国的文化非但不会被接受，反而会被排斥。

再次，"文化具有特异性，一国文化就一定会被他国所关注"，不敢苟同，即使一国文化被他国关注，也不能体现该国文化影响力的扩大，更不能表明该国软实力的增强。②

最后，"文艺作品中宣扬的生活方式和价值观念，都会被他国接受或关注"并不必然成立。因为各国文化背景不同，人民的思想意识、价值观念不同，对其他国家的文艺作品不一定认同或接受，也有可能反对或排斥，所以非但不能产生文化影响力，还可能会对文化影响力产生负面的影响。

通过以上分析可知，材料存在多处逻辑错误，只需搞好本国的文化建设并向世人展示就可以增强软实力的观点难以必然成立。

总评

本文找点正确，质疑也算有力，可评为二类卷，分数区间为 21~24 分。

旁注：

① 标题字数过多，建议不超过14字。

开头段没有问题。

找点正确，质疑有力。

② 这两段可合并为一段。
注：一个段落里面如果涉及两个相关谬误A和B，应该表达对A的质疑，对A分析；之后过渡到B，表达对B的质疑，对B分析。
修改方式可参考范文。

找点正确，分析合理。

结尾没有问题。

2014 年管理类联考论证有效性分析母题思路详解

真题原题

　　论证有效性分析：分析下述论证中存在的缺陷和漏洞，选择若干要点，写一篇600字左右的文章，对该论证的有效性进行分析和评论。（论证有效性分析的一般要点是：概念特别是核心概念的界定和使用是否准确并前后一致，有无各种明显的逻辑错误，论证的论据是否成立并支持结论，结论成立的条件是否充分等。）（30分）

　　现代企业管理制度的设计所要遵循的重要原则是权力的制衡与监督。只要有了制衡与监督，企业的成功就有了保证。

　　所谓制衡，指对企业的管理权进行分解，然后使被分解的权力相互制约，以达到平衡，它可以使任何人不能滥用权力；至于监督，指对企业管理进行严密观察，使企业运营处于可控范围之内。既然任何人都不能滥用权力，而且所有环节都在可控范围之内，那么企业的运营就不可能产生失误。

　　同时，以制衡与监督为原则所设计的企业管理制度还有一个固有的特点，即能保证其实施的有效性，因为环环相扣的监督机制能确保企业内部各级管理者无法敷衍塞责。万一有人敷衍塞责，也会受到这一机制的制约而得到纠正。

　　再者，由于制衡原则的核心是权力的平衡，而企业管理的权力又是企业运营的动力与起点，因此，权力的平衡就可以使整个企业运营保持平衡。

　　另外，从本质上来说，权力平衡就是权力平等，因此这一制度本身蕴含着平等观念。平等观念一旦成为企业的管理理念，必将促成企业内部的和谐与稳定。

　　由此可见，如果权力的制衡与监督这一管理原则付诸实践，就可以使企业的运营避免失误，确保其管理制度的有效性、日常运营的平衡以及内部的和谐与稳定，这样的企业一定能够成功。

谬误精析

段落1	论证结构
①现代企业管理制度的设计所要遵循的重要原则是权力的制衡与监督。②只要有了制衡与监督，企业的成功就有了保证。	①背景介绍 ②点明论点

续表

序号	质疑内容	谬误分析
1	质疑②	**强置充分条件** "只要有了制衡与监督,企业的成功就有了保证"未必成立。制衡与监督只是企业内部控制的一部分,有了制衡与监督,企业的内部控制具备有效的可能性,但不是一定有效。而且,内部控制仅仅是企业成功的一方面因素,企业成功还受很多宏观、微观环境的影响。

段落2	论证结构
③所谓制衡,指对企业的管理权进行分解,然后使被分解的权力相互制约,以达到平衡,它可以使任何人不能滥用权力;至于监督,指对企业管理进行严密观察,使企业运营处于可控范围之内。④既然任何人都不能滥用权力,而且所有环节都在可控范围之内,那么企业的运营就不可能产生失误。	③→④

序号	质疑内容	谬误分析
2	质疑④	**强置充分条件** "任何人都不能滥用权力"和"所有环节都在可控范围之内"只是制衡与监督的目标,不代表一定可以实现。即使这一目标达成,也无法得出"企业的运营就不可能产生失误"的结论。比如,企业竞争状况的变化、宏观经济的变化、国家政策的调整等都可能影响企业的运营并导致其产生失误。

段落3	论证结构
⑤同时,以制衡与监督为原则所设计的企业管理制度还有一个固有的特点,即能保证其实施的有效性,⑥因为环环相扣的监督机制能确保企业内部各级管理者无法敷衍塞责。⑦万一有人敷衍塞责,也会受到这一机制的制约而得到纠正。	⑥ ⑤ ⑦

序号	质疑内容	谬误分析
3	质疑⑥→⑤	**强置充分条件** 材料认为"环环相扣的监督机制能确保企业内部各级管理者无法敷衍塞责",事实上,即使有了监督机制,也不能确保所有管理者不敷衍塞责,也无法证明以此原则设计的企业管理制度能保证其实施的有效性。

续表

序号	质疑内容	谬误分析
4	质疑⑥⑦	**自相矛盾** "环环相扣的监督机制能确保企业内部各级管理者无法敷衍塞责"与"万一有人敷衍塞责"自相矛盾。

段落4	论证结构
⑧再者，由于制衡原则的核心是权力的平衡，而企业管理的权力又是企业运营的动力与起点，⑨因此权力的平衡就可以使整个企业运营保持平衡。	⑧→⑨

序号	质疑内容	谬误分析
5	质疑⑧→⑨	**推断不当** 权力的平衡未必能使整个企业运营平衡。因为，企业运营的平衡，除了管理权力的平衡外，还取决于其他条件。

段落5	论证结构
另外，⑩从本质上来说，权力平衡就是权力平等，⑪因此这一制度本身蕴含着平等的观念。⑫平等观念一旦成为企业的管理理念，必将促成企业内部的和谐与稳定。	⑩→⑪→⑫

序号	质疑内容	谬误分析
6	质疑⑩	**偷换概念** 材料认为"权力平衡就是权力平等"，但二者显然不是相同的概念。"权力平衡"是指权力的动态制约关系，而"权力平等"则是指权力的平均分配。不能因为权力平衡这一制度中蕴含着平等的观念，就认为二者是等同的。
7	质疑⑩→⑪→⑫	**推断不当** 平等观念未必能促进企业内部的和谐与稳定。如果这种平等的观念是指"权力平等"，希望权力在不同的人之间平均分配，那恐怕不仅不能促进企业的和谐稳定，反而使得管理者无法顺利地管理其下属而导致企业混乱。

段落6	论证结构
⑬由此可见，如果权力的制衡与监督这一管理原则付诸实践，就可以使企业的运营避免失误，确保其管理制度的有效性、日常运营的平衡以及内部的和谐与稳定，这样的企业一定能够成功。	⑬再次点明主题

续表

序号	质疑内容	谬误分析
8	质疑⑬	**强置充分条件** 企业运营不失误、管理制度有效、日常运营平衡以及内部和谐稳定，这些还不足以保证企业一定成功，因为，企业的成功不仅取决于企业的内部因素，还取决于市场环境、国家政策等外部因素。

（说明：以上谬误分析引用和改编自教育部考试中心《管理类专业学位联考综合能力考试大纲》给出的参考答案。）

参考范文

权力的制衡与监督真的有效吗？

材料认为，建立了以权力的制衡与监督为核心的现代企业管理制度，就可以保证企业成功。然而"权力的制衡与监督"真的有效吗？

首先，"只要有了制衡与监督，企业的成功就有了保证"未必成立。制衡与监督只是企业内部控制的一部分，有了制衡与监督，企业的内部控制具备有效的可能性，但不是一定有效。而且，内部控制仅仅是企业成功的一方面因素，企业成功还受很多宏观、微观环境的影响。

其次，"任何人都不能滥用权力"和"所有环节都在可控范围之内"只是制衡与监督的可能结果，不是必然结果。把可能论据当作事实论据，有失妥当。就算"任何人都不能滥用权力"和"所有环节都在可控范围之内"，也难以保证"企业的运营就不可能产生失误"，因为企业的运营还受各种偶然因素的影响。

再次，即使有了权力的制衡与监督，也很难保证"企业内部各级管理者无法敷衍塞责"，也未必能保证这一制度"实施的有效性"。有制度是一回事，制度执行到位又是一回事。诸如管理者的能力、普通员工的素质、企业内外部环境的变化等因素都会影响制度执行的有效性。

最后，材料认为"权力平衡就是权力平等"，但二者显然不是相同的概念。"权力平衡"是指权力的动态制约关系，而"权力平等"则是指权力的平均分配。不能因为权力平衡这一制度中蕴含着平等的观念，就认为二者是等同的。

总之，权力的制衡与监督只是企业成功的因素之一，而不是全部，即使做到了这一点，也难以保证企业必然成功。

（全文共 601 字）

学生习作展示及点评

1. 习作一

权力的制衡与监督可以保证企业成功吗？

老吕弟子班学员　圆圆

材料的作者认为，"只要有了制衡与监督，企业的成功就有了保证"，然而其论证存在多处逻辑漏洞，<u>所以①</u>，其结论让人难以信服。具体分析如下：

首先，"任何人都不能滥用权力，而且所有环节都在可控范围之内"是一种理想化的条件，在现实情况下很难实现，现实总有各种预料不及的环节出现问题，<u>完全可控需要长久努力②</u>。即使实现了这一目标，也不能说明"企业的运营就不可能产生失误"，还需要在发展机遇等方面给予配合，因此，认为企业运营不可能产生失误，过于绝对。

其次，"环环相扣的监督机制"不能"确保企业内部各级管理者无法敷衍塞责"，因为监督机制需要各级管理者进行配合，如果其中几个管理者互相串通，监督机制并不能很好地发挥作用。并且，"无法敷衍塞责"与"万一有人敷衍塞责"这一观点自相矛盾。

再次，"权力平衡"不等于"权力平等"。权力平衡，是一个动态的制约平衡，是一种相互制约关系；权力平等，指的是每个人权力相等，没有大小之分，人人在权力方面完全一样。在公司不可能每个人都有决策权，不能因为权力平衡中也有平等观念，就把权力平衡与权力平等画等号。

最后，材料认为"只要实现了权力制衡与监管，就可以避免运营失误，企业就一定能成功"，这一观点忽视了企业成功的外部条件和运营方向的关键性。

总之，材料存在多处逻辑漏洞，"有制衡与监督，企业就能成功"这一结论让人难以信服。

点评：
- 标题字数过长。
- ①"所以"可以删掉。
- ②此句删除。
- 找点正确，质疑有力，层次清楚。
- 找点正确，质疑有力。
- 找点正确，质疑有力。
- 结尾没有问题。

总评

文章层次清楚，谬误点找得准确，质疑有力，可评为一类卷，分数区间为25~27分。

> **考场小贴士**
>
> 作文纸的一行中只有20个格子，因此，作文标题不宜超过14字，否则就会影响美观，甚至是一行写不开。

2. 习作二

<u>只要有了制衡与监督，企业就一定能成功吗？</u>①

老吕弟子班学员　王逸雯

⊙问题①建议改为：权力的制衡与监督真的有效吗？

文中提出"只要有了制衡与监督，企业就一定能成功"这一观点。<u>但其论证过程有问题，所以我认为文中结论并不妥当，值得商榷②</u>。

⊙问题②建议改为：但其论证存在多处逻辑漏洞，结论让人难以信服。

首先，<u>只遵循制衡与监督不一定能使企业成功③</u>。制衡与监督只是企业成功的因素之一，还有其他的因素，比如市场行业环境、内部控制等多重因素影响企业的成功。

其次，只保证不能滥用权力是不妥当的，因为还有不行使权力这样的情况，如果权力行使不充分，有可能会使工作完成也不充分。况且监督只能监控已设置好的环节，对未知的部分并不能进行监督④。

⊙问题④建议改为："任何人都不能滥用权力"和"所有环节都在可控范围之内"只是制衡与监督的目标，不代表一定可以实现。即使这一目标达成，也无法得出"企业的运营就不可能产生失误"的结论。因为企业的运营是否失误还取决于管理团队的管理水平等其他条件。

再次，<u>文中提到"制衡原则的核心是权力平衡，权力是企业运营的动力和起点，所以权力平衡即可使企业运营平衡"⑤，制衡原则与企业运营的平衡和起点两个没有因果关系，权力平衡也不一定能做到企业运营平衡⑥</u>。

⊙问题⑤建议改为："权力的平衡"未必"能使整个企业运营平衡"。

---

①标题过长。

②第一，文中不要出现"我认为"这类主观性词汇；第二，"有问题""不妥当""值得商榷"重复。

③建议加引号突出。

④这一段质疑的谬误点不清楚。

⑤引用过长。
⑥此句并没有做具体的分析，只是又重复进行了两次质疑而已。

⊙问题⑥建议改为：企业运营的平衡，除了权力的平衡外，还取决于很多其他条件，比如管理者的管理能力、企业内外部环境等。

最后，权力平衡不是权力平等，概念不同⑦，而且即使平等观念成为企业的管理理念，也不一定能促成企业内部的和谐和稳定⑧。权力平等要求企业高层和普通工人权力相同，这显然不可能，而权力平衡是高层之间不存在一方弱势、一方强势的情况，所以文中结论"平等观念一旦成为企业的管理理念，必将促成企业内部的和谐与稳定"也是不成立的⑨。

⊙本段建议改为：

平等观念未必能"促进企业内部的和谐与稳定"。因为，如果这种平等的观念是指"权力平等"，企业管理者与普通员工的权力相同，那么恐怕不仅不能促进企业的和谐与稳定，反而使管理者无法顺利地管理其下属而导致企业混乱。

综上所述，文中结论难以成立，只有制衡与监督，企业不能得到成功⑩。

⊙问题⑩建议改为：

综上所述，文中"只要有了制衡与监督，企业就一定能成功"的结论难以成立。

⑦第一，建议在关键概念上加引号；第二，为什么这两个概念不同呢？没做解释。此处可参考范文。
⑧这个谬误点和上面的偷换概念混在一起写，效果不好。
⑨两个点一起分析，逻辑混乱。

⑩结尾不当。论证有效性分析是仅仅分析材料中的逻辑漏洞，而不是用自己的观点来反驳材料的观点。

总评

论证有效性分析是质疑作者的观点，只是质疑，但不建议提出个人见解。质疑部分、分析部分需进一步加强。在考场上，此篇文章可评为四类卷，分数区间为9~13分。

考场小贴士

论证有效性分析不是驳论文，我们仅仅是站在客观的立场上分析材料的漏洞，我们并不持任何主观态度，也不能提出新的观点。

2015年管理类联考论证有效性分析母题思路详解

真题原题

论证有效性分析：分析下述论证中存在的缺陷和漏洞，选择若干要点，写一篇600字左右的文章，对该论证的有效性进行分析和评论。（论证有效性分析的一般要点是：概念特别是核心概念的界定和使用是否准确并前后一致，有无各种明显的逻辑错误，论证的论据是否成立并支持结论，结论成立的条件是否充分等。）（30分）

有一段时期，我国部分行业出现了生产过剩现象。一些经济学家对此忧心忡忡，建议政府采取措施加以应对，以免造成资源浪费，影响国民经济正常运行。这种建议看似有理，其实未必正确。

首先，我国部分行业出现的生产过剩并不是真正的生产过剩。道理很简单，在市场经济条件下，生产过剩实际上只是一种假象。只要生产企业开拓市场、刺激需求，就能扩大销售，生产过剩马上就可以化解。退一步说，即使出现了真正的生产过剩，市场本身也会进行自动调节。

其次，经济运行是一个动态变化的过程，产品的供求不可能达到绝对的平衡状态，因而生产过剩是市场经济的常见现象。既然如此，那么生产过剩也就是经济运行的客观规律。因此，如果让政府采取措施进行干预，那就违背了经济运行的客观规律。

再次，生产过剩总比生产不足好。如果政府的干预使生产过剩变成了生产不足，问题就会更大。因为生产过剩未必会造成浪费，反而可以因此增加物资储备，以应对不时之需。如果生产不足，就势必造成供不应求的现象，让人们重新去过缺衣少食的日子，那就会影响社会的和谐与稳定。

总之，我们应该合理定位政府在经济运行中的作用。政府要有所为，有所不为。政府应该管好民生问题。至于生产过剩或生产不足，应该让市场自动调节，政府不必干预。

谬误精析

段落1	论证结构
①有一段时期，我国部分行业出现了生产过剩现象。一些经济学家对此忧心忡忡，建议政府采取措施加以应对，以免造成资源浪费，影响国民经济正常运行。②这种建议看似有理，其实未必正确。	①背景介绍 ②引出论点 "政府不必干预生产过剩现象"

段落2	论证结构
③首先，我国部分行业出现的生产过剩并不是真正的生产过剩。④道理很简单，在市场经济条件下，生产过剩实际上只是一种假象。⑤只要生产企业开拓市场、刺激需求，就能扩大销售，生产过剩马上就可以化解。⑥退一步说，即使出现了真正的生产过剩，市场本身也会进行自动调节。	⑤→④→③ ⎫ ⎬"政府不必干预 ⑥ ⎭生产过剩现象"

序号	质疑内容	谬误分析
1	质疑③⑥、④⑧	**自相矛盾** 材料既说生产过剩"不是真正的生产过剩"，又说"出现了真正的生产过剩"；既说"生产过剩实际上是一种假象"，又说"生产过剩是市场经济的常见现象"，存在自相矛盾。
2	质疑⑤	**绝对化** "只要生产企业开拓市场、刺激需求，就能扩大销售，生产过剩马上就可以化解"，过于绝对化。生产企业开拓市场、刺激需求并不是扩大销售的充分条件，因为销售还取决于市场饱和度、社会购买力、社会消费心理等其他因素。
3	质疑⑥	**推断不当** 市场对于生产过剩的自动调节，可能是无序的，也可能是低效率的，因此，无法因为市场会自动调节就断定政府不必对生产过剩现象进行干预。

段落3	论证结构
⑦其次，经济运行是一个动态变化的过程，产品的供求不可能达到绝对的平衡状态，⑧因而生产过剩是市场经济的常见现象。⑨既然如此，那么生产过剩也就是经济运行的客观规律。⑩因此，如果让政府采取措施进行干预，那就违背了经济运行的客观规律。	⑦→⑧→⑨→⑩

序号	质疑内容	谬误分析
4	质疑⑦→⑧	**推断不当** 产品的供求关系是动态的，"不可能达到绝对的平衡"，无法说明"生产过剩是市场经济的常见现象"。因为供求关系的不平衡，产生的结果也可能是供不应求。

续表

序号	质疑内容	谬误分析
5	质疑⑧→⑨	**概念混淆** 生产过剩是市场经济的"常见现象",不代表生产过剩也就是经济运行的"客观规律"。"常见现象"与"客观规律"是不同的两个概念。常见现象是事物的外在表现,客观规律是事物的本质属性,二者不能混淆。
6	质疑⑦→⑧→⑨→⑩	**推断不当** 既然生产过剩不等同于"客观规律",那就不能推出政府对生产过剩的干预就是违背了经济运行的客观规律。

段落4	论证结构
⑪再次,生产过剩总比生产不足好。⑫如果政府的干预使生产过剩变成了生产不足,问题就会更大。⑬因为生产过剩未必会造成浪费,反而可以因此增加物资储备,以应对不时之需。⑭如果生产不足,就势必造成供不应求的现象,让人们重新去过缺衣少食的日子,那就会影响社会的和谐与稳定。	⑬⑭ } ⑫→⑪

序号	质疑内容	谬误分析
7	质疑⑬	**概念混淆** 生产过剩是指某些商品的生产超过了社会总需求,即其产品已经超过了正常的消费需求和物资储备。因此,不能说生产过剩会"增加物资储备以应对不时之需"。

段落5	论证结构
⑮总之,我们应该合理定位政府在经济运行中的作用,政府要有所为,有所不为。⑯政府应该管好民生问题,至于生产过剩或生产不足,应该让市场自动调节,政府不必干预。	⑮→⑯ ⑯再次点明主题

序号	质疑内容	谬误分析
8	质疑⑯	**自相矛盾** "政府应该管好民生问题。至于生产过剩或生产不足,应该让市场自动调节,政府不必干预。"市场调节和政府干预并不矛盾。而且,生产过剩或生产不足都会影响民生,也是民生问题。

(说明:以上谬误分析引用和改编自教育部考试中心《管理类专业学位联考综合能力考试大纲》给出的参考答案。)

参考范文

政府不必干预生产过剩吗？

上述材料认为政府不必干预生产过剩，然而，其论证过程存在多处不当，分析如下：

首先，材料既说生产过剩"不是真正的生产过剩"，又说"出现了真正的生产过剩"；既说"生产过剩实际上是一种假象"，又说"生产过剩是市场经济的常见现象"，存在自相矛盾。

其次，"只要生产企业开拓市场、刺激需求，就能扩大销售，生产过剩马上就可以化解"，过于绝对化。生产企业开拓市场、刺激需求并不是扩大销售的充分条件，因为销售还取决于市场饱和度、社会购买力、社会消费心理等其他因素。

再次，生产过剩是市场经济的"常见现象"，不代表生产过剩也就是经济运行的"客观规律"。"常见现象"与"客观规律"是不同的两个概念。常见现象是事物的外在表现，客观规律是事物的本质属性，二者不能混淆。

而且，生产过剩是指某些商品的生产超过了社会总需求，即其产品已经超过了正常的消费需求和物资储备。因此，不能说生产过剩会"增加物资储备，以应对不时之需"。另外，物资储备也是按需储备，而不是剩下什么就储备什么。

最后，材料认为"政府应该管好民生问题。至于生产过剩或生产不足，应该让市场自动调节，政府不必干预"。实际上，市场调节和政府干预并不矛盾。而且，生产过剩或生产不足也会影响民生，也是民生问题。

综上所述，材料的论证存在多处逻辑漏洞，政府不必干预生产过剩的结论令人难以信服。

（全文共565字）

学生习作展示及点评

1. 习作一

政府不应干预生产过剩吗

老吕弟子班学员　杨浚艺

上述论证通过一系列分析，认为政府不必干预生产过剩①，其论证过程存在多处不妥，现分析如下：

首先，作者认为只要"扩大销售"，就能化解"生产过剩"，存在不妥。如果企业扩大销售的能力不足以抵挡生产过剩带来的危机，那么，"生产过剩是假象"的说法就有待考证。

其次，"市场"调节真的可以有效调节生产过剩吗？市场调节具有滞后性，完全依赖于市场调节很多时候会"失灵"，此时就需要"政府"这只"有形的手"加以干预。

再次，"非绝对平衡状态"不仅有"生产过剩"，还有"生产不足"。作者先说生产过剩是一种"假象""常见现象"，又说生产过剩是"客观规律"，前后矛盾，不足以支持观点②。

另外，政府干预就一定违背"客观规律"吗？政府调节正是③运用客观规律，达到使经济平稳运行的效果。人们虽然不能改造规律，却可以把握规律，让其为我所用。

还有，"生产过剩"未必比"生产不足"好。生产过剩和生产不足一样，都是供求关系失衡的结果，程度过大都会导致社会的不稳定。作者认为"政府应该管好民生问题"，殊不知，经济平稳运行就是最大的国计民生。市场调节的缺陷需要政府加以引导，这才是对政府作用的合理定位。

综上所述，作者认为的"政府不应干预生产过剩"，在论证中存在多处不当，有待商榷。

旁批：

标题正确。

①论点建议加引号以突出，便于阅卷老师批阅。

找点正确，分析有力。

找点正确，分析有力。

②这一段质疑了两个点，但是这两个点的层次没有表述清楚。

③"正是"改为"也可以"更为严谨。

找点正确，分析有力。

结尾没有问题。

总评

文章找点正确，质疑有力，表达完整，语句通顺。一些小瑕疵不影响此文评为一类卷，分数区间为25~28分。

2. 习作二

政府不能①干涉生产过剩吗?

老吕弟子班学员　魏翔

上述材料试图论证<u>生产过剩问题政府不能干涉②</u>，然而其论据有若干不妥之处，因此，其结论值得商榷。

首先，材料认为"只要生产企业开拓市场、刺激需求，就能扩大销售，生产过剩马上就可以化解"，未免过于绝对。 因为，就算企业做了开拓市场的努力，<u>可是③</u>消费者对此产品没有需求，也没有用。 另外，就算企业努力扩大了需求，但还不足以解决供大于求的问题，那么还是无法解决生产过剩的问题。

其次，<u>材料认为"经济运行是一个动态变化的过程，产品的供求不可能达到绝对的平衡状态"，不敢苟同④</u>。 因为"不可能达到绝对的平衡状态"不意味着就会出现"生产过剩"，还有可能出现供不应求的情况。

⊙问题④建议改为："产品供求不能达到绝对的平衡"，不意味着"生产过剩是常见现象"。

再次，"常见现象"与"客观规律"并不属于同一概念。 前者常指事物发展的外在表现，后者常指事物发展的内在逻辑。 <u>材料这里犯了偷换概念的嫌疑⑤</u>。

最后，材料说"<u>生产过剩总比生产不足好</u>"，观点并不妥当⑥。 <u>生产应该按需生产⑦</u>。 另外，如果生产的是不易贮存的产品，就会造成浪费。 材料还认为"如果生产不足就势必会造成供不应求的现象"，有些武断，这只是一种可能而不是必然发生的结果，材料有强置因果的嫌疑。

⊙问题⑥建议改为：材料认为"生产过剩总比生产不足好"，并不妥当。

综上所述，由于材料的论证存在多处不当，<u>以至于国民经济的正常运行只需要市场自我调节不需要政府干涉生产过剩让人难以信服，论证过程也不严密，存在诸多逻辑漏洞，当然，得出的结论也未必成立⑧</u>。

⊙问题⑧建议改为："政府不必干预生产过剩"的结论值得商榷。

---

①表达不够准确。"不必"和"不能"在语义上还是有一些差别的，最好改为"不必"。
②建议加引号。

③建议将"可是"改为"如果"。

④找点错误。这句话是下文中"生产过剩是常见现象"这一结论的论据，而本段接下来的内容是在质疑结论而不是论据。另外，不要使用"不敢苟同"这样的主观化词汇。
⑤"犯了……的嫌疑"是病句，应改为"有……的嫌疑"或"犯了……的逻辑错误"。
⑥病句。
⑦此句质疑无效。

⑧结尾啰唆。

总评

文章结构完整,逻辑漏洞大部分找对,但分析较弱,语言啰唆。可评为三类卷,分数区间为 15~18 分。

2016年管理类联考论证有效性分析母题思路详解

真题原题

论证有效性分析:分析下述论证中存在的缺陷和漏洞,选择若干要点,写一篇600字左右的文章,对该论证的有效性进行分析和评论。(论证有效性分析的一般要点是:概念特别是核心概念的界定和使用是否准确并前后一致,有无各种明显的逻辑错误,论证的论据是否成立并支持结论,结论成立的条件是否充分等。)(30分)

现在人们常在谈论大学毕业生就业难的问题,其实大学生的就业并不难。

据国家统计局数据,2012年我国劳动年龄人口比2011年减少了345万,这说明我国劳动力的供应从过剩变成了短缺。据报道,近年长三角等地区频频出现"用工荒"现象,2015年第二季度我国岗位空缺与求职人数的比率约为1.06,表明劳动力市场需求大于供给。因此,我国的大学毕业生其实是供不应求的。

还有,一个人受教育程度越高,他的整体素质也就越高,适应能力就越强,当然,也就越容易就业。大学生显然比其他社会群体更容易就业,再说大学生就业难就没有道理了。

实际上,一部分大学生就业难,是因为其所学专业与市场需求不相适应,或对就业岗位的要求过高。因此,只要根据市场需求调整高校专业设置,对大学生进行就业教育,以改变他们的就业观念,鼓励大学生自主创业,那么大学生就业难问题将不复存在。

总之,大学生的就业并不是问题,我们大可不必为此顾虑重重。

谬误精析

段落1	论证结构
①现在人们常在谈论大学毕业生就业难的问题,其实大学生的就业并不难。	①基于生活现象,引出论点

段落2	论证结构
②据国家统计局数据，2012年我国劳动年龄人口比2011年减少了345万，这说明我国劳动力的供应从过剩变成了短缺。③据报道，近年长三角等地区频频出现"用工荒"现象，2015年第二季度我国岗位空缺与求职人数的比率约为1.06，表明劳动力市场需求大于供给。④因此，我国的大学毕业生其实是供不应求的。	② ③ }④→①

序号	质疑内容	谬误分析
1	质疑②→④	**推断不当** 由"2012年我国劳动年龄人口比2011年减少了345万"，无法说明"我国劳动力的供应从过剩变成了短缺"。因为，劳动力市场不仅由供给决定，还取决于需求情况。虽然劳动力相比之前变少，可能仍然是供过于求的。劳动力也不是仅仅由大学生构成，即使"劳动力"变成了短缺，也不代表"大学生"是供不应求的。而且，2012年的情况也难以说明现在的情况怎样。
2	质疑③→④	**不当归纳** 长三角地区出现的"用工荒"，未必是缺少大学生，也可能是缺少技术工人等其他人才。这种"用工荒"也可能仅为地域性现象，不具有全国普遍代表性。2015年第二季度的情况，可能仅是一年中的阶段性现象，难以说明2015年的整体情况，而且这个"岗位空缺"缺的也未必是针对大学生的岗位。

段落3	论证结构
⑤还有，一个人受教育程度越高，他的整体素质也就越高，适应能力就越强，当然，也就越容易就业。⑥大学生显然比其他社会群体更容易就业，再说大学生就业难就没有道理了。	⑤→⑥

序号	质疑内容	谬误分析
3	质疑⑤	**推断不当** 受教育程度仅仅是影响其整体素质、适应能力的一种因素，未必受教育程度高的人整体素质就高、适应能力就强。同样，整体素质和适应能力也仅仅是影响就业的部分因素，如果用人单位没有需求，你的能力再高也无济于事。

序号	质疑内容	谬误分析
4	质疑⑤→⑥	**推断不当** 其他社会群体中也有比大学生容易就业的群体，所以不能推断大学生比其他社会群体更容易就业。即使大学生比某些社会群体容易就业，也不能得出大学生就业不难的结论。

段落4	论证结构
⑦实际上，一部分大学生就业难，是因为其所学专业与市场需求不相适应，或对就业岗位的要求过高。⑧因此，只要根据市场需求调整高校专业设置，对大学生进行就业教育，以改变他们的就业观念，鼓励大学生自主创业，那么大学生就业难问题将不复存在。	⑦→⑧

序号	质疑内容	谬误分析
5	质疑⑦→⑧→①	**自相矛盾** "一部分大学生就业难""大学生就业难问题将不复存在"，表明当今存在大学生就业难问题，这与"大学生就业并不难"的论点自相矛盾。
6	质疑⑦→⑧	**归因不当** 专业设置不佳和就业观念问题仅仅是导致大学生就业难的原因之一，仅仅解决这两个问题未必能解决大学生就业难的问题。
7	质疑⑧	**推断不当** 就业市场需求也在随时变化，即便根据当前需求调整专业设置，也未必可以适应未来变化。作者还妄图将"大学生自主创业"作为途径来解决就业难问题，这并未考虑到创业风险以及会有多大比例的大学生有能力创业等问题。

段落5	论证结构
⑨总之，大学生的就业并不是问题，我们大可不必为此顾虑重重。	⑨再次点明主题

（说明：以上谬误分析引用和改编自教育部考试中心《管理类专业学位联考综合能力考试大纲》给出的参考答案。）

参考范文

大学生就业不难吗?

材料认为"大学生的就业不是什么问题,我们大可不必为此顾虑重重",然而其论证存在多处问题,分析如下:

首先,仅由"2012年我国劳动年龄人口比2011年减少了345万",无法得出"我国劳动力的供应从过剩变成了短缺"的结论。第一,此处"劳动年龄人口"与"劳动供应人口"之间存在概念混淆;第二,劳动力是否供过于求,不仅受劳动力供给的影响,还受劳动力需求的影响。在不了解2012年劳动力需求的情况下,无法得出我国大学毕业生供不应求的结论。

其次,长三角地区出现的"用工荒",未必是缺少大学生,也可能是缺少技术工人等其他人才。这种"用工荒"也可能仅为地域性现象,不具有全国普遍代表性。2015年第二季度的情况,可能仅是一年中的阶段性现象,难以说明2015年的整体情况,而且这个"岗位空缺"缺的也未必是针对大学生的岗位。

再次,受教育程度仅仅是影响人整体素质、适应能力的一种因素,未必受教育程度高的人整体素质就高、适应能力就强。同样,整体素质和适应能力也仅仅是影响就业的部分因素,如果用人单位没有需求,你的能力再高,也无济于事。

最后,专业设置不佳和就业观念问题仅仅是导致就业难的原因之一,可能还有其他更重要的因素,在其他因素没有解决的情况下,仅仅解决这两个问题未必能解决大学生就业难的问题。就业市场需求也在随时变化,即便根据当前需求调整专业设置,也未必可以适应未来的变化。

综上所述,材料得出的"大学生的就业不是什么问题,我们大可不必为此顾虑重重"这一结论值得商榷。

(全文共615字)

学生习作展示及点评

1. 习作一

大学生就业难吗①

老吕弟子班学员　孙晓艺

材料旨在说明<u>大学生就业不难</u>②，然而其论证过程中存在多处逻辑谬误，分析如下：

首先，由我国劳动年龄人口的减少，不能简单得出"我国劳动力的供应从过剩变为短缺"。劳动力市场的供应是否过剩、短缺，还取决于市场的需求。若是2012年需求相较2011年也减少了，劳动力供应就不必然短缺。

其次，由"长三角地区出现'用工荒'现象"与"劳动力市场需求大于供给"，不能推出"大学毕业生供不应求"这一结论。第一，长三角地区并不能代表全国地区，<u>不是所有大学生都去长三角地区工作③</u>。第二，劳动力并不只包括大学生，还有工人、高端技术人才、研究生等。④而且"用工荒"大多针对的是技术工人。

再次，一个人的受教育程度、整体素质、适应能力之间，并不存在必然的共变联系。而就业的成功与否也不局限于这些因素，还要看招聘企业对人才的具体要求与招聘人数。若企业需要技术娴熟且有工作经验的人员，大学生也并不必然比其他人员好就业。

最后，"只要根据市场需求调整专业设置，那么大学生就业难的问题将不复存在"，这一结论过于绝对。因为市场需求在不断变化，即使大学入学时这一专业符合需求，也不能确保毕业时仍旧如此。

综上所述，由于材料在论证过程中存在多处不当，因此，<u>大学生就业并不难</u>⑤这一结论难以令人信服。

侧边批注：
- ①标题应改为"大学生就业不难吗"。
- ②建议加引号。
- 找点正确，分析合理。
- 找点正确，分析合理。
- ③此句可删除。句号建议改为分号。
- ④句号改为逗号。
- 找点正确，分析合理。
- 找点正确，分析合理。
- ⑤论点要用引号。

> **总评**
>
> 　　文章虽有些小问题，但找点正确且质疑得很好，语句流畅，表达完整，完成度很好，可评为一类卷，分数区间为24~27分。

2. 习作二

大学生就业真的不难吗

老吕弟子班学员　王誉燃

上述文中，作者运用了诸多的推理论证方式试图证明"大学生就业并不难"，但在其推理过程中存在诸多不妥处，有失妥当①，分析如下：

首先，根据数据2012年与2011年相比"劳动年龄人口减少了345万"，不足以推出"劳动力从过剩变成了短缺"。由于缺乏过去的劳动年龄人口的数据，所以不能确定是否会造成"短缺"现象，因为减少一定数量的劳动年龄人口后，可能仍然会出现过剩、略微过剩以及略微短缺等现象。所以，条件不充分，不能完全推出"短缺"的结论②。

⊙问题②建议改为：劳动力市场不仅由供给决定，还取决于需求情况。虽然劳动力相比之前变少了，但可能仍然是供过于求的。

其次，通过报道提供的"岗位空缺与求职人数的比率"数据，就认为"劳动力的需求大于供给"，进而推出"大学毕业生是供不应求的"，这是不准确的③。因为，岗位空缺的原因有很多种，其中包括衡量应聘者的资质、工作能力、办事效率以及专业背景是否符合岗位需求。岗位空缺不代表求职人数少，更不能代表劳动需求大于供给④，因此得出"大学毕业生是供不应求的"结论是欠妥当的⑤。

再次，不恰当地认为"一个人受教育程度越高""他的整体素质也就越高""适应能力就越强"也就"更容易就业"，从而推出"大学生相比其他社会群体更容易就业"。因为，衡量整体素质不仅仅依靠教育程度高低，还包括言语表达、处事作风，等等。而适应能力强也不仅仅是由整体素质决定的，它与生活的环境、沟通能力等都有直接的联系。退一步说，即使上述推理过程无误，大学生也未必比其他社会群体更容易就业，因为他们的校园生活可能会导致其缺乏社会经验、工作能力，等等。因此"大学生就业比其他社会群体更容易"的结论是不妥当的⑥。

最后，"根据市场需求调整专业设置""通过就业教育改变就业观念""鼓励大学生自主创业"不一定能缓解大学生就业难的现象，更不能使得这种现象不复存在⑦。因为上述调整是需要一定的周期和时间去做改变，短期内是难以实现的。即使可以实现，也不能完全达到"不复存在"的地步。因此，此推论并不严谨。

⊙问题⑦建议改为：调整专业设置及改变就业观念，未必能缓解大学生就业难的现象。

综上所述，作者在试图论证其观点的过程中存在诸多的推理漏洞，使得结论难以成立，该论证结果是待商榷的⑧。

标题正确。

①语义重复，去掉"有失妥当"。

②表达啰嗦。

③啰嗦，可直接指出：即使"劳动力"变成了短缺，也不代表"大学生"是供不应求的。
④可以明确指出，劳动力也不是仅仅由大学生构成。
⑤与开头重复。

⑥质疑点过多，表达烦琐。此处可参考上篇学生习作进行修改。

⑦质疑的点过多。

⑧"难以成立、待商榷"语义重复，删减。

> **总评**
>
> （1）本文篇幅过长，超过了 800 字，而答题卡上的空格只有 700 格。
> （2）总想在同一段中质疑多个谬误，导致引用啰唆，条理不清。
> （3）可评为四类卷，分数区间为 8~13 分。

> **考场小贴士**
>
> 平时进行写作训练时，建议使用 20 格每行的作文纸，这样能有效控制文章篇幅。

2017 年管理类联考论证有效性分析母题思路详解

真题原题

论证有效性分析：分析下述论证中存在的缺陷和漏洞，选择若干要点，写一篇 600 字左右的文章，对该论证的有效性进行分析和评论。（论证有效性分析的一般要点是：概念特别是核心概念的界定和使用是否准确并前后一致，有无各种明显的逻辑错误，论证的论据是否成立并支持结论，结论成立的条件是否充分等。）（30 分）

如果我们把古代荀子、商鞅、韩非等人的一些主张归纳起来，可以得出如下一套理论：

人的本性是"好荣恶辱，好利恶害"的，所以人们都会追求奖赏、逃避刑罚。因此，拥有足够权力的国君只要利用赏罚，就可以把臣民治理好了。

既然人的本性是好利恶害的，那么，在选拔官员时，既没有可能也没有必要去寻求那些不求私利的廉洁之士，因为世界上根本不存在这样的人。廉政建设的关键，其实只在于任用官员之后有效地防止他们以权谋私。

怎样防止官员以权谋私呢？国君通常依靠设置监察官的方法。这种方法其实是不合理的。因为监察官也是人，也是好利恶害的，所以依靠监察官去制止其他官吏以权谋私，就是让一部分以权谋私者去制止另一部分人以权谋私，结果只能使他们共谋私利。

既然依靠设置监察官的方法不合理，那么依靠什么呢？可以利用赏罚的方法来促使臣民去监督。谁揭发官员的以权谋私就奖赏谁，谁不揭发官员的以权谋私就惩罚谁，臣民出于好利恶害的本性就会揭发官员的以权谋私。这样，以权谋私的罪恶行为就无法藏身，就是最贪婪的人也不敢以权谋私了。

谬误精析

段落1	论证结构
①如果我们把古代荀子、商鞅、韩非等人的一些主张归纳起来，可以得出如下一套理论：	①背景介绍

段落2	论证结构
②人的本性是"好荣恶辱，好利恶害"的，所以人们都会追求奖赏、逃避刑罚。③因此，拥有足够权力的国君只要利用赏罚，就可以把臣民治理好了。	②→③提出论点

序号	质疑内容	谬误分析
1	质疑②	**诉诸权威** "人的本性是好利恶害的"是荀子、商鞅、韩非等人的主张，而未必是事实。如果此观点不成立的话，后文基于此观点的一系列论证皆不成立。
2	质疑③	**强置充分条件** "赏罚"确实是治理臣民的手段之一，但认为只要有赏罚就够了，则过于绝对。臣民治理还受到政治、经济、文化、军事等方面的因素的影响。试想，即使赏罚分明，若连年灾荒、穷兵黩武，百姓自然要揭竿而起，又何谈治理好臣民呢？

段落3	论证结构
④既然人的本性是好利恶害的，⑤那么，在选拔官员时，既没有可能也没有必要去寻求那些不求私利的廉洁之士，⑥因为世界上根本不存在这样的人。⑦廉政建设的关键，其实只在于任用官员之后有效地防止他们以权谋私。	④⑥ }⑤→⑦

序号	质疑内容	谬误分析
3	质疑④⑥→⑤	**虚假论据** "人的本性是好利恶害的"，就说明"世界上不存在廉洁之士"吗？未必如此。因为可以通过后天教育等手段，使为官者达到为官清廉、克己奉公的道德水平。从古至今，清廉的为官者如海瑞、焦裕禄等，不一而足，正是最好的例证。

续表

序号	质疑内容	谬误分析
4	质疑⑦	**绝对化** "防止官员以权谋私"确实是廉政建设的关键作用之一，但把它当作唯一的作用，则有失妥当。比如，让官员勤于政事也是廉政建设的重要作用。

段落 4	论证结构
怎样防止官员以权谋私呢？⑧国君通常依靠设置监察官的方法。这种方法其实是不合理的。⑨因为监察官也是人，也是好利恶害的，⑩所以依靠监察官去制止其他官吏以权谋私，就是让一部分以权谋私者去制止另一部分人以权谋私，结果只能使他们共谋私利。	⑨→⑩→⑧

序号	质疑内容	谬误分析
5	质疑⑨→⑩	**结果推断不当** 　监察官是好利恶害的，不代表他们是"以权谋私"的，更无法得出"只能使他们共谋私利"的结论。因为不同人的利益未必是一致的，除了共谋私利外，他们也可能会产生互相制衡、监督的作用。

段落 5	论证结构
⑪既然依靠设置监察官的方法不合理，那么依靠什么呢？⑫可以利用赏罚的方法来促使臣民去监督。⑬谁揭发官员的以权谋私就奖赏谁，谁不揭发官员的以权谋私就惩罚谁，臣民出于好利恶害的本性就会揭发官员的以权谋私。⑭这样，以权谋私的罪恶行为就无法藏身，就是最贪婪的人也不敢以权谋私了。	⑬→⑭→⑪⑫ ⑫再次点明论点

序号	质疑内容	谬误分析
6	质疑⑫⑬	**不当假设** 　"用赏罚的方法来促使臣民去监督"的方法未必可行。"谁揭发就奖赏，谁不揭发就惩罚"的前提是臣民对于官员的以权谋私是知情有据的，实则未必如此。而且，了解官员以权谋私事实的人也未必因为有奖赏而去揭发，还可能会因为具有共同的利益而有意隐瞒。

续表

序号	质疑内容	谬误分析
7	质疑④⑬	**自相矛盾** 按照材料的观点，所有人都是好利恶害的，那么臣民当然也是好利恶害的。让臣民揭发官员，同样是用一群"好利恶害"的人，去监督另外一群"好利恶害"的人。如果官员治理官员无效，那么材料建议的方法当然也无效，因此，材料自相矛盾。
8	质疑⑭	**推断不当** 即使官员以权谋私的罪恶行为无法藏身，但如果这种行为不会受到严厉的惩罚或者犯罪成本很低，贪婪的人还是会以权谋私，因此，不能得出"最贪婪的人也不敢以权谋私"的结论。

（说明：以上谬误分析引用和改编自教育部考试中心《管理类专业学位联考综合能力考试大纲》给出的参考答案。）

参考范文

如此赏罚可行吗

材料认为"治理臣民，只要利用赏罚就可以了"，但其论证存在多处不当，分析如下：

首先，材料的立论基础是"人的本性是好利恶害的"，但这仅仅是荀子、商鞅、韩非等人的主张，未必是事实。如果此观点不成立的话，后文基于此观点的一系列论证皆不成立。

其次，"赏罚"确实是治理臣民的手段之一，但认为只要有赏罚就够了，则绝对化。臣民治理还受到政治、经济、文化、军事等方面的因素的影响。试想，即使赏罚分明，若连年灾荒、穷兵黩武，百姓自然要揭竿而起，又何谈治理好臣民呢？

再次，监察官是好利恶害的，不代表他们是"以权谋私"的，更无法得出"他们只能共谋私利"的结论。因为不同人的利益未必是一致的，除了共谋私利外，他们也可能会产生互相制衡、监督的作用。

又次，即使设置监察官的方法不合理，也不能由此论证"用赏罚的方法来促使臣民去监督"是合理的，二者并不是非此即彼的关系。而且，"用赏罚的方法来促使臣民去监督"的方法也未必可行。"谁揭发就奖赏，谁不揭发就惩罚"的前提是臣民对于官员的以权谋私是知情有据的，实则未必如此。

最后，按照材料的观点，所有人都是好利恶害的，那么臣民当然也是好利恶害的。让臣民揭发官员，同样是用一群"好利恶害"的人，去监督另外一群"好利恶害"的人。如果官员治理官员无效，那么材料建议的方法当然也无效，因此，材料自相矛盾。

综上所述，材料存在诸多逻辑错误，利用赏罚就可防止官员以权谋私的观点若想成立，还需更多强有力的论据支持。

（全文共598字）

学生习作展示及点评

1. 习作一

利用赏罚治理臣民可行吗？

老吕弟子班学员　吴海溟

标题正确。

开头段没有问题。

上述材料试图论证："只要利用赏罚，就可以把臣民治理好。"然而，材料在论证过程中存在诸多逻辑漏洞，分析如下：

找点正确，质疑有力。

首先，材料仅仅将荀子、商鞅、韩非等人的主张归纳起来得出结论，存在不妥。因为他们的观点并不一定是事实或并不具有代表性，如果其主张不正确，那么后续基于此的论证均未必有效。

找点正确，质疑有力。

其次，从"好荣恶辱,好利恶害"难以得出人们都会追求奖赏、逃避刑罚。因为有些"好利"的人会追求其他利益而非奖赏，同时有些"恶害"的人也未必逃避刑罚，所以无法必然得出利用赏罚就可以把臣民治理好了。

找点正确，质疑有力。

再次，即使人的本性是"好利恶害"的，也不代表着世上没有正义廉洁之士。因为通过后天的学习、教育以及道德的约束等是可以使得不求私利的廉洁之士存在的。

递进论述，思路清晰，很好。

而且，材料认为"依靠设置监察官"的方法并不合理，原因是监察官也是人，也好利恶害，会和官员共谋私利，但未必如此。因为监察官和官员也许不具有一致的利益目标，倘若利益目标不同，那么就不会共谋私利。此外，监察官还具有制约、监管官员的作用，不可片面地认为只存在弊端。

论述写得不错。

最后，即使设立监察官的方法不合理，也不能说明"促使臣民去监督"的方法就合理，因为没有充分的论据去支持此观点。而且臣民揭发官员的前提是能够掌握其充分的谋私利的证据，然而这一前提对于臣民来说很难做到。

结尾段没有问题。

综上所述，其论证中存在多处不当，"只要利用赏罚，就可以治理好臣民"这一观点未必成立。

总评　找点准确，分析有力，语言简练通顺。可评为一类卷，分数区间为25~28分。

2. 习作二

仅赏罚分明可治国？

老吕弟子班学员　宋奇志

材料以人的本性是"好荣恶辱，好利恶害"为依据①进而得出"国君只要利用赏罚就可以把臣民治理好"的结论有失妥当，分析如下：

首先，人的本性是"好荣恶辱，好利恶害"不一定能得出"人们都会追求奖赏、逃避刑罚"的结论。人的本性是可以改变的，它还受后天的教育、个人价值观的影响。因此，得出"拥有足够权力的国君只要利用好赏罚就可以治理好臣民"的结论也不成立②。

其次，世界上存在廉洁之士，古往今来众多廉洁之士备受称赞，难道他们都是杜撰出来的吗？所以，"选拔官员时没可能也没必要去寻求不求私利的廉洁之士"的说法也不成立③。再者，廉政建设的关键并不只在于任用官员后有效防止他们以权谋私，还在于社会风气、任人唯贤、国家制度等方面。

再者，即使监察官好利恶害，监察官的利益点并不一定和其他官吏的利益点相同，也无法推断出监察官会和其他官吏一同以权谋私。因此，材料得出的"监察官和其他官吏共谋私利"的结论也难以让人信服④。

最后，材料认为利用赏罚的方式可以促使臣民去监督官吏与上段的论证前后矛盾。监察官好利恶害，最终会和其他官吏共谋私利，那么臣民也好利恶害的话，为什么不和官吏共谋私利呢？材料自相矛盾⑤。况且，从材料"好利恶害"的角度来看，也不能确定共谋私利的利益和揭发得来的奖赏孰多孰少，因此无从判断。

综上所述，材料得出"国君只要利用赏罚就能治理好臣民"的结论难以令人信服。

---

①材料的论证关系简单时，首段也可以像此篇这样简要概括材料的论证。

②本段分析的话只有中间那一句，其余的地方其实都是在引用题干。而且，人的本性是可以改变的吗？教育等因素改变的是人的后天的行为，而不是本性。

③把质疑点放在句首，对阅卷老师定位得分点有帮助，放在后边容易被误判。

④问题与上段相同。

⑤语义重复。

结尾没有问题。

总评

本文找的逻辑谬误其实没有什么问题，但行文脉络不清晰，文中的谬误点需要阅卷人仔细阅读才能找到，如果遇到不负责任的阅卷人，很容易造成误判。另外，引用材料过长，没有做合理的概括，使得全文看起来比较啰唆。文章可评为三类卷，分数区间为16~18分。

> **考场小贴士**
>
> 论证有效性分析是按点给分的。因此，你质疑的是文中的哪个点一定要清晰明了，而且要用引号标注出来，这样更有利于阅卷。

2018年管理类联考论证有效性分析母题思路详解

真题原题

论证有效性分析：分析下述论证中存在的缺陷和漏洞，选择若干要点，写一篇600字左右的文章，对该论证的有效性进行分析和评论。（论证有效性分析的一般要点是：概念特别是核心概念的界定和使用是否准确并前后一致，有无各种明显的逻辑错误，论证的论据是否成立并支持结论，结论成立的条件是否充分等。）（30分）

哈佛大学教授本杰明·史华慈（Benjamin I. Schwartz）在20世纪末指出，开始席卷一切的物质主义潮流将极大地冲击人类社会固有的价值观念，造成人类精神世界的空虚。这一论点值得商榷。

首先，按照唯物主义物质决定精神的基本原理，精神是物质在人类头脑中的反映。因此，物质丰富只会充实精神世界，物质主义潮流不可能造成人类精神世界的空虚。

其次，后物质主义理论认为：个人基本的物质生活条件一旦得到满足，就会把注意点转移到非物质方面。物质生活丰裕的人，往往会更注重精神生活，追求社会公平、个人尊严，等等。

还有，最近一项对某高校大学生的抽样调查表明，有69%的人认为物质生活丰富可以丰富人的精神生活，有22%的人认为物质生活和精神生活没有什么关系，只有9%的人认为物质生活丰富反而会降低人的精神追求。

总之，物质决定精神，社会物质生活水平的提高会促进人类精神世界的发展。担心物质生活的丰富会冲击人类的精神世界，只是杞人忧天罢了。

谬误精析

段落1	论证结构
①哈佛大学教授本杰明·史华慈（Benjamin I. Schwartz）在20世纪末指出，开始席卷一切的物质主义潮流将极大地冲击人类社会固有的价值观念，造成人类精神世界的空虚。②这一论点值得商榷。	①背景介绍 ②提出论点"物质主义潮流不会造成人类精神世界的空虚"

段落2	论证结构
③首先，按照唯物主义物质决定精神的基本原理，精神是物质在人类头脑中的反映。④因此，物质丰富只会充实精神世界，物质主义潮流不可能造成人类精神世界的空虚。	③→④

序号	质疑内容	谬误分析
1	质疑③	**概念混淆** 哲学上的"物质主义"与物质生活的"物质"不是同一个概念，此处存在概念混淆。
2	质疑④	**概念混淆** "物质丰富"与"物质主义潮流"是不同的概念。即使物质丰富不会冲击人类的精神世界，也不能用来否定"物质主义潮流将极大地冲击人类社会固有的价值观念"这一命题。
3	质疑③→④	**绝对化** 物质生活与精神生活之间不存在简单的正比关系。因此，认为物质丰富"只会"充实精神世界，过于绝对。物质主义潮流也有可能造成人类精神世界的空虚。

段落3	论证结构
⑤其次，后物质主义理论认为：个人基本的物质生活条件一旦得到满足，就会把注意点转移到非物质方面。⑥物质生活丰裕的人，往往会更注重精神生活，追求社会公平、个人尊严，等等。	⑥是对⑤的解释说明

序号	质疑内容	谬误分析
4	质疑⑤	**以偏概全** "后物质主义理论"仅仅是国外某个学派所提出的观点，这一观点是否可以普遍地说明社会问题，还需要实践的检验和学术界的认同。

序号	质疑内容	谬误分析
5	质疑⑥	**以偏概全** "物质生活丰裕的人，往往会更注重精神生活"并不能否定一些人会沉溺于物质享受而忽略精神追求的事实。

段落4	论证结构
⑦还有，最近一项对某高校大学生的抽样调查表明，有69%的人认为物质生活丰富可以丰富人的精神生活，有22%的人认为物质生活和精神生活没有什么关系，只有9%的人认为物质生活丰富反而会降低人的精神追求。	⑦→论点

序号	质疑内容	谬误分析
6	质疑⑦	**以偏概全** 对高校大学生的调查有以偏概全的嫌疑。首先，其抽样范围、抽样方式、样本数量等关键信息不明确；其次，仅由高校大学生的情况也难以确定其他人群的情况。

段落5	论证结构
⑧总之，物质决定精神，社会物质生活水平的提高会促进人类精神世界的发展。⑨担心物质生活的丰富会冲击人类的精神世界，只是杞人忧天罢了。	⑧→⑨ ⑨再次点明论点

（说明：以上谬误分析引用和改编自教育部考试中心《管理类专业学位联考综合能力考试大纲》给出的参考答案。）

参考范文

物质生活不会冲击精神世界吗？

上述材料通过种种论证，试图说明物质生活的丰富不会冲击人类的精神世界，然而其论证存在多处不当，分析如下：

首先，"物质丰富"与"物质主义潮流"不是相同的概念。因为，"物质丰富"指的是社会生产、生活要素的日益丰盈，而"物质主义潮流"则是指一种思想的流行。而且，材料中多次提及"物质主义""后物质主义"等概念，但并未对这些核心概念进行解释，影响了材料论证的有效性。

其次，物质生活与精神生活之间不存在简单的正比关系。因此，认为物质丰富"只会"充实精神世界，过于绝对。如果一个人沉迷于追求物质的需求与欲望，可能会导致其忽视精神生活，造成其精神世界的空虚。

再次，"后物质主义理论"仅仅是国外某个学派所提出的观点，这一观点是否可以普遍地说明社会问题，还需要实践的检验和学术界的认同。

而且，"物质生活丰裕的人，往往会更注重精神生活"并不能否定一些人会沉溺于物质享受而忽略精神追求的事实。

最后，以高校大学生的调查作为论据，并没有太大的说服力。第一，这个调查的抽样范围、调查方式、样本数量等关键信息不明确，无法判断该调查的有效性；第二，仅由高校大学生的情况也难以确定其他人群的情况，材料以偏概全；第三，大学生的观点未必是事实，他们的观点可能是错误的，用作论据说服力有限。

综上所述，材料的论证存在种种逻辑谬误，物质生活不会冲击精神世界的观点难以成立。

（全文共577字）

学生习作展示及点评

1. 习作一

物质生活会冲击精神世界吗①
老吕弟子班学员　张曼

⊙标题建议改为：物质生活不会冲击精神世界吗？

上述材料试图论证"物质生活不会冲击精神世界"，然而其论证过程中存在多处逻辑漏洞，分析如下：

首先，材料认为"物质丰富只会充实精神世界，物质主义不会造成人类精神世界的空虚"，未必如此。物质丰富，从某些方面来讲确实会给人类精神世界带来满足感，但它也极有可能②会让人追求更加物质的生活，从而导致人们的精神世界变得空虚。

其次，材料还提到"一旦个人物质条件得到满足，便会转向非物质生活，比如追求社会公平、个人尊严，等等"，存在不妥。其一，个人生活条件得到

①拟题错误。疑问式标题格式为："材料中的论点"+"吗"。

首段不错。

②"极有可能"建议改为"有可能"。

③"沉迷网络"与"物质生活"无关,不能作为质疑材料的论据。	满足,不代表就一定会注重非物质生活,也许他解决了基本的温饱问题,还想着追求更好的生活条件;其二,即便如此,也未必会追求社会公平等,<u>也许会沉迷于网络不可自拔③</u>。
	⊙问题③建议改为:也许会沉迷于物质生活的享受而难以自拔。
找点正确,质疑有力。	再次,对某高校大学生进行抽样调查得出的结论并不一定准确。第一,样本的数量、随机性以及调查方式等关键信息并不明确;第二,抽取的某高校的大学生的情况并不一定能代表其他人群的情况,材料有以偏概全之嫌。所以,"物质生活丰富精神世界"这一结论还有待商榷。
④此处表达过于啰嗦。	最后材料中多次提到"物质生活""物质主义潮流"等词语,并不恰当地认为二者相同。<u>其实二者并不是同一概念④</u>。前者是指社会生产、生活要素的日益丰盈;后者是指一种思想的流行,不能将其一概而论。
	⊙问题④建议改为:最后,材料中多次提到的"物质生活"与"物质主义潮流"这两个概念并不等同。
结尾没有问题。	总之,由于上述材料在论证中存在多处不当,"物质生活不会冲击精神世界"这一结论让人难以信服。

总评

　　找点正确,并且绝大部分段落的质疑都比较有力,语句流畅,表达完整。但文章出现了拟题错误这样的低级失误,影响了得分。此文可评为二类卷,分数区间为20~24分。

考场小贴士

疑问式标题的格式为:"材料中的论点"+"吗"。

2. 习作二

物质生活不会冲击精神世界吗

老吕弟子班学员　洪嘉丽

上述材料试图证明"物质生活的丰富不会造成人类精神世界的空虚",然而其论证过程存在多处逻辑漏洞,分析如下:

首先,由"精神是物质在头脑中的反映"不必然推出"物质丰富只会充实精神世界"。因为物质的丰富而精神作为其反映,这只能保证数量而难以保证质量,缺乏高思想作为桥梁来反映,一个低质量的精神甚至会侵害精神世界,就更谈不上充实了,这同时也就不能说明"物质主义不会造成人类精神世界的空虚"了①。

⊙问题①建议改为:物质生活与精神生活之间不存在简单的正比关系。物质主义潮流也有可能造成人类精神世界的空虚。

其次,"后物质主义理论"是否可普遍说明社会的现实状况,这一点仍有待商榷,所以它难以作为"物质生活丰富就更注重精神生活"这一观点的佐证。况且,即使人们的物质生活丰富了,没有要提高精神生活水平的意识,也同样不会有精神追求,这两者并不存在正比关系。

再次,由一份对高校大学生的"抽样调查"②得出"物质生活水平的提高会促进精神世界的发展"的普遍规律,未免过于片面。因为大学生群体只是社会群体的一小部分,并不能代表大部分人的观点。而且③,"物质主义潮流"与"社会物质生活"两者是不同的概念,前者是指以注重物质的思想去看待世界,而后者是指人们的衣食住行等方面的有形事物的呈现。

最后,即使"人类物质生活丰富不会冲击其精神世界",也不代表它不会"冲击人类社会的价值观念",人类社会的价值观念会随着人们的生活方式、生活追求等不同而发生变化④。

综上所述,该论证存在多处不妥,"物质不会冲击精神世界"这一论点也就难以必然成立了。

标题正确。

开头段没有问题。

①此处啰嗦,且写得难以让人理解。

找点正确,分析也有道理,但这种句式不利于阅卷人迅速把握你的得分点。

②"抽样调查"无须加引号。
③一个段落可以质疑一个谬误,或者质疑两个有关联的谬误。但本段中质疑的两个谬误没什么关联,建议分成两段。
④"人类物质生活丰富不会冲击其精神世界"是材料的论点。而论证有效性分析主要是分析材料中的论据和论证过程是否足以证明其论点,而不是质疑论点本身。
结尾没有问题。

总评

本文可评为三类卷,分数区间为 16~18 分。

> **考场小贴士**
>
> 论证有效性分析主要是分析材料的论据能支持论点吗？ 能充分地证明论点吗？ 有没有什么逻辑错误？ 等等。 而不是我们不同意对方的论点，于是去反驳对方的论点。

2019 年管理类联考论证有效性分析母题思路详解

真题原题

论证有效性分析：分析下述论证中存在的缺陷和漏洞，选择若干要点，写一篇600字左右的文章，对该论证的有效性进行分析和评论。（论证有效性分析的一般要点是：概念特别是核心概念的界定和使用是否准确并前后一致，有无各种明显的逻辑错误，论证的论据是否成立并支持结论，结论成立的条件是否充分等。）（30分）

有人认为选择越多越快乐，其理由是：人的选择越多就越自由，其自主性就越高，就越感到幸福和满足，所以就越快乐。其实，选择越多，可能会越痛苦。

常言道："知足常乐。"一个人知足了，才会感到快乐，世界上的事物是无穷的，所以选择也是无穷的。所谓"选择越多越快乐"，意味着只有无穷的选择才能使人感到最快乐。而追求无穷的选择就是不知足，不知足者就不会感到快乐，那就只会感到痛苦。

再说，在做出每一个选择时，首先需要我们对各个选项进行考察分析，然后再进行判断决策。选择越多，我们在考察分析选项时势必付出更多的精力，也就势必带来更多的烦恼和痛苦。事实也正是如此，我们在做考试中的选择题时，选项越多选择起来就越麻烦，也就越感到痛苦。

还有，选择越多，选择时产生失误的概率就越高，由于选择失误而产生的后悔就越多，因而产生的痛苦也就越多。有人因为飞机晚点而后悔没选坐高铁，就是因为可选交通工具多样而造成的。如果没有高铁可选，就不会有这种后悔和痛苦。

退一步说，即使其选择没有绝对的对错之分，也肯定有优劣之分。人们做出某一选择后，可能会觉得自己的选择并非最优而产生懊悔，从这种意义上说，选择越多，懊悔的概率就越大，也就越痛苦。很多股民懊悔自己没有选好股票而未赚到更多的钱，从而痛苦不已，无疑是因为可选购的股票太多造成的。

谬误精析

段落1	论证结构
①有人认为选择越多越快乐，其理由是：人的选择越多就越自由，其自主性就越高，就越感到幸福和满足，所以就越快乐。②其实，选择越多，可能会越痛苦。	①背景介绍 ②提出论点
段落2	**论证结构**
③常言道："知足常乐。"④一个人知足了，才会感到快乐，世界上的事物是无穷的，所以选择也是无穷的。⑤所谓"选择越多越快乐"，意味着只有无穷的选择才能使人感到最快乐。⑥而追求无穷的选择就是不知足，不知足者就不会感到快乐，那就只会感到痛苦。	③→④→⑤→⑥

序号	质疑内容	谬误分析
1	质疑④	**偷换概念** "世界上的事物是无穷的"，并不意味着"选择也是无穷的"。因为事物是客观存在的，而选择则受多种条件的制约。因此，选择再多，也是有限的，人们不可能追求"无穷的选择"，也就无所谓"不知足"。
2	质疑 ③→④→⑤→⑥	**强置必要条件** 由"知足常乐"无法推出"不知足者就不会感到快乐"，"只会感到痛苦"。

段落3	论证结构
⑦再说，在做出每一个选择时，首先需要我们对各个选项进行考察分析，然后再进行判断决策。⑧选择越多，我们在考察分析选项时势必付出更多的精力，也就势必带来更多的烦恼和痛苦。⑨事实也正是如此，我们在做考试中的选择题时，选项越多选择起来就越麻烦，也就越感到痛苦。	⑦ ⑨ } ⑧

续表

序号	质疑内容	谬误分析
3	质疑⑦→⑧	**推断不当** 选择多，虽然会给判断决策带来额外的负担，但同时也意味着我们有可能做出更好的决策，从而获取更大的收益。因此，认为选择多就"势必带来更多的烦恼和痛苦"，并不妥当。
4	质疑⑨	**不当类比** 由考试中的"选择题"类比生活中的决策，存在不当类比之嫌。考试中的选择题带给我们的痛苦，多数不是因为选项太多，而是因为题目不会。

段落4	论证结构
⑩还有，选择越多，选择时产生失误的概率就越高，由于选择失误而产生的后悔就越多，因而产生的痛苦也就越多。⑪有人因为飞机晚点而后悔没选坐高铁，就是因为可选交通工具多样而造成的。⑫如果没有高铁可选，就不会有这种后悔和痛苦。	⑪⑫ } ⑩

序号	质疑内容	谬误分析
5	质疑⑩	**推断不当** "选择越多，选择时产生失误的概率就越高"并不妥当，二者未必存在正比关系。人的很多选择可能都是合适的选择，而且，也许正是因为选择多，我们才能做出更好的决策方案。
6	质疑⑪⑫	**归因不当** "有人因为飞机晚点而后悔没选坐高铁"，这一痛苦的真正原因是"飞机晚点"，而不是"选择多"，此处存在归因谬误。"如果没有高铁可选，就不会有这种后悔和痛苦"也不成立，因为如果没有高铁可选，"飞机晚点"的痛苦依然存在。

段落5	论证结构
⑬退一步说，即使其选择没有绝对的对错之分，也肯定有优劣之分。⑭人们做出某一选择后，可能会觉得自己的选择并非最优而产生懊悔，从这种意义上说，选择越多，懊悔的概率就越大，也就越痛苦。⑮很多股民懊悔自己没有选好股票而未赚到更多的钱，从而痛苦不已，无疑是因为可选购的股票太多造成的。	⑬ ⑭ ⑮ ⑭再次点明核心论点

序号	质疑内容	谬误分析
7	质疑⑮	归因不当 "很多股民懊悔自己没有选好股票而未赚到更多的钱"与"可选购的股票太多"没有直接的因果关系。股民懊悔的原因可能是买入、卖出的时机不对。

（说明：以上谬误分析引用和改编自教育部考试中心《管理类专业学位联考综合能力考试大纲》给出的参考答案。）

参考范文

选择越多越痛苦吗？

材料认为"选择越多，可能会越痛苦"，但其论证存在多处逻辑漏洞，分析如下：

第一，"世界上的事物是无穷的"，并不意味着"选择也是无穷的"。因为事物是客观存在的，而选择则受多种条件的制约。因此，选择再多也是有限的，人们不可能追求"无穷的选择"，也就无所谓"不知足"。

第二，由"知足常乐"无法推出"不知足者就不会感到快乐"而"只会感到痛苦"。而且"知足常乐"只是一句俗语，其本身的成立性也值得质疑。

第三，选择多，虽然会给判断决策带来额外的负担，但同时也意味着我们有可能做出更好的决策，从而获取更大的收益。因此，认为选择多就"势必带来更多的烦恼和痛苦"，并不妥当。

第四，"选择越多，选择时产生失误的概率就越高"并不妥当，二者未必存在正比关系。人的很多选择可能都是合适的选择，而且，也许正是因为选择多，我们才能做出更好的决策方案。

第五，"有人因为飞机晚点而后悔没选坐高铁"，这一痛苦的真正原因是"飞机晚点"，而不是"选择多"，此处存归因谬误。"如果没有高铁可选，就不会有这种后悔和痛苦"也不成立，因为如果没有高铁可选，"飞机晚点"的痛苦依然存在。

第六，"很多股民懊悔自己没有选好股票而未赚到更多的钱"与"可选购的股票太多"没有直接的因果关系。股民懊悔的原因可能是买入、卖出的时机不对。

综上所述，材料的论证存在多处逻辑漏洞，选择越多，未必越痛苦。

（全文共576字）

学生习作展示及点评

1. 习作一

选择越多越痛苦吗

老吕弟子班学员　刘玮

标题正确。

上述材料试图论证"选择越多会越痛苦",然而其论证过程存在多处逻辑漏洞。因此,其结论值得商榷。

开头段简明扼要。

首先,"常言道:'知足常乐。'",此说法并不妥当。常言仅是大多数人经常在口头所表达的一句俗语,其真实性并未得到证实和认可。而且"事物是无穷的"并不能推出"选择是无穷的",两者所属概念不同,事物是不受条件制约客观存在的,而选择是受到多种条件和要求所约束的,因此选择再多也是有限度的。

找点正确,质疑准确。

其次,材料提到"选择越多,就势必带来更多的烦恼和痛苦",说法过于绝对。更多选项的选择会带来更多的可能性,我们可以通过选择最优选项来实现自身的利益最大化。并且,之后材料中对于"考试中选择题"的举例并不恰当,因为考试带来的痛苦并不是由选项多造成的,而是在于题目的困难程度。

找点正确,质疑有力。

再次,"选择越多,失误越多"的说法不当。多种选择可能会使我们做出更好的决策,从而使最终所获的益处越大。因此,这一论断的描述并不充分,自然无法推出之后的"后悔、痛苦越多"。

找点正确,质疑有力。

而且,材料对于"飞机和高铁"的举例也不恰当。因为感到后悔与痛苦是由飞机晚点所导致的,是偶然现象,与选择过多并无直接关系,更何况正是由于交通工具的多样性选择才为我们的出行带来了更多的便利。

找点正确,质疑有力。

最后,"股民"懊悔可能是由于股票买入和抛出的时机不当,与选购股票的种类过多并无直接关系。

找点正确,质疑有力。

综上所述,由于材料的论证存在多处逻辑错误,因而难以推出选择越多越痛苦这一结论。

结尾简洁有力。

> **总评**
>
> 　　文章完成度很高,找点正确且质疑得很好,语句流畅,表达完整。可评为一类卷,分数区间为 24~28 分。

2. 习作二

选择越多越痛苦？

老吕弟子班学员　静

上述材料试图论证"选择越多会越痛苦"。然而，该论证存在多处逻辑漏洞，其结论未必妥当。分析如下：

首先，由"常言道：'知足常乐。'"来推出一个人知足了才会感到快乐，有待商榷。因为，常言未必是真理，还有待验证其准确性。因此，也无法据此来推出知足才会感到快乐。而且，"世界上的事物是无穷的"推不出"选择也是无穷的"，因为两者并不存在必然联系，无法由世界上的事物的数量来推出选择的数量。

其次，"选择越多，在考察分析时就会付出更多的精力，也势必会带来更多的烦恼"，<u>不敢苟同①</u>。因为，选择越多，在考察分析时所付出的精力越多，可能其所获得的收益也越多。而且，做考试的选择题时，倘若我们算对了题目的答案，那么选项即使再多，也未必就感到越痛苦。因此，选择越多，烦恼未必会更多。

再次，"选择越多，产生失误的概率更高，后悔也就越多"，不是必然成立。<u>因为，选择越多，其所得到的收益可能也更多。而且，有人因为飞机晚点而后悔没坐高铁，未必就是因为可选交通工具多样，因为即使没有高铁，他还是会因飞机晚点而感到痛苦。因此，选择越多，后悔和痛苦未必也越多②</u>。

⊙问题②建议改为：因为，选择越多，其所得到的收益可能也更大。而且，有人因为飞机晚点而后悔没坐高铁的真正原因是"飞机晚点"，而不是可选交通工具多样，即使没有高铁，他还是会因飞机晚点而感到痛苦。

最后，"选择越多，懊悔的概率越大，就越痛苦"，有待验证。<u>因为，最佳选项只有一个，选项越多，那么其懊悔的概率应该越小③</u>。而且，很多股民懊悔没选好股票而痛苦未必是选购的股票太多造成的，可能是他们对股票方面的知识了解得还不够透彻或者是其他因素造成的。

综上所述，该论证存在多处不当，选择越多未必会越痛苦。

标题正确。

开头段简明扼要。

找点正确，质疑准确。

①"不敢苟同"的意思是"我不能认同"。论证有效性分析是站在客观的立场上分析逻辑问题，与"我"的观点无关，可改为"未必妥当"。

②本段中连词使用过多。

③最佳选项只有一个，选项又很多，不是就很难选到正确选项吗？故，此处自相矛盾。
结尾简洁有力。

总评

本文逻辑谬误找得都是准确的，最后一点的分析出现了错误，其他的都是小问题。可评为二类卷，分数区间为22~24分。

> **考场小贴士**
>
> 论证有效性分析中，尽量避免使用"我不认同""不敢苟同"等表达个人观点的语句。

2020 年管理类联考论证有效性分析母题思路详解

真题原题

论证有效性分析：分析下述论证中存在的缺陷和漏洞，选择若干要点，写一篇 600 字左右的文章，对该论证的有效性进行分析和评论。（论证有效性分析的一般要点是：概念特别是核心概念的界定和使用是否准确并前后一致，有无各种明显的逻辑错误，论证的论据是否成立并支持结论，结论成立的条件是否充分等。）（30 分）

北京将联手张家口共同举办 2022 年冬季奥运会，中国南方的一家公司决定在本地投资建立一家商业性的冰雪运动中心。这家公司认为，该公司一旦投入运营，将获得可观的经济收益，这是因为：

北京与张家口共同举办冬奥会，必然会在中国掀起一股冰雪运动热潮。中国南方许多人从未有过冰雪运动的经历，会出于好奇心而投身于冰雪运动，这正是一个千载难逢的绝好商机，不能轻易错过。

而且，冰雪运动与广场舞、跑步等不一样，需要一定的运动用品，例如冰鞋、滑雪板与运动服，等等。这些运动用品价格不菲而具有较高的商业利润，如果在开展商业性冰雪运动的同时，也经营冬季运动用品，则公司可以获得更多的利润。

另外，目前中国网络购物已经成为人们的生活习惯，但相对于网络商业，人们更青睐直接体验式的商业模态，而商业性冰雪运动正是直接体验式的商业模态，无疑具有光明的前景。

谬误精析

段落 1	论证结构
①北京将联手张家口共同举办 2022 年冬季奥运会，中国南方的一家公司决定在本地投资建立一家商业性的冰雪运动中心。②这家公司认为，该公司一旦投入运营，将获得可观的经济收益，这是因为：	①背景介绍 ②提出论点

段落2	论证结构
③北京与张家口共同举办冬奥会，必然会在中国掀起一股冰雪运动热潮。④中国南方许多人从未有过冰雪运动的经历，会出于好奇心而投身于冰雪运动，⑤这正是一个千载难逢的绝好商机，不能轻易错过。	③ ④ } ⑤

序号	质疑内容	谬误分析
1	质疑③	**推断不当** "北京与张家口共同举办冬奥会"未必"会在中国掀起一股冰雪运动热潮"。冰雪运动与夏季运动不同，它需要一定的气候和场地条件才能进行，仅靠冬奥会的带动就能掀起冰雪运动热潮未免过于乐观。
2	质疑④	**推断不当** 仅仅因为"好奇心"未必能使南方人投身于冰雪运动。一方面，如前文所述，冰雪运动需要气候和场地条件；另一方面，"好奇心"驱使的行为，是否具备可持续性存在疑问。

段落3	论证结构
⑥而且，冰雪运动与广场舞、跑步等不一样，需要一定的运动用品，例如冰鞋、滑雪板与运动服，等等。⑦这些运动用品价格不菲而具有较高的商业利润，如果在开展商业性冰雪运动的同时，也经营冬季运动用品，⑧则公司可以获得更多的利润。	⑥ ⑦ } ⑧

序号	质疑内容	谬误分析
3	质疑⑥⑦→⑧	**推断不当** 冰雪运动需要"价格不菲的运动用品"，不意味着"开展商业性冰雪运动的同时，也经营冬季运动用品"就有利可图。既然这些运动用品价格不菲，那么它就可能让人望而却步，成为大家参与冰雪运动的阻力。如果没有人或很少人参加冰雪运动，从事此类商业活动如何营利呢？

段落4	论证结构
⑨另外，目前中国网络购物已经成为人们的生活习惯，但相对于网络商业，人们更青睐直接体验式的商业模态，⑩而商业性冰雪运动正是直接体验式的商业模态，无疑具有光明的前景。	⑨→⑩再次点明核心论点

续表

序号	质疑内容	谬误分析
4	质疑⑨→⑩	**不当类比** 人们青睐直接体验式的商业模态，不代表一定青睐冰雪运动，这是两种不同的行为，此处存在不当类比。
5	质疑全文	**以偏概全** 上述材料仅仅讨论了在南方建立冰雪运动中心的"可能"收入，但是，未考虑诸如气候条件、消费习惯、消费水平、经营成本等诸多影响这一投资是否能够赢利的因素，因此，其投资结论过于乐观。

参考范文

投资商业性冰雪运动真能获利吗？

材料认为"投资商业性冰雪运动，能获得可观的经济收益"，但其论证存在多处逻辑漏洞，分析如下：

第一，"北京与张家口共同举办冬奥会"未必"会在中国掀起一股冰雪运动热潮"。冰雪运动与夏季运动不同，它要求一定的气候和场地条件才能进行，仅靠冬奥会的带动就能掀起冰雪运动热潮未免过于乐观。

第二，仅仅因为"好奇心"未必能使南方人投身于冰雪运动。一方面，如前文所述冰雪运动需要气候和场地条件；另一方面，"好奇心"驱使的行为，是否具备可持续性存在疑问。

第三，冰雪运动需要"价格不菲的运动用品"，不意味着"开展商业性冰雪运动的同时，也经营冬季运动用品"就有利可图。既然这些运动用品价格不菲，那么它就可能让人望而却步，成为大家参与冰雪运动的阻力。如果没有人或很少人参加冰雪运动，从事此类商业活动如何营利呢？

第四，材料将"直接体验式的商业模态"和"冰雪运动"进行类比，存在不当。因为，"冰雪运动"和"网络购物"与实体体验的对比，主要指的是同类商品的线上、线下对比，线下模式有其在购物体验上的优势，而冰雪运动是一种运动体验而非购物体验。

第五，材料仅讨论了在南方开设冰雪运动中心的"可能"收入。但是，未考虑诸如气候条件、消费习惯、消费水平、经营成本等诸多影响这一投资是否能够赢利的因素。

综上所述，材料的论证存在多处漏洞，"投资商业性冰雪运动能获利"的投资结论过于乐观。

（全文共584字）

学生习作展示及点评

1. 习作一

商业性冰雪运动一定能赚钱吗？

老吕弟子班学员　嫣然

材料通过一系列分析，认为"冰雪运动中心一旦投入运营，将获得可观的经济收益"。其看似有理，实则漏洞百出，分析如下：

首先，北京和张家口共同举办冬奥会，不一定会在中国掀起一股冰雪运动热潮。因为，中国南北气候差异巨大，由此生成的各地运动习惯也都不一样，北京冬奥会可能只会带动北方地区的冰雪运动热潮。并且，就算冬奥会影响巨大，在全中国掀起了冰雪运动的热潮，不一定这种商业性的冰雪运动中心就会盈利。

其次，由"南方许多人从未有过冰雪运动的经历"得出"会出于好奇心而投身于冰雪运动"，并不恰当。因为可能有些南方人早已去过日本、韩国等其他滑雪圣地满足自己的冰雪梦①。况且，新成立的冰雪运动中心设备和环境如何、活动定价的高低、能否吸引多少南方人投身于冰雪运动等，都不得而知。

再次，冰雪运动用品价格不菲而且利润较高，也不一定代表公司可以获得更多的利润。运动用品价格过高，很可能让很多客户转而在其他地方购买，更有可能让客户望而生畏，直接放弃这项运动，导致运动中心客户不够，难以为继。

最后，"网购已成为人们的生活习惯"不能得出"人们更青睐于直接体验式的商业模态"。网购已成为人们的生活习惯，依然排除不了人们对网购的热情②。退一步说，就算人们更青睐于直接体验式的商业模态，而冰雪运动也属于这种直接体验式的模态，并不一定冰雪运动中心就有光明前景③。

总之，材料的论证存在多处漏洞，"冰雪运动中心一旦投入运营，将获得可观的经济收益"的结论不是必然成立。

右侧批注：
- 标题正确。
- 开头段简明扼要，很好。
- 找点正确，质疑准确。
- 找点正确。①质疑牵强。
- 找点正确，质疑有力。
- 找点正确。②此处让人费解。③此处并没有说明"不一定冰雪运动中心就有光明前景"的理由。
- 结尾简洁有力。

总评

除三处小问题外，本文语言精练，逻辑清晰，表达完整，论证和反驳也比较有力，可获得一类卷的分数，分数区间为25~27分。

2. 习作二

冰雪运动中心一定赚钱吗？

老吕弟子班学员　清欢

材料通过一系列的分析，认为在南方设立一家商业性冰雪运动中心，一定会获得可观的经济效益。论证看似有理，实则漏洞百出，分析如下：

首先，"北京和张家口共同举办冬奥会，将会在中国掀起一股冰雪运动热潮"，过于绝对。一届冬奥会是否有这么大的影响力？而且中国南北气候差异巨大，由此产生的各地运动习惯也都不一样，北京冬奥会可能只会带动北方地区的冰雪运动热潮。

<u>其次，就算很多南方人出于好奇会投身于冰雪运动，但是这类人群数量有多少？这类人群是否具有一定的消费能力？这股好奇心能持续多久？这些都不得而知。很可能具有消费能力和消费意愿的人群并不多，并不足以支撑一家冰雪运动中心的运营①。</u>

⊙ 问题①建议改为：

其次，由许多南方人从未有过冰雪运动的经历，就推出他们会出于好奇心投身于冰雪运动，是不严密的。这类人数量有多少？是否具有一定的消费能力？好奇心能持续多久？这些都不得而知。如果具有消费能力和消费意愿的人并不多，则无法支撑一家冰雪运动中心的日常运营。

再次，冰雪运动用品价格不菲而且利润较高，无法推出公司可以获得更多的利润。因为消费者很可能会因为冰雪运动用品价格高昂，而选择在其他地方购买，甚至直接放弃这项运动。因为人们通常在满足自身爱好的同时，也会考虑为此所承担的成本。

最后，"人们更青睐直接体验式的商业模态"，并没有足够的数据支撑②。另外，就算人们更青睐直接体验式的商业模态，而冰雪运动也属于这种直接体验式的商业模态，并不一定冰雪运动中心就有光明的前景。

综上所述，材料分析不够严谨，"商业性冰雪运动中心一旦投入运营，一定会获得可观的经济效益"的结论是无法必然成立的。

标题正确。

开头段简明扼要。

找点正确，质疑准确。

①在每段的开头，最好不要直接论述，先提出对材料某处的质疑。

找点正确，质疑有力。

②论证有效性分析，不可简单地去质疑材料中的某一句话。

结尾简洁有力。

总评

本文层次清晰，表达完整，语言精干，论证说服力很强，除细节地方需要注意以外，都完成得较好。整体可评为一类卷，分数区间为 25～27 分。

2021 年管理类联考论证有效性分析母题思路详解

真题原题

论证有效性分析：分析下述论证中存在的缺陷和漏洞，选择若干要点，写一篇 600 字左右的文章，对该论证的有效性进行分析和评论。（论证有效性分析的一般要点是：概念特别是核心概念的界定和使用是否准确并前后一致，有无各种明显的逻辑错误，论证的论据是否成立并支持结论，结论成立的条件是否充分等。）（30 分）

常言道："耳听为虚，眼见为实。"但实际"眼见未必为实"。从哲学上讲，事物表相不等于事物真相。我们亲眼看到的显然不是事物真相。只有将表相加以分析，透过现象看本质才能看到真相。换言之，我们看到的未必是真实情况，即"所见未必为实"。

举例来说，人们都看到了旭日东升，夕阳西下，也就是说，太阳绕地球转，但是，只是人们站在地球上看的表象而已，其实这是地球自转造成的。由此可见，眼见者未必实。

我国古代哲学家老子早就看到了这一点。他说过，人们只看到了房子的"有"（有形的结构），但人们没看到"无"（房子中无形的空间）才有实际效用。这也说明眼所见者未必实，未见者为实。

老子还说，讲究表面的礼节是"忠信之薄"的表现。韩非解释时举例说，父母和子女因为感情深厚而不讲究礼节，可见讲究礼节是感情不深的表现。现在人们把那种客气的行为称作"见外"，也是这个道理。这其实也是一种"眼所见者未必实"的现象。因此，如果你看到有人对你很客气，就认为他对你好，那就错了。

谬误精析

段落 1	论证结构
①常言道："耳听为虚，眼见为实。"但实际"眼见未必为实"。②从哲学上讲，事物表相不等于事物真相。③我们亲眼看到的显然不是事物真相。只有将表相加以分析，透过现象看本质才能看到真相。④换言之，我们看到的未必是真实情况，即"所见未必为实"。	①背景介绍 ②→③→④

序号	质疑内容	谬误分析
1	质疑②→③	**推断不当** "从哲学上讲，事物表相不等于事物真相"，无法证明"我们亲眼看到的显然不是事物真相"。我们看到的表相可以是事实，也可以反映真相。

续表

序号	质疑内容	谬误分析
2	质疑③→④	**偷换概念** 　　材料认为"只有将表相加以分析,透过现象看本质才能看到真相",因此"我们看到的未必是真实情况",此处存在偷换概念。我们所见的"真相"仅仅指事实,而材料却把"真相"偷换成了"表相"之下的客观规律或者事件发生的原因。

段落2	论证结构
⑤举例来说,人们都看到了旭日东升,夕阳西下,也就是说,太阳绕地球转,但是,只是人们站在地球上看的表象而已,其实这是地球自转造成的。⑥由此可见,眼见者未必实。	⑤→⑥

序号	质疑内容	谬误分析
3	质疑⑤→⑥	**推断不当** 　　地球自转造成了太阳东升西落,这只能说明地球自转是太阳东升西落的原因,无法说明我们观察到的"太阳东升西落"这一现象是假的,因此,无法说明"眼见者未必实"。

段落3	论证结构
⑦我国古代哲学家老子早就看到了这一点。他说过,人们只看到了房子的"有"(有形的结构),但人们没看到"无"(房子中无形的空间)才有实际效用。⑧这也说明眼所见者未必实,未见者为实。	⑦→⑧

序号	质疑内容	谬误分析
4	质疑⑦→⑧	**偷换概念** 　　材料认为房子中有形的结构没有实际效用,而无形的空间才有实际效用,因此,"眼所见者未必实,未见者为实",存在不妥。此处"实际效用"不等同于"眼见为实"中的"实"。房子的空间有实际作用,并不能说明人们看见的房子是假的,不是事实。

段落4	论证结构
⑨老子还说,讲究表面的礼节是"忠信之薄"的表现。⑩韩非解释时举例说,父母和子女因为感情深厚而不讲究礼节,可见讲究礼节是感情不深的表现。⑪现在人们把那种客气的行为称作"见外",也是这个道理。这其实也是一种"眼所见者未必实"的现象。⑫因此,如果你看到有人对你很客气,就认为他对你好,那就错了。	⑪→⑩ }⑨ ⑫

续表

序号	质疑内容	谬误分析
5	质疑⑩	**推断不当** 材料认为"父母和子女因为感情深厚而不讲究礼节,可见讲究礼节是感情不深的表现",推断不当。因为仅由父母和子女之间的感情和行为,无法得出人际交往的一般性结论,其他诸如朋友、邻里、同事等人际关系的法则,可能与亲子关系存在不同。
6	质疑⑪→⑩→⑫	**推断不当** 由"见外"无法说明"如果你看到有人对你很客气,就认为他对你好,那就错了"。因为,存在对你很客气但对你不好的人,但也可能存在对你很客气且对你好的人。

参考范文

所见未必为实?

吕建刚

上述材料认为"眼见未必为实",然而其论证存在多处逻辑漏洞,分析如下:

第一,材料认为"只有将表相加以分析,透过现象看本质才能看到真相",因此"我们看到的未必是真实情况",此处存在偷换概念。我们所见的"真相"仅仅指事实,而材料却把"真相"偷换成了"表相"之下的客观规律或者事件发生的原因。

第二,地球自转造成了太阳东升西落,这只能说明地球自转是太阳东升西落的原因,无法说明我们观察到的"太阳东升西落"这一现象是假的,因此,无法说明"眼见者未必实"。

第三,材料认为房子中有形的结构没有实际效用,而无形的空间才有实际效用,因此,"眼所见者未必实,未见者为实",存在不妥。此处"实际效用"不等同于"眼见为实"中的"实"。房子的空间有实际作用,并不能说明人们看见的房子是假的,不是事实。

第四,材料认为"父母和子女因为感情深厚而不讲究礼节,可见讲究礼节是感情不深的表现",推断不当。因为仅由父母和子女之间的感情和行为,无法得出人际交往的一般性结论,其他诸如朋友、邻里、同事等人际关系的法则,可能与亲子关系存在不同。

第五,由"见外"无法说明"如果你看到有人对你很客气,就认为他对你好,那就错了"。因为,存在对你很客气但对你不好的人,但也可能存在对你很客气且对你好的人。

综上所述,上述材料漏洞百出,其结论难以成立。

(全文共555字)

学生习作展示及点评

1. 习作一

<h3 style="text-align:center">所见未必为实吗？</h3>

老吕学员　阳阳

标题正确。

开头段简明扼要。

文章试图通过论述说明"所见未必为实"，但其论证过程中出现多处逻辑谬误，具体分析如下：

找点正确，质疑有力。

首先，"表相不等于事物的真相"，说法过于绝对。表相未必不是真相，一张桌子、一瓶水，它们的表相和真相有什么区别呢？对于许多事物来说，"我们亲眼看到的"恰恰就是"事物的真相"。虽然不是所有的表相都等于真相，但表相在一定程度上反映了真相，它们在哲学上是对立统一的。

找点正确，质疑有力。

其次，"旭日东升、夕阳西下"是我们观察到的现象，而"地球自转"是现象产生的原因，我们观察到太阳东升西落的现象没有错误，也是实际存在的，与"地球自转"的本质并不冲突，不是"不实"。

找点正确，质疑有力。

再次，"房子中有型的结构"是房子本身，而其中"无形的空间"正是由"房子有型的结构"带来的，二者一个是存在形式，一个是功能，不是表相与本质的关系，此处存在不当类比。而且由"眼见者未必实"也并不能得出"未见者为实"的结论。

找点正确，质疑有力。

最后，"感情深厚而不讲究礼节"并不能推出"讲究礼节是感情不深的表现"，夫妻相敬如宾被传为美谈，适当"讲究礼节"反而是互相尊重的表现。所以"对你客气"，也就并不能说明别人"对你不好"，在交往中是否客气，是否讲究礼仪往往因人而异，因事而异，因场合而异。所以是否"客气"，与是否"对你好"未必存在联系。

结尾简洁有力。

综上所述，由于材料论述过程中存在多处逻辑漏洞，所以"所见未必为实"这一结论的正确性有待商榷。

> **总评**
>
> 本文标题正确，语言精练，逻辑清晰，找点准确，质疑有力，可评为一类卷，参考评分 25~27 分。

2. 习作二

眼见未必为实？

老吕学员 迪

　　文章通过一系列的论证，试图证明"所见未必为实"这一观点，然而其论证过程存在多处逻辑漏洞，其结论难以成立，具体分析如下：

　　首先，文章由"透过现象看本质才能看到真相"推出"我们看到的未必是真实情况，即所见未必为实"有所不妥。"眼见为实"中，我们眼睛所看到的事物是客观存在的事物，而文章中所表达的是事物所反映出来的本质，这种本质是人们经过主观思考而得到的，并不能说明我们所看到的客观事实是虚假的。

　　其次，文章举例称"人们看到旭日东升，夕阳西下，就判断太阳绕地球转，而事实是地球自转造成的"，并不能由此推断出"眼见未必为实"。因为人们看到旭日东升，夕阳西下，并不能证明太阳绕地球转，同样也不能否定地球的自转，而事实上太阳也确实是从东边升起，西边落下，人们所见的现象就是真实存在的。

　　再次，文章又举例老子曾说"人们只看到了房子的'有'，但没看到'无'才有实际效用"同样无法证明"眼见未必为实"。因为人们眼见的就是房子的有形结构，这是客观存在的事实，房子也确实存在着，所见即所得。

　　最后，文章再一次试图以"客气的行为称为见外"作为论据来证明"眼所见者未必为实"缺乏说服力。无论一个人的目的如何，他所表现出来的"客气的行为"是事实存在的，假设一个人给你倒了一杯茶，无论他是否真心想给你倒茶，倒茶的行为都是真实发生的，难道你所见到的是幻觉吗？

　　综上所述，文章用多个例子来证明"眼见未必为实"，然而其论据并不能证明其论点，论证过程存在多处逻辑漏洞，其结论难以成立。

边注：
- 标题正确。
- 开头段简明扼要。
- 找点正确，质疑有力。
- 找点正确，本段质疑略有啰嗦。
- 找点正确，质疑有力。
- 找点正确，质疑有力。
- 结尾简洁有力。

总评

　　本文找点正确，质疑有力，除细节地方需要注意以外，都完成得较好。可评为二类卷，分数区间为23~25分。

第 2 章 经济类联考论证有效性分析真题超精解

2011 年经济类联考论证有效性分析母题思路详解

真题原题

论证有效性分析：分析下述论证中存在的缺陷和漏洞，选择若干要点，写一篇 600 字左右的文章，对该论证的有效性进行分析和评述。（论证有效性分析的一般要点是：概念及主要概念界定和使用的准确性及前后是否互相矛盾，有无各种明显的逻辑错误，论据是否支持结论，论据的成立条件是否充分。还要注意逻辑结构和语言运用。）（20 分）

2010 年 9 月 17 日北京发生"惊天大堵"。当日，北京一场细雨，长安街东西双向堵车，继而蔓延至 143 条路段严重堵车，北京市交管局路况实时显示图几乎通盘红色。央视著名主持人白岩松以"令人崩溃""惨不忍睹"的字眼来形容。全国工商联房地产商会理事陈宝存在接受媒体采访时称，北京"首堵"已成常态，不"迁都"已经很难改变城市的路况。

12 月 13 日，上海学者沈晗耀在接受媒体采访时表示：要解决北京集中爆发的城市病，迁都是最好的选择，并提出未来的新首都应选在湖南岳阳或河南信阳。有人将其表述称之为"迁都治堵"。12 月 15 日，沈晗耀告诉《郑州晚报》记者，媒体"曲解"了他迁都的本意，他的设想是在中部与西部、南方和北方连接处的枢纽地区建设"新首都"，培育符合市场经济规律的"政策拉力"，以此根本改变中国生产力分布失衡的状况。治疗北京日益严重的城市病，只是迁都后的一个"副作用"。

沈晗耀说，他所认为的新都选址，不应该是一个已经成型的大中型城市，而是再造一个新城。与大多数建议者一样，沈晗耀将"新都"的选址定在了中原地区或长江流域，较好的两个迁都地址"一个是湖南岳阳，一个是河南信阳。距离武汉二三百公里的地方都是最佳的选择。"他的理由是，这些地方水资源充沛、交通便利、地势平坦。更重要的理由是，迁都能够带动中西部的发展，有利于经济重心的转移。

其实，1980 年就有学者提出将首都迁出北京的问题。1986 年，又有学者提出北京面临迁都的威胁，一度引起极大的震动。2006 年，凶猛夹袭的沙尘暴将"迁都"的提议推向高潮。当年 3 月，参加全国人大会议的 479 名全国人大代表，联名向全国人大常委会提出议案，要求将首都迁出北京。此后，北京理工大学教授胡星斗在网上发出酝酿已久的迁都建议书："中国北方的生态环境已经濒临崩溃。我们呼吁：把政治首都迁出北京，迁到中原或南方。"并上书中央、全国人大、国务院，建议分都、迁都和修改宪法。2008 年民间学者秦法展和胡星斗合作撰写了长文《中国迁都动议》，提出"一国三都"构想，即选择佳地建立一个全新的国家行政首都，而上海作为国家经济首都，北京则只留文化职能，作为文化科技首都。

网络上，关于迁都引发的争议，依旧在热议，甚至已有"热心人士"开始讨论新首都如何命名。但现实是，每一次环境事件都会引发民间对于迁都的猜想和讨论，不过，也仅仅限于民间。

（摘自《大堵车引中国迁都争论　多地掀民间选都热》，中国新闻网，2010年12月17日）

谬误精析

段落1	论证结构
①2010年9月17日北京发生"惊天大堵"。当日，北京一场细雨，长安街东西双向堵车，继而蔓延至143条路段严重堵车，北京市交管局路况实时显示图几乎通盘红色。②央视著名主持人白岩松以"令人崩溃""惨不忍睹"的字眼来形容。③全国工商联房地产商会理事陈宝存在接受媒体采访时称，北京"首堵"已成常态，不"迁都"已经很难改变城市的路况。	背景介绍 借陈宝存之口提出论点：迁都

序号	质疑内容	谬误分析
1	质疑③	**强置必要条件** 陈宝存认为"不迁都已经很难改变城市的路况"，把迁都当作改变城市路况的必要条件，过于绝对。减少私家车出行、完善公共交通系统、合理规划城市建设等其他手段，也可以改变城市路况。

段落2-3	论证结构
④12月13日，上海学者沈晗耀在接受媒体采访时表示：要解决北京集中爆发的城市病，迁都是最好的选择，并提出未来的新首都应选在湖南岳阳或河南信阳。⑤有人将其表述称之为"迁都治堵"。⑥12月15日，沈晗耀告诉《郑州晚报》记者，媒体"曲解"了他迁都的本意，他的设想是在中部与西部、南方和北方连接处的枢纽地区建设"新首都"，培育符合市场经济规律的"政策拉力"，以此根本改变中国生产力分布失衡的状况，治疗北京日益严重的城市病，只是迁都后的一个"副作用"。	2-3段多为说明性语言，除"⑨→⑧"外无明显段落内部的论证结构
⑦沈晗耀说，他所认为的新都选址，不应该是一个已经成型的大中型城市，而是再造一个新城。⑧与大多数建议者一样，沈晗耀将"新都"的选址定在了中原地区或长江流域，较好的两个迁都地址"一个是湖南岳阳，一个是河南信阳。距离武汉二三百公里的地方都是最佳的选择。"⑨他的理由是，这些地方水资源充沛、交通便利、地势平坦。更重要的理由是，迁都能够带动中西部的发展，有利于经济重心的转移。	⑨→⑧

续表

序号	质疑内容	谬误分析
2	质疑⑥	**推断不当（措施未必有效）** 沈晗耀设想"在中部与西部、南方和北方连接处的枢纽地区建设'新首都'","以此根本改变中国生产力分布失衡的状况"的目的未必能实现。我国东西部发展不平衡是由多个原因造成的，例如西部交通不够便利、气候比较恶劣、优秀人才缺乏、经济基础薄弱等，这些问题如果不解决，仅靠新首都的政策拉力，未必能改变中国生产力分布失衡的现状。
3	质疑⑨→⑧	**强置充分条件** 将"水资源充沛、交通便利、地势平坦"作为迁都的理由，不够充分。一个城市是否能够作为首都，还受诸如政治、经济、文化、教育、军事等多方面因素的影响。

段落4	论证结构
⑩其实，1980年就有学者提出将首都迁出北京的问题。⑪1986年，又有学者提出北京面临迁都的威胁，一度引起极大的震动。⑫2006年，凶猛夹袭的沙尘暴将"迁都"的提议推向高潮。⑬当年3月，参加全国人大会议的479名全国人大代表，联名向全国人大常委会提出议案，要求将首都迁出北京。⑭此后，北京理工大学教授胡星斗在网上发出酝酿已久的迁都建议书："中国北方的生态环境已经濒临崩溃。我们呼吁：把政治首都迁出北京，迁到中原或南方。"并上书中央、全国人大、国务院，建议分都、迁都和修改宪法。⑮2008年民间学者秦法展和胡星斗合作撰写了长文《中国迁都动议》，提出"一国三都"构想，即选择佳地建立一个全新的国家行政首都，而上海作为国家经济首都，北京则只留文化职能，作为文化科技首都。	⑩ ⑪ ⑫ ⎫ ⑬ ⎬迁都 ⑭ ⎭ ⑮

序号	质疑内容	谬误分析
4	质疑⑫→迁都	**论据不充分** 北京地区出现沙尘暴，不代表就要迁都。沙尘暴是偶然出现还是频繁有之？如果沙尘暴仅仅是偶发事件，则没必要迁都。如果沙尘暴频繁有之，那么即使迁都了，也并没解决北京地区的沙尘暴问题，只是回避了该问题。
5	质疑⑭→迁都	**推断不当** 没有论据表明"中国北方的生态环境已经濒临崩溃"。就算北方的生态环境确实已经濒临崩溃，也无法确认是首都在北方导致北方环境恶化，还是因为北方环境恶化导致需要迁都。如果是前者，迁都之后又会引起环境的新一轮恶化，无法从根本上解决问题。

序号	质疑内容	谬误分析
6	质疑⑮	推断不当（措施未必有效） "一国三都"的建议未必可行，甚至可能会造成机构臃肿、效率低下等问题。

段落5	论证结构
⑯网络上，关于迁都引发的争议，依旧在热议，甚至已有"热心人士"开始讨论新首都如何命名。⑰但现实是，每一次环境事件都会引发民间对于迁都的猜想和讨论，不过，也仅仅限于民间。	本段无明显论证结构

序号	质疑内容	谬误分析
7	质疑⑬⑰	自相矛盾 关于迁都的讨论"仅限于民间"与前文中"全国人大会议的479名全国人大代表，联名向全国人大常委会提出议案"等内容自相矛盾。

参考范文

治堵必须迁都吗？

上文认为要治理北京的堵车问题，需要迁都，其理由是各个"专家"的一些观点，但是这些专家的观点未必可信，分析如下：

首先，9月17日的"惊天大堵"，是因为天气不好导致的特殊事件，还是天天如此拥堵？如果是前者，则无法判定"北京'首堵'已成常态"。就算"北京'首堵'已成常态"，也不能得出必须迁都的结论。治堵的方式有很多种，在没有论证其他方式的可行性的情况下，盲目得出必须迁都的结论是难以让人信服的。

其次，沈晗耀设想"在中部与西部、南方和北方连接处的枢纽地区建设'新首都'"，"以此根本改变中国生产力分布失衡的状况"的目的未必能实现。我国东西部发展不平衡是由多个原因造成的，例如西部交通不够便利、气候比较恶劣、优秀人才缺乏、经济基础薄弱等，这些问题如果不解决，仅靠新首都的政策拉力，未必能改变中国生产力分布失衡的现状。

其三，材料中迁都岳阳或者信阳的理由是"水资源充沛、交通便利、地势平坦"。实际上，水资源充沛、交通便利、地势平坦只是成为首都的必要条件，而不是充分条件。一个地方是否适合做首都，还受政治、经济、文化、历史等因素的影响。迁都岳阳或者信阳的方案是否可行，还需要充分论证。

最后，没有论据表明"中国北方的生态环境已经濒临崩溃"。就算北方的生态环境确实已经濒临崩溃，也无法确认是首都在北方导致北方环境恶化，还是因为北方环境恶化导致需要迁都。如果是前者，迁都之后又会引起环境的新一轮恶化，无法从根本上解决问题。

所以，众"专家"的论断缺乏有效的论据和论证，有诉诸权威的嫌疑，治堵必须迁都的论断让人难以信服。

（全文共655字）

2012年经济类联考论证有效性分析母题思路详解

真题原题

论证有效性分析：分析下述论证中存在的缺陷和漏洞，选择若干要点，写一篇600字左右的文章，对该论证的有效性进行分析和评述。（论证有效性分析的一般要点是：概念及主要概念界定和使用的准确性及前后是否互相矛盾，有无各种明显的逻辑错误，论据是否支持结论，论据的成立条件是否充分。还要注意逻辑结构和语言运用。）（20分）

汉语能力测试怎么看？

从今年开始，教育部、国家语委将在某些城市试点推出一项针对国人的汉语水平考试——"汉语能力测试（HNC）"。该测试主要考以汉语为母语的人的听、说、读、写四方面的综合能力，并将按照难度分为各个等级，其中最低等级相当于小学四年级水平（扫盲水平），最高等级相当于大学中文专业毕业水平。考生不设职业、学历、年龄限制，可直接报考。公众对于这项新事物，支持和反对的意见都有。

支持者认为，在世界各地掀起学习汉语的热潮的今天，孔子学院遍地开花，俨然一个"全世界都在说中国话"的时代就要来临。但是国人的汉语能力，如提笔忘字、中英文混杂、网络用语不规范等现象普遍存在。目前大家都感到母语水平下降，但是对差到何种程度，差在哪里，怎么入手解决，无人能言。而汉语能力测试有一个科学的评测标准，可以帮助应试者了解其汉语水平在特定人群、地域中的位置。这样的测试一定会唤起大家对母语文化的重视。

以下几种是有代表性的反对观点：

观点一，汉语学习更多地是培养一种读书氛围，养成良好的阅读习惯，不能太功利；汉语要保存，要维系，需要培养的是修养而不是一种应试能力；在当前汉语衰退的环境下，要让汉语重新"热"起来，应从维系汉语文化的长远发展着手，营造一种大众的、自由的、向上的母语学习环境。

观点二，中国的孩子在中国的土地上学习母语有完整的教育体系，在这种情况下，这项测试的诞生不仅是一种浪费，还严重干扰了当前的汉语教学；汉语的综合水平量化，就是使得原来丰富生动的语言扭曲化、简陋化。

观点三，对于把汉语作为母语的中国人来说，汉语会用会说就可以了，不是人人都要成为作家，汉语类的能力测试更适合外国人来考。

（摘编自《汉语考试族群成员汉语能力测试怎么看？》，人民日报（海外版），2011年8月8日；《国家汉语能力测试10月份在江苏等地试点》，中国日报，2011年8月14日）

谬误精析

段落1	论证结构
从今年开始，教育部、国家语委将在某些城市试点推出一项针对国人的汉语水平考试——"汉语能力测试（HNC）"。该测试主要考以汉语为母语的人的听、说、读、写四方面的综合能力，并将按照难度分为各个等级，其中最低等级相当于小学四年级水平（扫盲水平），最高等级相当于大学中文专业毕业水平。考生不设职业、学历、年龄限制，可直接报考。公众对于这项新事物，支持和反对的意见都有。	背景介绍 本段最后一句点明"支持和反对的意见都有"，遇见此类争论型材料时，大家要分开反驳支持者和反对者的观点，先统一指出支持者的所有逻辑漏洞，再统一指出反对者的所有逻辑漏洞

段落2	论证结构
支持者认为，①在世界各地掀起学习汉语的热潮的今天，孔子学院遍地开花，俨然一个"全世界都在说中国话"的时代就要来临。②但是国人的汉语能力，如提笔忘字、中英文混杂、网络用语不规范等现象普遍存在。③目前大家都感到母语水平下降，但是对差到何种程度、差在哪里、怎么入手解决，无人能言。④而汉语能力测试有一个科学的评测标准，可以帮助应试者了解其汉语水平在特定人群、地域中的位置。⑤这样的测试一定会唤起大家对母语文化的重视。	① ② ③ ⑤→支持汉语能力测试 ④

序号	质疑内容	谬误分析
1	质疑①	**不当推断** 由"孔子学院遍地开花"并不能判断"到底有多少所孔子学院、分布在多少国家和地区、每所学院能培养多少学生、这些学生来孔子学院是学中国话还是诸如中华武术"等其他内容，因此，也无法由此断定"全世界都在说中国话"的时代就要来临。
2	质疑③	**不当归纳（以偏概全）** "大家感到母语水平下降"中的"大家"是哪一些人？是否能代表所有国人的情况？"感到母语水平下降"和"母语水平下降"是否一致？材料调查样本的广度、数量与随机性都有待商榷，所以，材料认为"目前大家都感到母语水平下降"，有以偏概全之嫌。

序号	质疑内容	谬误分析
3	质疑④→⑤	**不当推断** 汉语能力测试未必"一定会唤起大家对母语文化的重视"。因为该测试仅测试内容是"汉语能力",未必会涉及"母语文化"。而且,仅仅靠一个测试就能解决母语文化问题的话,那么诸如高考中的语文测试等考试不是早就应该实现此目标了吗?所以,材料的推断过于乐观。

段落3-4	论证结构
以下几种是代表性的反对观点。 　观点一,⑥汉语学习更多地是培养一种读书氛围,养成良好的阅读习惯,不能太功利;⑦汉语要保存,要维系,需要培养的是修养而不是一种应试能力;⑧在当前汉语衰退的环境下,要让汉语重新"热"起来,应从维系汉语文化的长远发展着手,营造一种大众的、自由的、向上的母语学习环境。	⑥ ⑦ 反对汉语能力测试 ⑧

序号	质疑内容	谬误分析
4	质疑⑥	**不当假设、自相矛盾** 反对者认为,汉语学习"不能太功利",其隐含假设是"汉语能力测试"是功利型的测试,但反对者并没有论据说明这一点。此外,培养读书氛围、养成良好的阅读习惯也是一种"功利",反对者有自相矛盾的嫌疑。
5	质疑⑦	**非黑即白** 培养"修养"和培养"应试能力"并不矛盾,如果汉语能力测试在培养应试者的应试能力之余,也提高了汉语修养,岂不是一举两得吗?那又有何理由反对汉语能力测试呢?
6	质疑⑧	**不当假设** 反对者反对汉语能力测试的一个理由是,应该"营造一种大众的、自由的、向上的母语学习环境",其隐含一个假设,汉语能力测试无法达到此目的。但此假设未必成立。

段落5	论证结构
观点二,⑨中国的孩子在中国的土地上学习母语有完整的教育体系,在这种情况下,这项测试的诞生不仅是一种浪费,还严重干扰了当前的汉语教学;⑩汉语的综合水平量化,就是使得原来丰富生动的语言扭曲化、简陋化。	⑨ ⑩ 反对汉语能力测试

序号	质疑内容	谬误分析
7	质疑⑨⑩	不当归纳（缺少论据） 没有论据证明，汉语能力测试"严重干扰了当前的汉语教学"；也无论据证明，汉语水平的量化会"使原来丰富生动的语言扭曲化、简陋化"。材料这样的观点有主观臆断之嫌。

段落6	论证结构
观点三，⑪对于把汉语作为母语的中国人来说，汉语会用会说就可以了，不是人人都要成为作家，汉语类的能力测试更适合外国人来考。	⑪→反对汉语能力测试

序号	质疑内容	谬误分析
8	质疑⑪	不当假设 "汉语会用会说就可以了，不是人人都要成为作家"，暗含了一个假设，即"参加汉语能力测试的人都是想成为作家"，此假设并不成立。而且，反对者认为汉语能力测试适合外国人考，难道外国人是人人想成为作家吗？

参考范文

汉语能力测试可取吗？

针对汉语能力测试如何评价的问题，支持方和反对方都提出了自己的理由，但是双方的论证都有许多逻辑漏洞，汉语能力测试是否可取，仍然值得商榷。

首先，支持者认为"大家感到母语水平下降"，有以偏概全、主观臆断之嫌。因为，材料中并没有明确指出"大家"指的是哪一些人，这些人能否代表所有国人的情况？况且，就算"大家"能代表所有国人的状况，但是"感到"母语水平下降，未必能代表母语水平真的有下降。

其次，反对者认为"需要培养的是修养而不是一种应试能力"，实际上汉语"修养"和"应试能力"并不是非此即彼的矛盾关系，二者或许可以共存。如果通过汉语水平考试既能提高汉语修养，又能提高应试能力，反对者的观点岂不是不攻自破？

再次，反对者提出汉语能力测试"不仅是一种浪费"，还"严重干扰了当前的汉语教学"，缺少论据支持。如果汉语能力测试是有效的，就不能说是一种浪费。而且汉语能力测试有可能是现有教学系统的一个有益补充，与现有教学系统相得益彰。所以，反对者的这个论断难以让人信服。

最后，反对者主张"汉语会用会说就可以了，不是人人都要成为作家"，暗含了一个假设，即参加汉语能力测试的人都是想成为作家。实际情况是汉语能力测试既有扫盲水平的测试，又有达到中文专业毕业水平的测试，但文中没有提到汉语能力测试是能否成为作家的测试。显然反对者的隐含假设未必成立。

综上所述，无论是支持者的论证，还是反对者的论证，都存在一些逻辑漏洞，如何正确评价汉语能力测试，仍需更多论证。

（全文共622字）

2013年经济类联考论证有效性分析母题思路详解

真题原题

论证有效性分析：分析下述论证中存在的缺陷和漏洞，选择若干要点，写一篇600字左右的文章，对该论证的有效性进行分析和评述。（论证有效性分析的一般要点是：概念及主要概念界定和使用的准确性及前后是否互相矛盾，有无各种明显的逻辑错误，论据是否支持结论，论据的成立条件是否充分。还要注意逻辑结构和语言运用。）（20分）

是否应该彻底取消"黄金周"？

1999年10月开始实行的"黄金周"休假制度，在拉动经济、为国人带来休闲度假新概念的同时，也暴露出很多问题。因此，于2006年起，陆续有人提出取消"黄金周"的建议。2008年，"五一"黄金周取消，代之以清明、端午、中秋等传统节日的"小长假"。2012年"国庆黄金周"后，彻底取消"黄金周"的声音再次引起公众的注意。

支持取消者认为：第一，"黄金周"造成了景区混乱和资源调配不合理、浪费社会资源、打乱正常生活秩序，不利于经济的长期可持续发展。第二，"黄金周"人为地将双休日挪在一起，使大家不得不连续休假七天，同时要连续工作七天，这在很大程度上是一种"被放假"的安排。体现了一种群众运动式的思维，是计划经济的产物，不符合自主消费的原则。第三，当初实行"黄金周"是一种阶段性的考虑，随着带薪休假制度的落实，应该彻底取消"黄金周"。

反对取消者则认为：第一，"黄金周"对旅游业的成熟和发展起到了极大的促进作用，对经济的拉动也功不可没。任何事物都有利有弊，不能只看到弊端就彻底取消。第二，随着消费者出游经验的不断丰富，旅游消费必将更加理性。错峰出游、路线选择避热趋冷等新的消费习惯会使一些现有问题得到解决。第三，目前我国可享受带薪休假的职工仅有三成，年假制度不能落实,"被放假"毕竟比"被全勤"好,实在的"黄金周"毕竟要比虚无缥缈的带薪休假更加现实。

(改编自《旅游界反对取消十一黄金周,新假期改革效果尚不明确》,南方日报,2008年9月9日;《黄金周假期惹争议,最终取消是必然》,凤凰网资讯,2012年10月8日;《彻底取消黄金周高估了带薪休假环境》,东方网,2012年10月5日等)

谬误精析

段落1	论证结构
1999年10月开始实行的"黄金周"休假制度,在拉动经济、为国人带来休闲度假新概念的同时,也暴露出很多问题。因此,于2006年起,陆续有人提出取消"黄金周"的建议。2008年,"五一"黄金周取消,代之以清明、端午、中秋等传统节日的"小长假"。2012年"国庆黄金周"后,彻底取消"黄金周"的声音再次引起公众的注意。	背景介绍,无论证

段落2	论证结构
支持取消者认为:①第一,"黄金周"造成了景区混乱和资源调配不合理、浪费社会资源、打乱正常生活秩序,不利于经济的长期可持续发展。②第二,"黄金周"人为地将双休日挪在一起,使大家不得不连续休假七天,同时要连续工作七天,这在很大程度上是一种"被放假"的安排。体现了一种群众运动式的思维,是计划经济的产物,不符合自主消费的原则。③第三,当初实行"黄金周"是一种阶段性的考虑,随着带薪休假制度的落实,应该彻底取消"黄金周"。	① ②}支持取消黄金周 ③

序号	质疑内容	谬误分析
1	质疑①	归因不当 "'黄金周'造成了景区混乱和资源调配不合理、浪费社会资源、打乱正常生活秩序",这一说法缺乏论据支持。这些情况的出现,未必是"黄金周"导致的,可能是由于景区的管理措施不当。而且,即使这种混乱是由"黄金周"导致的,也是一种短期的混乱,无法说明它不利于经济的"长期"可持续发展。

续表

序号	质疑内容	谬误分析
2	质疑②	**不当假设** 将"黄金周"视为"被放假",隐含一个前提,即这样放假群众是不乐意的,是被动的。实际情况未必如此。将"黄金周"视为"计划经济的产物"也有失妥当,因为市场经济也需要政府这只"看得见的手"的调控。
3	质疑③	**推断不当** "带薪休假"与"黄金周"并不矛盾,认为有了"带薪休假"就不再需要"黄金周"有失妥当。可能仅靠"带薪休假"并不能解决群众的休假需求,需要"黄金周"作为补充。

段落3	论证结构
反对取消者则认为:④第一,"黄金周"对旅游业的成熟和发展起到了极大的促进作用,对经济的拉动也功不可没。任何事物都有利有弊,不能只看到弊端就彻底取消。⑤第二,随着消费者出游经验的不断丰富,旅游消费必将更加理性。错峰出游、路线选择避热趋冷等新的消费习惯会使一些现有问题得到解决。⑥第三,目前我国可享受带薪休假的职工仅有三成,年假制度不能落实,"被放假"毕竟比"被全勤"好,实在的"黄金周"毕竟要比虚无缥缈的带薪休假更加现实。	④ ⑤ } 反对取消黄金周 ⑥

序号	质疑内容	谬误分析
4	质疑④	**不当假设** "任何事物都有利有弊,不能只看到弊端就彻底取消",错误地假设了支持取消"黄金周"者没有看到"黄金周"的好处。而且,虽然"不能只看到弊端就彻底取消",但是也要权衡利弊的大小。如果"黄金周"弊大于利,取消"黄金周"也未尝不可。
5	质疑⑤	**不当推断** "消费者出游经验的不断丰富",不必然导致"旅游消费更加理性"。而且,个体具有的性质整体未必具有,某些消费者的理性决策也未必意味着消费者群体的决策是理性的。
6	质疑⑥	**非黑即白** "年假制度不能落实"最多只能说明我们需要落实年假制度,不能说明"黄金周"可以保留。"黄金周"未必是"年假"的好的替代品。

参考范文

漏洞百出的"黄金周"之辩

针对"黄金周"是否应该取消的问题,支持取消者和反对取消者都提出了自己的理由。然而,双方的论证都存在多处漏洞,难以让人信服。

从支持取消"黄金周"者的角度来看:

第一,"'黄金周'造成了景区混乱和资源调配不合理、浪费社会资源、打乱正常生活秩序",这一说法缺乏论据支持。这些情况的出现,未必是"黄金周"导致的,可能是由于景区的管理措施不当。就算确实存在这种现象,也无法得出"不利于经济的长期可持续发展"的结论,二者不存在必然的因果关系。

第二,将"黄金周"视为"被放假",视为"计划经济的产物",隐含一个前提,即人民群众不乐意如此放假,他们是被动接受这一放假安排的。实际上,如果群众乐意接受这样的放假安排,这样符合他们的消费意愿,那么支持取消者的观点就无法成立。

从反对取消"黄金周"者的角度来看:

第一,"'黄金周'对旅游业的成熟和发展起到了极大的促进作用,对经济的拉动也功不可没",缺少论据支持。"黄金周"是否起到这样的促进作用,起到了多大的促进作用,无法断定。

第二,"任何事物都有利有弊,不能只看到弊端就彻底取消",错误地假定支持取消"黄金周"者没有看到"黄金周"的好处。

此外,正反双方都犯了非黑即白的逻辑错误,把"带薪休假"和"黄金周"看作非此即彼的关系,其实二者完全可以共存。

综上所述,无论是支持者,还是反对者,都犯了诸多逻辑错误,想要证明自己的观点,还需要更充分的论证。

(全文共 596 字)

2014年经济类联考论证有效性分析母题思路详解

真题原题

论证有效性分析：分析下述论证中存在的缺陷和漏洞，选择若干要点，写一篇600字左右的文章，对该论证的有效性进行分析和评述。（论证有效性分析的一般要点是：概念及主要概念界定和使用的准确性及前后是否互相矛盾，有无各种明显的逻辑错误，论据是否支持结论，论据的成立条件是否充分。还要注意逻辑结构和语言运用。）（20分）

如何看待高考英语改革？

2013年10月，北京市教育委员会公布的《2014—2016年高考高招改革框架方案》（征求意见稿）显示，从2016年起该市高考语文由150分增至180分，数学仍为150分；英语由150分减为100分，其中听力占30分，阅读写作等占70分。这一举措引发了各方对高考改革的热烈讨论。

支持者的理由如下。第一，语文高出英语分值80分，有助于强化母语教育，因为不少学生对外语所投入的时间、精力和金钱远远超过语文。第二，母语是学习的基础，只有学好母语才能学好包括英语在内的其他科目。第三，很多中国人从幼儿园就开始学习英语，但除了升学、求职、升职经常需要考英语，普通人在工作、生活中很少用到外语。第四，此举可以改变现有的"哑巴式英语"教学的状况，突出英语作为语言的实际应用作用。

反对者的理由如下。第一，没必要那么重视语文，因为我们就生活在汉语环境中，平时说的、看的都是汉语，喊着"救救汉语"的人实在是杞人忧天。第二，普通人学习英语时不可能像学习母语时那样"耳濡目染"，若还要在学校里弱化英语教学，那么英语就更难学好了。第三，中学生学习负担沉重并不全是因为英语，英语改革需要有周密的调研，高考改革也应从全局考虑。第四，这一举措把中小学英语教学负担推给了大学，并没有考虑到学生今后的发展，因为学生读大学时还得参加四六级英语考试，而检验教育成果的一个重要方面就是学生以后的就业情况。

（改编自《北京高考改革方案：降低英语分值 提高语文分值》，人民网，2013年10月28日；《英语特级教师：反对高考英语改革的九点理由》，中国教育在线，2013年10月24日）

谬误精析

段落 1	论证结构
2013年10月，北京市教育委员会公布的《2014—2016年高考高招改革框架方案》（征求意见稿）显示，从2016年起该市高考语文由150分增至180分，数学仍为150分；英语由150分减为100分，其中听力占30分，阅读写作等占70分。这一举措引发了各方对高考改革的热烈讨论。	背景介绍，无论证

段落 2	论证结构
支持者的理由如下。①第一，语文高出英语分值80分，有助于强化母语教育，因为不少学生对外语所投入的时间、精力和金钱远远超过语文。②第二，母语是学习的基础，只有学好母语才能学好包括英语在内的其他科目。③第三，很多中国人从幼儿园就开始学习英语，但除了升学、求职、升职经常需要考英语，普通人在工作、生活中很少用到外语。④第四，此举可以改变现有的"哑巴式英语"教学的状况，突出英语作为语言的实际应用作用。	① ② ③ ④ 支持高考英语改革

序号	质疑内容	谬误分析
1	质疑①	**不当推断** "语文高出英语分值80分"，并不一定"有助于强化母语教育"，因为"学生对外语所投入的时间、精力和金钱远远超过语文"，未必是受分值的影响，可能因为二者对于中国学生来说学习的难易有别。而且，即使学生学习英语的时间变少了，也不一定将节省下来的时间用于母语学习，因此，无法得出"强化母语教育"的结论。
2	质疑②	**强置必要条件** 文中认为"只有学好母语才能学好包括英语在内的其他科目"，未必妥当。首先，母语未必是英语的基础，比如很多华人华侨的英语很好但母语却并不熟练。其次，母语也未必是学好其他学科的前提。
3	质疑③	**论据不充分** 很少用到英语并不等于就不需要用英语，也不能得出不需要很好地学习英语。况且，"升学""求职""升职"等情况用到英语，不也正说明了英语对于学习者来说是有帮助的吗？
4	质疑④	**不当推断** 此次改革未必能改变"哑巴式英语"教学的状况。因为此改革方案并没有涉及口语测试。如果降低英语分值导致学生学习英语的时间下降，恐怕更无法"突出英语作为语言的实际应用作用"。

续表

段落3	论证结构
反对者的理由如下。⑤第一，没必要那么重视语文，因为我们就生活在汉语环境中，平时说的、看的都是汉语，喊着"救救汉语"的人实在是杞人忧天。⑥第二，普通人学习英语时不可能像学习母语时那样"耳濡目染"，若还要在学校里弱化英语教学，那么英语就更难学好了。⑦第三，中学生学习负担沉重并不全是因为英语，英语改革需要有周密的调研，高考改革也应从全局考虑。⑧第四，这一举措把中小学英语教学负担推给了大学，并没有考虑到学生今后的发展，因为学生读大学时还得参加四六级英语考试，而检验教育成果的一个重要方面就是学生以后的就业情况。	⑤ ⑥ ⑦ ⑧ 反对高考英语改革

序号	质疑内容	谬误分析
5	质疑⑤	**不当推断** 　　我们"平时说的、看的都是汉语"并不能说明不需要重视语文。可能正因为平时需要大量地使用汉语，才更加说明语文教育的重要性。
6	质疑⑥	**不当假设** 　　降低英语的分值不代表"弱化英语教学"。而且，反对者不当地假设了学生必须要学好英语，假如大家对英语的需求度和运用率不高的话，英语也许就没有必要跟语文一样被重视。
7	质疑⑦	**自相矛盾、不当假设** 　　"中学生学习负担沉重并不全是因为英语"，恰恰说明英语也是学生负担重的原因之一，应该降低英语的负担，而不是反对英语改革。 　　"英语改革需要有周密的调研，高考改革也应从全局考虑"，暗含一个假设，此次改革没有经过周密调研，也不是从全局考虑的。而文中引用的改革方案本身就是征求意见稿，就是一种调研方式，反对者的假设不当。
8	质疑⑧	**不当推断** 　　英语分值的下降，不代表学生不再学习英语，当然也就无法推出"这一举措把中小学英语教学负担推给了大学，并没有考虑到学生今后的发展"的结论。而且，也无法证明降低英语的分值就会影响学生就业。

参考范文

高考英语改革可取吗？

对于"高考英语改革"，支持者和反对者都提出了自己的看法，但双方的论证都存在多处逻辑漏洞，让人难以信服。

从支持者的角度来看：

首先，"语文高出英语分值80分"，并不一定"有助于强化母语教育"，因为"学生对外语所投入的时间、精力和金钱远远超过语文"，未必是受分值的影响，可能因为二者对于中国学生来说学习的难易有别。

其次，很少用到英语并不等于就不需要用英语，也不能得出不需要很好地学习英语。况且，"升学""求职""升职"等情况用到英语，不正说明了英语对于学习者来说是有帮助的吗？

从反对者的角度来看：

第一，我们平时说的、看的都是汉语并不能说明不需要重视语文。可能正是因为需要大量地使用汉语，才更加说明语文教育的重要性。

第二，英语分值的改变并不意味着英语的重视度下降。再者，反对者不当地假设了学生必须要学好英语，假如大家对英语的需求度和运用率不高的话，英语也许就没有必要跟语文一样被重视。

第三，反对者认为"英语改革需要有周密的调研，高考改革也应从全局考虑"。暗含一个假设，此次改革没有经过周密调研，也不是从全局考虑的。而文中引用的改革方案本身就是征求意见稿，就是一种调研方式，反对者的假设不当。

综上所述，支持者和反对者都没有充足的理由来论证自己的观点，高考英语改革是否可行，还需更多论证。

（全文共591字）

2015年经济类联考论证有效性分析母题思路详解

真题原题

论证有效性分析：分析下述论证中存在的缺陷和漏洞，选择若干要点，写一篇600字左右的文章，对该论证的有效性进行分析和评述。（论证有效性分析的一般要点是：概念及主要概念界定和使用的准确性及前后是否互相矛盾，有无各种明显的逻辑错误，论据是否支持结论，论据的成立条件是否充分。还要注意逻辑结构和语言运用。）（20分）

如何解决网络假货问题？

2014年11月，中国互联网大会，阿里巴巴集团董事局主席马云和京东集团创始人刘强东，围绕网络假货问题各自发表了看法。

刘强东已多次指责淘宝"假货"和"逃税问题"，其在大会开幕前接受媒体采访时，也直言不讳：中国互联网假货流行已严重影响消费者网购信心，这是整个电子商务行业最重要的"瓶颈"。目前，网络售卖假货、水货的大多是大型的、有组织化的，动辄千万、几个亿规模的公司。

马云说："你想想，25块钱买一个劳力士表，这是不可能的，原因是你自己太贪。"他指出：卖假货的商家害怕在淘宝网上卖，阿里巴巴很容易就可以查出谁在卖。近一两年中国电商发展迅猛，若靠假货，每天的交易额不可能达到六七十亿。阿里巴巴每年支出逾1 610万美元用来打击假货，打假行动也获得了国际上的认可，所以，美国贸易代表将淘宝从2012年恶名市场名单中移除。

刘强东指出，解决网络假货问题要依靠行业合作，政府监管。他建议一方面要在整个电子商务行业推广使用电子发票，另一方面，推广卖家进行电子工商注册。政府各部门联合起来加强跨平台联合监管，共同打击有组织有规模的假货公司。此外，他认为要解决互联网假货问题要从征税根源问题上着手：一方面，要提高电商营业额起征点到100万元，另一方面，日常营运人数达百人以上的大商家要注册电子工商营业执照，并规定使用电子发票。

马云认为，解决网络假货问题要依靠生态系统和大数据。互联网技术为知识产权保护和打击制售假冒伪劣商品提供了便利条件。生态系统建设和大数据技术能够快速找出假货问题，在信用体系中弘扬正能量，从而有效地解决假货问题。马云还补充说，阿里巴巴集团正在建设一个互联网生态系统，该系统对知识产权保护和解决假货问题最有效。

（该篇改自《火药味！两个大佬互联网大会上互掐》，广州日报，2014年11月21日）

谬误精析

段落1	论证结构
2014年11月，中国互联网大会，阿里巴巴集团董事局主席马云和京东集团创始人刘强东，围绕网络假货问题各自发表了看法。	背景介绍，无论证
段落2	**论证结构**
①刘强东已多次指责淘宝"假货"和"逃税问题"，其在大会开幕前接受媒体采访时，也直言不讳：中国互联网假货流行已严重影响消费者网购信心，这是整个电子商务行业最重要的"瓶颈"。②目前，网络售卖假货、水货的大多是大型的、有组织化的，动辄千万、几个亿规模的公司。	本段无明显论证结构

序号	质疑内容	谬误分析
1	质疑①	**不当推断** "中国互联网假货流行"不一定"已严重影响消费者网购信心"，可能恰恰满足了消费者追求假名牌的需求。

段落3	论证结构
③马云说："你想想，25块钱买一个劳力士表，这是不可能的，原因是你自己太贪。"④他指出：卖假货的商家害怕在淘宝网上卖，阿里巴巴很容易就可以查出谁在卖。⑤近一两年中国电商发展迅猛，若靠假货，每天的交易额不可能达到六七十亿。⑥阿里巴巴每年支出逾1 610万美元用来打击假货，打假行动也获得了国际上的认可，所以，美国贸易代表将淘宝从2012年恶名市场名单中移除。	③ ④ ⑤ 不应质疑淘宝卖假货 ⑥

序号	质疑内容	谬误分析
2	质疑③	**以偏概全** 劳力士表的例子过于极端，并不是所有的假货都和真品有如此大的价格差异。马云有以偏概全的嫌疑。消费者购买假货也不一定是因为"贪"，可能是他们缺少辨识假货的能力。
3	质疑④	**论据不充分** 阿里巴巴很容易就可以查出谁在卖假货，不代表他们可以制止假货，更不能说明淘宝上没有假货。

续表

序号	质疑内容	谬误分析
4	质疑⑤	**不当推断** "若靠假货，每天的交易额不可能达到六七十亿"，只能说明淘宝上不全是假货，无法说明淘宝上没有假货，也不能说明大家不应该对淘宝卖假货提出质疑。
5	质疑⑥	**不当推断** 马云提出"阿里巴巴每年支出逾1 610万美元用来打击假货"，无法说明这样的打假活动有效。"美国贸易代表将淘宝从2012年恶名市场名单中移除"，也很难代表"国际上"的认可。

段落 4	论证结构
⑦刘强东指出，解决网络假货问题要依靠行业合作，政府监管。⑧他建议一方面要在整个电子商务行业推广使用电子发票，另一方面，推广卖家进行电子工商注册。政府各部门联合起来加强跨平台联合监管，共同打击有组织有规模的假货公司。⑨此外，他认为要解决互联网假货问题要从征税根源问题上着手：一方面，要提高电商营业额起征点到100万元，另一方面，日常营运人数达百人以上的大商家要注册电子工商营业执照，并规定使用电子发票。	⑧⑨}⑦

序号	质疑内容	谬误分析
6	质疑⑧	**结果推断不当（措施未必有效）** "推广使用电子发票"未必能有效打击假货。如果商贩使用"真票假货"，消费者反而更加不易识别假货。
7	质疑⑨	**结果推断不当（措施未必有效）** "提高电商营业额起征点到100万元"和"注册电子工商营业执照"，最多只能解决一部分商贩的偷税漏税问题，用于制止假货则未必有效。

段落 5	论证结构
⑩马云认为，解决网络假货问题要依靠生态系统和大数据。⑪互联网技术为知识产权保护和打击制售假冒伪劣商品提供了便利条件。⑫生态系统建设和大数据技术能够快速找出假货问题，在信用体系中弘扬正能量，从而有效地解决假货问题。⑬马云还补充说，阿里巴巴集团正在建设一个互联网生态系统，该系统对知识产权保护和解决假货问题最有效。	⑪⑫⑬}⑩

续表

序号	质疑内容	谬误分析
8	质疑⑬	结果推断不当（措施未必有效） 阿里巴巴集团的"互联网生态系统"尚处于建设之中，建成后成效如何是未知数，难以断定"该系统对知识产权保护和解决假货问题最有效"。

参考范文

无效的打假之争

对于网络假货问题，刘强东和马云两位大佬都提出了自己的看法，然而，两位的观点均有不当之处，分析如下：

第一，马云用劳力士的例子，试图证明假货盛行是因为消费者太贪，有失偏颇。首先，劳力士的例子过于极端，并非所有假货都和真货之间都存在如此大的价格差异。其次，假货盛行可能是因为消费者对淘宝平台的信任而购买假货，可能是消费者缺乏辨别假货的能力，不能盲目归因于消费者太贪。

第二，马云认为，"若靠假货，每天的交易额不可能达到六七十亿"，只能说明淘宝上不全是假货，无法说明淘宝上没有假货，也不能说明大家不应该对淘宝卖假货提出质疑。马云提出各种建议试图制止假货，不也正说明了现在淘宝网上还有假货吗？

第三，马云提出"阿里巴巴每年支出逾1 610万美元用来打击假货"，无法说明这样的打假活动有效。如果实际需要的钱比1 610万美元要多，或者这1 610万美元没有被有效使用，都可能导致打假活动无效。而且"美国贸易代表将淘宝从2012年恶名市场名单中移除"，未必是淘宝的打假活动富有成效，可能美方仅仅是出于自身利益而选择回避假货问题。再者"美国贸易代表"的认可也很难代表"国际上"的认可。

第四，刘强东提出的"推广使用电子发票""进行电子工商注册""征税"等措施，都未必能有效打击假货问题。刘强东建议的目的，是"打击有组织有规模的假货公司"，但网络假货未必都是此类公司在经营，可能众多的小型卖家才是假货的主要来源，如果是这样，刘强东的建议很难奏效。

综上所述，刘强东和马云对于假货问题的看法和建议都有偏颇之处，如何治理网络假货问题，还需更多论证。

（全文共654字）

2016年经济类联考论证有效性分析母题思路详解

真题原题

论证有效性分析：分析下述论证中存在的缺陷和漏洞，选择若干要点，写一篇600字左右的文章，对该论证的有效性进行分析和评述。（论证有效性分析的一般要点是：概念及主要概念界定和使用的准确性及前后是否互相矛盾，有无各种明显的逻辑错误，论据是否支持结论，论据的成立条件是否充分。还要注意逻辑结构和语言运用。）（20分）

结婚证应当设立有效期

在我们国家，大多数证书都是有有效期的。不要说驾照、营业执照等年年要年审的证书了，连身份证也是有个十年或二十年期更换的规定，然而我们的结婚证书，都是不需要年审、不需要换证的。

我认为结婚证书也应有有效期。新领的，有效期7年；到期后，需重新到民政部门去办理续存手续，续存十年，十年过后，就可不用办续存手续了。为什么呢？

首先，让男女双方能定期审视自己的婚姻生活，通过办理证书续存手续，男女双方能够有机会好好审视一下双方结合以来的得与失，从而问一下自己：我还爱他吗？他还爱我吗？自己的婚姻有没有必要再延续呢？通过审视，就能很好发现自己在上个婚期内有没有亏待过对方，这对今后的婚姻无疑大有益处。

其次，让双方再说一遍"我愿意"，提高夫妻各自的责任感，从热恋的激情甜蜜到婚姻中的熟悉平淡，这似乎是大多数情感的必经过程。然而疲惫的情感却容易使婚姻进入"瓶颈"。经过一段时期的婚期考验后，在办理婚姻二次手续时再向对方说一声"我愿意"，无疑更显真诚、更显实在、更多理性、更能感动对方，即使以前共同生活中有很多磕磕绊绊，但一句"我愿意"相信可以消除许多误会和猜疑；新婚时说的我愿意，有太多的理想感伤，而一段婚姻后再说的"我愿意"，不光更具真情实意，更重要的还具有更强的责任感；你不对我负责，我到期就跟你说再见。

第三，让一些垂死的婚姻自然死亡，减少许多名存实亡的婚姻的存在，降低离婚成本，现在很多家庭，即使双方恐怕已经彻底破裂，却因多种原因而维系着，维系的最主要的原因就是不愿去法院打官司，而通过这种婚姻到期续存，就没必要一定要通过办理离婚手续才可离婚，只要有一方说"我不愿意"，就没有婚姻关系了，这样使更多对婚姻抱着"好死不如赖活着"想法的人，能够轻松获得解脱。

（选自《发展外语》（第二版），北京语言大学出版社，2011年）

谬误精析

段落1	论证结构
①在我们国家，大多数证书都是有有效期的。②不要说驾照、营业执照等年年要年审的证书了，连身份证也是有个十年或二十年期更换的规定，然而我们的结婚证书，都是不需要年审、不需要换证的。	①②｝结婚证应设有效期

序号	质疑内容	谬误分析
1	质疑②	**不当类比** 由"驾照、营业执照、身份证有有效期"无法有效推出"结婚证书也应有有效期"的结论。驾照、营业执照、身份证的性质和规范对象，与结婚证的性质和规范对象是有着本质区别的，此处存在类比不当的嫌疑。

段落2	论证结构
③我认为结婚证书也应有有效期。④新领的，有效期7年；到期后，需重新到民政部门去办理续存手续，续存十年，十年过后，就可不用办续存手续了。为什么呢？	③提出论点

段落3	论证结构
⑤首先，让男女双方能定期审视自己的婚姻生活，通过办理证书续存手续，男女双方能够有机会好好审视一下双方结合以来的得与失，从而问一下自己：我还爱他吗？他还爱我吗？自己的婚姻有没有必要再延续呢？通过审视，就能很好发现自己在上个婚期内有没有亏待过对方，这对今后的婚姻无疑大有益处。	⑤→结婚证应设有效期

序号	质疑内容	谬误分析
2	质疑⑤	**不当推断** "审视"未必能"发现自己在上个婚期内有没有亏待过对方"，就算发现了，也不代表能转化成实际的行动，无法得出"这对今后的婚姻无疑大有益处"的结论。

续表

段落4	论证结构
⑥其次，让双方再说一遍"我愿意"，提高夫妻各自的责任感，⑦从热恋的激情甜蜜到婚姻中的熟悉平淡，这似乎是大多数情感的必经过程。然而疲惫的情感却容易使婚姻进入"瓶颈"。⑧经过一段时期的婚期考验后，在办理婚姻二次手续时再向对方说一声"我愿意"，无疑更显真诚、更显实在、更多理性、更能感动对方，即使以前共同生活中有很多磕磕绊绊，但一句"我愿意"相信可以消除许多误会和猜疑；新婚时说的我愿意，有太多的理想感伤，而一段婚姻后再说的"我愿意"，不光更具真情实意，更重要的还具有更强的责任感；你不对我负责，我到期就跟你说再见。	⑦→⑧→⑥→结婚证应设有效期

序号	质疑内容	谬误分析
3	质疑⑥	论据不充分 结婚证设置有效期，未必能"提高夫妻各自的责任感"，也可能会使人走向相反的方面：反正一段时间之后结婚证有效期就到了，我干嘛付出那么多？
4	质疑⑧	论据不充分 "在办理婚姻二次手续时再向对方说一声'我愿意'"，未必更理性、更能感动对方。生活中的磕磕绊绊，可能是性格原因，也可能是消费观念不同，也可能是对孩子的教育理念不同，这些不同，不是一句"我愿意"就能解决的。

段落5	论证结构
⑨第三，让一些垂死的婚姻自然死亡，减少许多名存实亡的婚姻的存在，降低离婚成本，现在很多家庭，即使双方恐怕已经彻底破裂，却因多种原因而维系着，维系的最主要的原因就是不愿去法院打官司，而通过这种婚姻到期续存，就没必要一定要通过办理离婚手续才可离婚，只要有一方说"我不愿意"，就没有婚姻关系了，这样使更多对婚姻抱着"好死不如赖活着"想法的人，能够轻松获得解脱。	⑨→结婚证应设有效期

序号	质疑内容	谬误分析
5	质疑⑨	归因不当 把很多家庭没有离婚的原因，归结于"不愿意打官司"，值得商榷。孩子问题、经济问题等多种原因，可能都是维系家庭的原因。

参考范文

结婚证应当设立有效期吗？

上述论证通过一系列分析，试图论证"结婚证应当设立有效期"。然而其论证过程存在多处不妥，分析如下：

第一，由"驾照、营业执照、身份证有有效期"无法有效推出"结婚证书也应有有效期"的结论。驾照、营业执照、身份证的性质和规范对象，与结婚证的性质和规范对象是有着本质区别的，此处存在类比不当的嫌疑。

第二，"通过审视"未必"就能很好发现自己在上个婚期内有没有亏待过对方"，也无法得出"这对今后的婚姻无疑大有益处"。因为，由于人的自利性倾向，可能这种"审视"看到的更多的是对方的错误；即使发现了自己的问题，也不代表能改变自己的行为，因此，也不见得"对今后的婚姻无疑大有益处"。

第三，在办理婚姻二次手续时再向对方说一声"我愿意"，未必更理性更能感动对方。生活中的磕磕绊绊，可能是性格原因，也可能是消费观念不同，也可能是对孩子的教育理念不同，这些不同，不是一句"我愿意"就能解决的。

第四，结婚证设置有效期，未必能"提高夫妻各自的责任感"，也可能会使人走向相反的方面：反正一段时间之后结婚证有效期就到了，我干嘛付出那么多？

最后，材料把很多家庭没有离婚的原因，归结于"不愿意打官司"，值得商榷。孩子问题、经济问题等多种原因，可能都是维系家庭的原因。仅仅给结婚证设立一个有效期，很难解决这么多问题，当然更难以"轻松获得解脱"。

综上所述，论述者的证据无法充分证明"结婚证应当设立有效期"这一结论。

（全文共597字）

2017年经济类联考论证有效性分析母题思路详解

真题原题

论证有效性分析：分析下述论证中存在的缺陷和漏洞，选择若干要点，写一篇600字左右的文章，对该论证的有效性进行分析和评述。（论证有效性分析的一般要点是：概念及主要概念界定和使用的准确性及前后是否互相矛盾，有无各种明显的逻辑错误，论据是否支持结论，论据的成立条件是否充分。还要注意逻辑结构和语言运用。）（20分）

我们知道，如果市场规模大，最终产品的需求将是巨大的，采用先进技术进行生产的企业，因为产品是高附加值的，所以投资回报率高，工人的工资报酬也高。如果工人预见到工资报酬高，那么所有的工人都会争先恐后选择在采用先进技术生产的企业工作，这样一来，低技术、低附加值、低工资的劳动密集型企业就自动淘汰出局了，市场上最终生存下来的都是采用先进技术的高新技术企业。

　　相反地，如果市场规模狭小，最终产品的需求非常小，而且采用先进技术的成本很高，生产出来的高科技产品根本无人问津。企业无利可图，因此没有一家企业愿意采用先进技术进行生产。这时工人即使拥有高技术，也会发现英雄无用武之地。最终，市场上剩下的都是低技术、低附加值、低工资的劳动密集型企业了。

　　由此可见，市场规模决定了先进技术的采用与否，没有大的市场规模，就别指望能涌现高新技术企业。中国不仅拥有庞大的国内市场，而且拥有更庞大的国际市场，所以大可不必为中国低技术、低附加值、低工资的劳动密集型企业担心，更不要大动干戈搞什么产业结构升级，政府应该采取"无为而治"的方针，让市场去进行"自然选择"，决定什么样的企业最终存活下来。所以，政府要做的唯一事情就是做大市场，只要政府把市场做大了，就什么都不用发愁了。

谬误精析

段落 1	论证结构
①我们知道，如果市场规模大，最终产品的需求将是巨大的，采用先进技术进行生产的企业，因为产品是高附加值的，所以投资回报率高，工人的工资报酬也高。②如果工人预见到工资报酬高，那么所有的工人都会争先恐后选择在采用先进技术生产的企业工作，这样一来，低技术、低附加值、低工资的劳动密集型企业就自动淘汰出局了，市场上最终生存下来的都是采用先进技术的高新技术企业。	①→②

序号	质疑内容	谬误分析
1	质疑①	**不当推断** 　　材料认为"采用先进技术进行生产的企业，因为产品是高附加值的，所以投资回报率高，工人的工资报酬也高"，存在不妥。产品附加值高不是投资回报率高的充分条件，比如产品附加值高但销量却上不去，总回报就不会太高。而且，投资回报率高也不能说明工人的工资报酬也高，工人的工资报酬与企业的人力资源策略以及人力资源供求关系相关。
2	质疑②	**强置充分条件** 　　材料认为，如果工人预见到工资报酬高，就会到采用先进技术生产的企业工作，劳动密集型企业就淘汰出局，欠妥当。因为，劳动者未必具备到采用先进技术生产的企业工作的能力，很可能有的劳动者受到知识水平、工作技能等条件的限制，只能到劳动密集型企业就业。

段落2	论证结构
③相反地，如果市场规模狭小，最终产品的需求非常小，而且采用先进技术的成本很高，生产出来的高科技产品根本无人问津，企业无利可图，因此没有一家企业愿意采用先进技术进行生产。④这时工人即使拥有高技术，也会发现英雄无用武之地。⑤最终，市场上剩下的都是低技术、低附加值、低工资的劳动密集型企业了。	③→④→⑤

序号	质疑内容	谬误分析
3	质疑③	**不当推断** 市场规模小、需求小，不代表企业无利可图。可能正是由于市场规模小而导致参与竞争的企业少，企业反而利润丰厚；而且，市场规模往往是由小到大逐渐培育起来的，现在规模小不代表将来规模小，暂时不赢利也不代表长远来看利润不丰厚。
4	质疑③→④→⑤	**不当推断** 仅由"市场规模狭小"就断定"没有一家企业愿意采用先进技术进行生产"，只能剩下劳动密集型企业，存在不妥。市场规模仅仅是影响技术发展的一个因素，而不是唯一因素。

段落3	论证结构
⑥由此可见，市场规模决定了先进技术的采用与否，没有大的市场规模，就别指望能涌现高新技术企业。⑦中国不仅拥有庞大的国内市场，而且拥有更庞大的国际市场，⑧所以大可不必为中国低技术、低附加值、低工资的劳动密集型企业担心，更不要大动干戈搞什么产业结构升级，政府应该采取"无为而治"的方针，让市场去进行"自然选择"，决定什么样的企业最终存活下来。⑨所以，政府要做的唯一事情就是做大市场，只要政府把市场做大了，就什么都不用发愁了。	⑥⑦}⑧→⑨

序号	质疑内容	谬误分析
5	质疑⑥	**归因不当** 材料认为"市场规模决定了先进技术的采用与否"有失妥当。高新技术企业能否涌现，不仅受市场规模的影响，还受国家政策、市场前景、行业现况等多方面的影响。
6	质疑⑧	**不当推断** 即使市场可以进行"自然选择"，也不代表政府只需"无为而治"。有时候市场的调节是失灵的、无序的，此时恰恰需要政府这只"看得见的手"的干预。
7	质疑⑨	**强置充分条件** 材料认为"政府要做的唯一事情就是做大市场"过于绝对。政府在政治、经济、公共事务管理等方面有大量的事情需要做。

参考范文

政府只需做大市场吗？

上述材料通过一系列论证得出"政府要做的唯一事情就是做大市场，只要政府把市场做大了，就什么都不用发愁了"。然而其论证过程存在多处逻辑漏洞，简要分析如下：

首先，材料认为"采用先进技术进行生产的企业，因为产品是高附加值的，所以投资回报率高，工人的工资报酬也高"，存在不妥。产品附加值高不是投资回报率高的充分条件，比如产品附加值高但销量却上不去，总回报就不会太高。而且，投资回报率高也不能说明工人的工资报酬也高，工人的工资报酬与企业的人力资源策略以及人力资源供求关系相关。

其次，材料认为，如果工人预见到工资报酬高，就会到采用先进技术生产的企业工作，劳动密集型企业就淘汰出局，难以成立。因为，劳动者未必具备到采用先进技术生产的企业工作的能力，很可能有的劳动者受到知识水平、工作技能等条件的限制，只能到劳动密集型企业就业。

再次，仅由"市场规模狭小"就断定"没有一家企业愿意采用先进技术进行生产"，只能剩下劳动密集型企业，存在不妥。市场规模仅仅是影响技术发展的一个因素，而不是唯一因素。

最后，即使市场可以进行"自然选择"，也不代表政府只需"无为而治"。有时候市场的调节是失灵的、无序的，此时恰恰需要政府这只"看得见的手"的干预。而且，材料认为"政府要做的唯一事情就是做大市场"也过于绝对。政府在政治、经济、公共事务管理等方面有大量的事情需要做。

综上所述，材料的论证存在多处不当，"政府只需要做大市场"的结论也难以必然成立。

（全文共 614 字）

2018 年经济类联考论证有效性分析母题思路详解

真题原题

论证有效性分析：分析下述论证中存在的缺陷和漏洞，选择若干要点，写一篇 600 字左右的文章，对该论证的有效性进行分析和评述。（论证有效性分析的一般要点是：概念及主要概念界定和使用的准确性及前后是否互相矛盾，有无各种明显的逻辑错误，论据是否支持结论，论据的成立条件是否充分。还要注意逻辑结构和语言运用。）（20 分）

市场竞争有利于谁？有些人认为竞争有利于消费者。市场上不同的商家为了各自的利益相互争斗，客观上会带来对第三方——消费者的好处，因为他们在竞争中相互压价，使消费者获得便宜。

非常肯定地说，这种建立在把生产者和消费者互相割裂基础上的观点是极其错误的，消费者是谁？在现代社会，消费者不是什么第三者，他们之所以有消费能力，是因为他们作为公司的员工获得报酬。市场的主导消费者是谁？也是在单位默默工作，以获得收入的劳动雇佣人。消费者即生产者，在市场竞争中，还会是与消费者毫无切身利益关系吗？还会是消费者占得便宜吗？

两家电器公司价格大战，我作为IT公司的员工，感到占便宜，因为电器价格下降了。但是对于电器公司呢？价格战使利润率降低，使电器公司的员工丧失了提高工资的可能，利润是公司再投资的来源，也是工资的来源，这损害了相关竞争公司的员工利益。我在为电器公司竞争感到占便宜的同时，IT公司之间也在竞争，我如同那个电器公司的员工一样恨自己的公司，因许多竞争对手的存在而无法独占或大部分占领市场。所以谁也没有占便宜，因为市场竞争是普遍的。总的来说，市场竞争受益者是消费者是个伪命题。

竞争到底有利于谁？答案是有利于那些能够在市场竞争中取得优势的社会集团。而竞争中处于劣势的，总是大多数，他们只能分食较小的利润份额。那么他们的员工就要承担竞争不利的威胁——降低薪水。他们的境遇越是恶化，那么他们的员工的购买力就越低。但是，处于竞争劣势中的总是大多数公司的员工，他们是消费者中的主力军。总之，市场竞争有利于占据竞争优势的行业的员工——当他们作为消费者的时候，购买力会加强；不利于竞争劣势中的行业的员工——他们同样作为消费者存在的时候，购买力就弱。市场竞争只是私有制条件下各市场主体利益相互对抗的产物，本身便是内耗，将一种混乱和内耗罩上有利于消费者的光环，根本是靠不住的。

谬误精析

段落1	论证结构
①市场竞争有利于谁？②有些人认为竞争有利于消费者，市场上不同的商家为了各自的利益相互争斗，客观上会带来对第三方——消费者的好处，因为他们在竞争中相互压价，使消费者获得便宜。	背景介绍，无论证

段落2	论证结构
③非常肯定地说，这种建立在把生产者和消费者互相割裂基础上的观点是极其错误的。④消费者是谁？在现代社会，消费者不是什么第三者，他们之所以有消费能力，是因为他们作为公司的员工获得报酬。⑤市场的主导消费者是谁？也是在单位默默工作，以获得收入的劳动雇佣人。⑥消费者即生产者，在市场竞争中，还会是与消费者毫无切身利益关系吗？还会是消费者占得便宜吗？	④⑤}⑥→③

序号	质疑内容	谬误分析
1	质疑④⑤	**论据不充分** 工资收入确实是消费者的重要收入来源，但未必是唯一的收入来源。房租收入、理财收入等资产性收入，也是一些消费者收入的重要组成部分。

续表

序号	质疑内容	谬误分析
2	质疑⑥	**偷换概念** 材料将"市场竞争会让消费者获得便宜"的概念，偷换为"市场竞争与消费者毫无切身利益关系"，存在不妥。此外，生产者的身份也并不影响消费者从竞争市场中获益。当生产者的身份转变成为消费者时，就可以从市场竞争中获得实实在在的好处了。

段落3	论证结构
⑦两家电器公司价格大战，我作为IT公司的员工，感到占便宜，因为电器价格下降了。但是对于电器公司呢？价格战使利润率降低，使电器公司的员工丧失了提高工资的可能，⑧利润是公司再投资的来源，也是工资的来源，这损害了相关竞争公司的员工利益。⑨我在为电器公司竞争感到占便宜的同时，IT公司之间也在竞争，我如同那个电器公司的员工一样恨自己的公司，因许多竞争对手的存在而无法独占或大部分占领市场。⑩所以谁也没有占便宜，因为市场竞争是普遍的。⑪总的来说，市场竞争受益者是消费者是个伪命题。	⑦→⑧ ⑨ } ⑩→⑪

序号	质疑内容	谬误分析
3	质疑⑦→⑧	**推断不当** 利润率降低，不代表利润就会下降，成本和销量也是影响利润的重要因素，比如，"薄利多销"的销售模式，未必就会让利润下降。
4	质疑⑩→⑪	**推断不当** "市场竞争是普遍的"不代表"谁也没有占便宜"。材料仅仅看到被竞争淘汰的一方，忽视了竞争对整个社会生产力的推动作用。市场竞争所淘汰的，往往是生产效率低、缺乏竞争力的企业，留下的往往都是生产效率高、竞争力强的企业，这些企业的发展可以促进生产效率提高、社会发展进步，最终反而可以使消费者受益。

段落4	论证结构
⑫竞争到底有利于谁？答案是有利于那些能够在市场竞争中取得优势的社会集团。⑬而竞争中处于劣势的，总是大多数，他们只能分食较小的利润份额，那么他们的员工就要承担竞争不利的威胁——降低薪水。⑭他们的境遇越是恶化，那么他们的员工的购买力就越低。⑮但是，处于竞争劣势中的总是大多数公司的员工，他们是消费者中的主力军。⑯总之，市场竞争有利于占据竞争优势的行业的员工——当他们作为消费者的时候，购买力会加强；不利于竞争劣势中的行业的员工——他们同样作为消费者存在的时候，购买力就弱。⑰市场竞争只是私有制条件下各市场主体利益相互对抗的产物，本身便是内耗，将一种混乱和内耗罩上有利于消费者的光环，根本是靠不住的。	⑬ ⑭ } ⑯→⑰→⑫ ⑮

续表

序号	质疑内容	谬误分析
5	质疑⑩⑫	**自相矛盾** 材料中前文认为"谁也没有占便宜",后文又说"市场竞争有利于那些能够在市场竞争中取得优势的社会集团",自相矛盾。
6	质疑⑬	**推断不当** 材料认为"企业在竞争中处于劣势,其员工薪水就会降低",未免过于绝对。企业竞争力并非影响员工薪水的唯一因素,员工薪水可能还受到企业人力资源策略等因素的影响。
7	质疑⑮	**论据不充分** 材料认为"处于竞争劣势的总是大多数公司的员工,他们是消费者中的主力军",缺乏论据支持。处于竞争劣势的公司的数量有多少?占比有多大?这些公司又有多少员工?这些员工的消费水平如何?这些都是不确定因素。
8	质疑⑰	**推断不当** 市场竞争未必就是一种内耗。事实上,企业间的竞争可能会促进企业提高生产效率、积极创新进取,从而提高整个社会的生产效率,最终使得消费者获益。

参考范文

市场竞争不利于消费者吗?

材料通过一系列推理,断定"市场竞争仅仅是一种内耗,不利于消费者"。然而其论证存在多处不当,分析如下:

第一,生产者的身份并不影响消费者从竞争市场中获益。当生产者的身份转变成为消费者时,就可以从市场竞争中获得实实在在的好处了。

第二,利润率降低,不代表利润就会下降,成本和销量也是影响利润的重要因素,比如,"薄利多销"的销售模式,未必就会让利润下降。此外,就算利润下降了,也未必一定会影响员工收入。

第三,工资收入确实是消费者的重要收入来源,但并不一定是唯一的收入来源。房租收入、理财收入等资产性收入,也是一些消费者收入的重要组成部分。

第四,材料仅仅看到被竞争淘汰的一方,忽视了竞争对整个社会生产力的推动作用。市场竞争所淘汰的,往往是生产效率低、缺乏竞争力的企业,留下的往往都是生产效率高、竞争力强的企业,这些企业的发展可以促进生产效率提高、社会发展进步,最终反而可以使消费者受益。

第五,材料认为"处于竞争劣势的总是大多数公司的员工,他们是消费者中的主力军",缺乏论据支持。处于竞争劣势的公司的数量有多少？占比有多大？这些公司又有多少员工？这些员工的消费水平如何？这些都是不确定因素。

综上所述，由于上文存在诸多逻辑错误，"市场竞争不利于消费者"的结论难以成立。

（全文共538字）

2019年经济类联考论证有效性分析母题思路详解

真题原题

论证有效性分析：分析下述论证中存在的缺陷和漏洞，选择若干要点，写一篇600字左右的文章，对该论证的有效性进行分析和评述。（论证有效性分析的一般要点是：概念及主要概念界定和使用的准确性及前后是否互相矛盾，有无各种明显的逻辑错误，论据是否支持结论，论据的成立条件是否充分。还要注意逻辑结构和语言运用。）（20分）

AlphaGo（阿尔法狗）是谷歌旗下的DeepMind公司开发的智能机器人，其主要工作原理是"深度学习"。2016年3月，它和世界围棋冠军职业九段选手李世石人机大战，以4∶1的总比分获胜。2017年5月，在中国乌镇围棋峰会上，它又与排名世界第一的世界围棋冠军柯洁对战，以3∶0的总比分获胜。围棋界公认AlphaGo的棋力已经超过人类排名第一的棋手柯洁，赛后柯洁也坦言："在我看来，它（AlphaGo）就是围棋上帝，能够打败一切……对于AlphaGo的自我进步来讲，人类太多余了。"

的确，在具有强大自我学习能力的AlphaGo面前，人类已黯然失色，显得十分多余了。未来机器人将变得越来越聪明。什么是聪明？聪明就是记性比你好，算得比你快，体力比你强。这三样东西，人类没有一样可跟机器人相提并论。因此，毫无疑问，AlphaGo宣告人类一个新时代的到来。现在一些饭店、商店已经有机器人迎宾小姐，上海的一些高档写字楼已经有机器人送餐，日本已诞生了全自动化的宾馆，由清一色的机器人充当服务生。除了上天入地，机器人还可以干许多人类干不了的活，它们可以进行难度更大、精确度更高的手术，它们还能书法、绘画、创作诗歌小说等，轻而易举地进入这些原本人类专属的领域。迈入人工智能化时代，不只是快递小哥，连教师、医生甚至是艺术家都要被智能机器人取代了！

现在，我们正处在信息成几何级数增长的大数据包围中，个人的知识量如沧海一粟，显得无足轻重。过去重视学习基础知识的算法，如让小孩学习加减乘除、背诵默写古诗词等，现在已经变得毫无意义。你面对的是海量数据，关键不是生产而是使用它们，只要掌握如何搜索就行，网络世界没有你问不到的问题、搜索不到的信息和数据。一只鼠标在手，你就可以畅行天下、尽享天下了。可以说，在这样的时代，人类的唯一价值在于创新，所以教育改革的目标在于培养具有独立思考能力、具有批判性思维和创新性思维的人。注重创新、创造、创意，这是人类唯一能超越机器人的地方了。

AlphaGo 战胜围棋高手,只是掀开冰山一角,可以断言的是,随着人工智能时代的到来,人类即将进入一个由机器人统治的时代,人不如狗,绝非危言耸听。如果我们不愿冒被机器人统治的风险,最好的办法是把已有的人工智能全部毁掉,同时颁布法律明令禁止,就像禁止多利羊的克隆技术应用在人类身上一样。

谬误精析

段落1	论证结构
①AlphaGo(阿尔法狗)是谷歌旗下的 DeepMind 公司开发的智能机器人,其主要工作原理是"深度学习"。②2016 年 3 月,它和世界围棋冠军职业九段选手李世石人机大战,以 4∶1 的总比分获胜。③2017 年 5 月,在中国乌镇围棋峰会上,它又与排名世界第一的世界围棋冠军柯洁对战,以 3∶0 的总比分获胜。④围棋界公认 AlphaGo 的棋力已经超过人类排名第一的棋手柯洁,赛后柯洁也坦言:"在我看来,它(AlphaGo)就是围棋上帝,能够打败一切……对于 AlphaGo 的自我进步来讲,人类太多余了。"	①背景介绍 ② ③ ⑤ ④

序号	质疑内容	谬误分析
1	质疑④→⑤	**论据不充分** 材料试图用"围棋界公认 AlphaGo 棋力已经超过人类排名第一的棋手柯洁"来证明"人类十分多余",此论证未必成立。因为,AlphaGo 只是在围棋方面学习能力强,而非所有方面都超越了人类。况且,AlphaGo 本身就是由人类创造的,其发展和改进也需人类的参与。

段落2	论证结构
⑤的确,在具有强大自我学习能力的 AlphaGo 面前,人类已黯然失色,显得十分多余了。⑥未来机器人将变得越来越聪明。什么是聪明?聪明就是记性比你好,算得比你快,体力比你强。⑦这三样东西,人类没有一样可跟机器人相提并论。⑧因此,毫无疑问,AlphaGo 宣告人类一个新时代的到来。⑨现在一些饭店、商店已经有机器人迎宾小姐,上海的一些高档写字楼已经有机器人送餐,日本已诞生了全自动化的宾馆,由清一色的机器人充当服务生。⑩除了上天入地,机器人还可以干许多人类干不了的活,它们可以进行难度更大、精确度更高的手术,它们还能书法、绘画、创作诗歌小说等,轻而易举进入这些原本人类专属的领域。⑪迈入人工智能化时代,不只是快递小哥,连教师、医生甚至是艺术家都要被智能机器人取代了!	⑥ ⑦ ⑧ ⑨ ⑤ ⑪ ⑩

续表

序号	质疑内容	谬误分析
2	质疑⑥⑦→⑧	**推断不当** 材料仅以机器人的记忆力、运算速度和体力占优势，就推出人类会被取代，未必成立。因为除了这三点以外，还有创造力、自主思考能力等其他品质是人类独有的。
3	质疑⑩→⑪	**推断不当** 材料认为机器人能够完成手术、书法、绘画等工作，那么它就会在未来取代教师、医生、艺术家，存在推断不当。因为，由材料我们无法了解机器人是否独立完成这些工作，如果这些工作是在人类的指挥操作下完成的，就不能说机器人会取代人类。

段落3	论证结构
⑫现在，我们正处在信息成几何级数增长的大数据包围中，个人的知识量如沧海一粟，显得无足轻重。⑬过去重视学习基础知识的算法，如让小孩学习加减乘除、背诵默写古诗词等，现在已经变得毫无意义。⑭你面对的是海量数据，关键不是生产而是使用它们，只要掌握如何搜索就行，网络世界没有你问不到的问题、搜索不到的信息和数据。⑮一只鼠标在手，你就可以畅行天下、尽享天下了。⑯可以说，在这样的时代，人类的唯一价值在于创新，所以教育改革的目标在于培养具有独立思考能力，具有批判性思维和创新性思维的人。⑰注重创新、创造、创意，这是人类唯一能超越机器人的地方了。	⑫→⑬ ⑭ ⑮ }⑯→⑰

序号	质疑内容	谬误分析
4	质疑⑫→⑬	**论据不充分** 材料由"个人的知识量如沧海一粟"得出"基础知识的学习已经变得毫无意义"，此处存疑。因为，衡量知识的价值更有效的标准可能是一个人掌握知识的绝对数量，而不是它与所有知识的比例。只要某个人在某一方面学有所长，就能够成为一个有用之才，他的知识就是有意义的。
5	质疑⑭	**论据不充分** "网络上可以查询到任何数据"推不出"只要会搜索就可以"。因为，学习知识不只是为了了解知识，更是为了理解和运用知识，仅仅能够查询到知识，而不会运用的话，了解知识的意义也自然没有那么大了。
6	质疑⑯	**强置必要条件** 材料认为"人类的唯一价值在于创新"，未免过于绝对了，因为人类还有包括同情心、互帮互助在内等多方面的优良品质，这些品质都可以体现人类相较于机器人的价值。

续表

序号	质疑内容	谬误分析
7	质疑⑤⑰	**自相矛盾** 材料一方面说人类多余,另一方面又说人类在创新方面可以超越机器人,有自相矛盾的嫌疑。

段落 4	论证结构
⑱AlphaGo 战胜围棋高手,只是掀开冰山一角,可以断言的是,随着人工智能时代的到来,人类即将进入一个由机器人统治的时代,人不如狗,绝非危言耸听。⑲如果我们不愿冒被机器人统治的风险,最好的办法是把已有的人工智能全部毁掉,同时颁布法律明令禁止,就像禁止多利羊的克隆技术应用在人类身上一样。	⑱→⑲

序号	质疑内容	谬误分析
8	质疑⑱	**推断不当** 材料的论据并不充分,不足以推出"人类会被机器人统治"的结论。而且,人类被机器人统治的结果未必出现,更有可能的情形是人类和人工智能和平相处。
9	质疑⑲	**不当类比** 材料试图以全球禁止克隆实验用到人类身上推出全球应禁止人工智能,有不当类比的嫌疑。因为禁止克隆实验更多地考虑的是道德伦理风险而非技术风险。

参考范文

人类会被机器人取代吗?

材料试图向我们证明"人类终将会被机器人取代",但是这些论证存在一些逻辑问题,导致其结论难以令人信服,现将问题分析如下:

首先,材料仅以机器人的记忆力、运算速度和体力占优势,就推出人类会被取代,未必成立。因为除了这三点以外,还有创造力、自主思考能力等其他品质是人类独有的。

其次,材料认为机器人能够完成手术、书法、绘画等工作,那么它就会在未来取代教师、医生、艺术家,存在推断不当。因为,由材料我们无法了解机器人是否独立完成这些工作,如果这些工作是在人类的指挥操作下完成的,就不能说机器人会取代人类。

再次,材料认为"人类的唯一价值在于创新",未免过于绝对了,因为人类还有包括同情心、互帮互助在内等多方面的优良品质,这些品质都可以体现人类相较于机器人的价值。

而且，材料一方面说人类多余，另一方面又说人类在创新方面可以超越机器人，有自相矛盾的嫌疑。

最后，即使材料中这些"机器人比人类聪明""机器人会取代人类的某些职业"及"人类的唯一价值在于创新"等分论点全部成立，也不能充分推出"人类会被机器人统治"的结论。因为，人类被机器人统治只是可能结果之一，而非必然结果，如果在控制得当的情况下，更有可能的情形是人和机器人和平相处。

除此以外，论证中还存在着论据不充分、不当类比等其他逻辑谬误，所以最终由此得出的"人类会被机器人取代"的结论有待商榷。

（全文共 574 字）

2020 年经济类联考论证有效性分析母题思路详解

真题原题

论证有效性分析：分析下述论证中存在的缺陷和漏洞，选择若干要点，写一篇 600 字左右的文章，对该论证的有效性进行分析和评述。（论证有效性分析的一般要点是：概念及主要概念界定和使用的准确性及前后是否互相矛盾，有无各种明显的逻辑错误，论据是否支持结论，论据的成立条件是否充分。还要注意逻辑结构和语言运用。）（20 分）

在漫长的发展过程中，金融机构和金融功能逐步形成和完善。但相比金融机构的发展演化，金融功能作为金融业的核心和基础则表现得更为稳定，其主要表现为提供支付、资产转化、风险管理、信息处理和监督借款人等方面。近些年来，金融科技的发展突飞猛进，金融业也产生了革命性的变化。

数百年来，金融业有了很大变化，但金融功能比金融机构更加具有稳定性。在金融需求的推动下，如今的金融规模总量更大、结构更复杂。金融科技的发展所带来的开放、高效、关联、互通，使金融风险更隐蔽、传递更迅速。互联网的普及为场景金融带来了庞大的用户基础，移动支付的发展为各式线上、线下金融场景的联动提供了更多的可能；风控技术的进步使金融的安全得以保障；大数据技术则为整个场景金融生态的良性运转提供着关键性的技术支持。场景金融成为金融功能融合的加速器，通过场景平台将金融的四项功能融为一体，或集成于一个手机。人与商业的关系迈入了"场景革命"，供给、需求通过"场景"建立连接，新场景正层出不穷地被定义，新平台正不断地被新需求创造，新模式正不断地升级重塑。

当前金融机构对金融服务的供给力度仍然不足，特别是长尾客户的金融需求一直以来未被有效满足，巨大的服务真空为金融科技带来机会。通过对金融科技的运用，打破传统金融的边界和竞争格局，创造出新的业务产品、渠道和流程，改变金融服务方式及社会公众的生活方式，解决传统金融的痛点；提高在传统业务模式下容易被忽视的微型企业客户的服务供给水平，将会掀开金融竞争和金融科技发展的新的一幕，对于发展中小企业业务、消费金融和普惠金融意义重大。所以金融科技发展与支持实体经济发展要结合起来，金融支持经济薄弱环节的同时要注意"普"和"惠"的兼顾。

谬误精析

段落1	论证结构
①在漫长的发展过程中，金融机构和金融功能逐步形成和完善。②但相比金融机构的发展演化，金融功能作为金融业的核心和基础则表现得更为稳定，其主要表现为提供支付、资产转化、风险管理、信息处理和监督借款人等方面。③近些年来，金融科技的发展突飞猛进，金融业也产生了革命性的变化。	背景介绍，无谬误

段落2	论证结构
④数百年来，金融业有了很大变化，但金融功能比金融机构更加具有稳定性。⑤在金融需求的推动下，如今的金融规模总量更大、结构更复杂。⑥金融科技的发展所带来的开放、高效、关联、互通，使金融风险更隐蔽、传递更迅速。⑦互联网的普及为场景金融带来了庞大的用户基础，移动支付的发展为各式线上、线下金融场景的联动提供了更多的可能；⑧风控技术的进步使金融的安全得以保障；⑨大数据技术则为整个场景金融生态的良性运转提供着关键性的技术支持。⑩场景金融成为金融功能融合的加速器，通过场景平台将金融的四项功能融为一体，或集成于一个手机。⑪人与商业的关系迈入了"场景革命"，供给、需求通过"场景"建立连接，新场景正层出不穷地被定义，新平台正不断地被新需求创造，新模式正不断地升级重塑。	④⑤无明显结构 ⑥ ⑦ ⑧ → ⑪ ⑨ ⑩

序号	质疑内容	谬误分析
1	质疑⑥	**推断不当** 材料认为，"金融科技的发展所带来的开放、高效、关联、互通，使金融风险更隐蔽、传递更迅速"，存在不妥。金融科技的发展也有其有利的一面，比如以区块链技术为基础的一些技术手段，可以减少金融行业的信息不对称风险、欺诈风险等。
2	质疑⑧	**自相矛盾/推断不当** 材料认为"风控技术的进步使金融的安全得以保障"，与上文中"金融风险更隐蔽、传递更迅速"之间存在自相矛盾。而且技术的进步也有其不利的一面。比如，金融机构或不法分子可能会利用高新技术进行非法交易、不当敛财和信息侵犯，更何况目前的金融科技手段也未必一定能达到科学、有效防治的高度。

序号	质疑内容	谬误分析
3	质疑⑪	**归因不当** 材料认为"新平台正不断地被新需求创造",存在不妥。新平台可能只是为了更好地满足已有的需求而建立的,未必是因为新需求的产生而被创造的。此外,新平台的产生也可能会激发新的消费需求,而非一定是新需求创造新平台。

段落3	论证结构
⑫当前,金融机构对金融服务的供给力度仍然不足,特别是长尾客户的金融需求一直以来未被有效满足,巨大的服务真空为金融科技带来机会。⑬通过对金融科技的运用,打破传统金融的边界和竞争格局,创造出新的业务产品、渠道和流程,改变金融服务方式及社会公众的生活方式,解决传统金融的痛点;提高在传统业务模式下容易被忽视的微型企业客户的服务供给水平,将会掀开金融竞争和金融科技发展的新的一幕,对于发展中小企业业务、消费金融和普惠金融意义重大。⑭所以,金融科技发展与支持实体经济发展要结合起来,金融支持经济薄弱环节的同时要注意"普"和"惠"的兼顾。	⑫→⑬→⑭

序号	质疑内容	谬误分析
4	质疑⑬	**滑坡谬误** 材料认为"通过对金融科技的运用",就可以"打破传统金融的边界和竞争格局",从而"解决传统金融的痛点",这未必成立。在金融市场的普遍认识中,银行等金融机构一直是金融行业的标杆,其中心地位难以撼动,金融科技的运用未必就可以"打破传统金融的边界和竞争格局";此外,金融科技本身存在一些安全隐患,如果这些潜在风险不断积累,可能不仅无法"解决传统金融的痛点",还有可能给传统金融的发展平添阻力。

参考范文

金融业产生了革命性变化了吗?

材料通过一系列推理,断定"金融业产生了革命性的变化",然而其论证存在多处不当,分析如下:

首先,材料认为,"金融科技的发展所带来的开放、高效、关联、互通,使金融风险更隐蔽、传递更迅速",存在不妥。金融科技的发展也有其有利的一面,比如以区块链技术为基础的一些技术手段,可以减少金融行业的信息不对称风险、欺诈风险等。

其次,材料认为"风控技术的进步使金融的安全得以保障",与上文中"金融风险更隐蔽、传递更迅速"之间存在自相矛盾。而且技术的进步也有其不利的一面。比如,金融机构或不法分子可能会利用高新技术进行非法交易、不当敛财和信息侵犯,更何况目前的金融科技手段也未必一定能达到科学、有效防治的高度。

再次,材料认为"新平台正不断地被新需求创造",存在不妥。新平台可能只是为了更好地满足已有的需求而建立的,未必是因为新需求的产生而被创造的。此外,新平台的产生也可能会激发新的消费需求,而非一定是新需求创造新平台。

最后,材料认为"通过对金融科技的运用",就可以"打破传统金融的边界和竞争格局",从而"解决传统金融的痛点",这未必成立。在金融市场的普遍认识中,银行等金融机构一直是金融行业的标杆,其中心地位难以撼动,金融科技的运用未必就可以"打破传统金融的边界和竞争格局";此外,金融科技本身存在一些安全隐患,如果这些潜在风险不断积累,可能不仅无法"解决传统金融的痛点",还有可能给传统金融的发展平添阻力。

综上所述,由于材料存在诸多逻辑谬误,"金融业产生了革命性的变化"的结论难以成立。

(全文共 646 字)

> **温馨提醒**
>
> ①本书"经济类联考论证有效性分析"部分拟收录 2011—2021 年真题。目前暂缺 2021 年论证有效性分析试题,我们会在拿到真题后第一时间公布。
>
> ②获取方式:扫描右侧二维码,领取课程后,在"资料下载—396 经综真题"中下载查看 2021 年完整版真题 PDF。

第二部分

论说文

论说文12种经典通用母理总结

> **说明：**
> 　　受篇幅所限，本书不能将全部母理一一列出。因此，挑选了通用性最强的12种母理，掌握了这12种母理，几乎可以讨论任何论说文的话题。另外，受篇幅所限，下文只是对12种母理进行了简单介绍，想深入理解的考生可自行学习《2022老吕写作要点精编》（母题篇）相关内容。

分类	母理	概念	常用话题
原因	经济人假设	含义一：认为经济人具有理性，即个人追求自利最大化，完全为利己主义。 含义二：人们在追求自己的利益的同时，往往能更有效地促进社会的利益。	几乎所有话题都可以使用该母理
原因	自利性偏差	自利性偏差又称自我服务偏见，是指人们常常从好的方面来看待自己，当取得一些成功时，常常容易归因于自己；而做了错事之后，怨天尤人，把它归因于外在因素。即把功劳归因于自己，把错误推脱于他人。	义利、合作、人才、诚信、责任、规则、争辩
原因	资源稀缺性	资源的稀缺性是指相对于人类无限增长的需求而言，在一定时间与空间范围内资源总是有限的，相对不足的资源与人类绝对增长的需求相比造成了资源的稀缺性。	长与短、合作、治标与治本、创新
原因	信息不对称	信息不对称是指在市场经济活动中，各类人员对有关信息的了解是有差异的。掌握信息比较充分的人员，往往处于比较有利的地位；而掌握信息比较贫乏的人员，则处于比较不利的地位。	合作、诚信、论辩、集思广益、慎独、学术造假、拔尖与冒尖
原因	路径依赖	一旦进入某一路径（无论是"好"还是"坏"），就可能对这种路径产生依赖。	习惯、盲从、危机、创新、冒险
原因	瓶颈理论（木桶理论）	瓶颈理论认为，任何系统至少存在着一个效率最低的制约因素——瓶颈，这个瓶颈决定了一个企业或组织达成目标的效率。而企业管理者必须从克服该瓶颈着手，才可以在更短的时间内显著地提高系统的产出。	合作、长与短、创新、细节

续表

分类	母理	概念	常用话题
原因	机会成本	机会成本是指在资源有限的条件下，当把一定的资源用于某种产品生产时，所放弃的用于其他可能得到的最大收益。	选择、危机、专注、长与短、合作、路径依赖
原因	量变质变规律	一、量变是质变的前提，质变是量变的结果。 二、质变不仅可以完成量变，而且为新的量变开辟道路。 三、量变和质变的区分标志——是否超出度。	危机、偶然与必然、度、积累、专注、实干、匠心、诚信、冒险、创新、治标与治本
恶果吓唬	墨菲定律/海恩法则	墨菲定律：如果一件事情有变坏的可能，那么不管可能性有多小，这件事情往往都会发生，并往最坏的方向发展。 海恩法则：每一起严重事故的背后，必然有29次轻微事故和300起未遂先兆及1 000起事故隐患。它强调：一、事故的发生是由日常的隐患堆积而起的；二、再好的技术和制度，如果缺失人自身的责任心和能力素质，也无法完全规避风险。	危机、细节、治标与治本、偶然与必然
恶果吓唬	劣币驱逐良币	劣币驱逐良币泛指一般的劣胜优汰现象。	创新、保护知识产权、规则、用人、网红带假、造假事件、环境保护
恶果吓唬	马太效应	马太效应，一种强者愈强、弱者愈弱的现象。圣经《新约·马太福音》里有一则寓言："凡有的，还要加倍给他叫他多余；没有的，连他所有的也要夺过来。"	创新、合作
措施	强化理论	强化理论认为，如果某种刺激对人的行为有利，这种行为就会重复出现；若不利，这种行为就会减弱直至消失。	跟法律、规则相关的所有措施，都可以使用该母理

第3章 管理类联考论说文真题超精解

2009年管理类联考论说文母题思路详解

真题原题

论说文：以"由三鹿奶粉事件所想到的"为题，写一篇700字左右的论说文。（35分）

审题立意

1. 命题背景

2008年，"三鹿奶粉事件"曝光，举国震惊。

"三鹿"品牌曾经有过非常辉煌的过往，有媒体评论说，三鹿在向着"瞄准国际领先水平、跻身世界先进列"的目标迈进。但在2008年9月8日，媒体报道甘肃省岷县14名婴儿同时患有肾结石病症，引起舆论高度关注。随后，被曝光的婴幼儿患病住院的数量不断上升，初步调查显示，这些婴儿均食用了石家庄三鹿集团股份有限公司生产的一款"三鹿"牌婴幼儿配方奶粉。而且不久后爆出，中国多省已相继有多起类似事件发生。

三鹿奶粉事件之后，三鹿集团破产，其他乳业品牌也深受波及。当时，被检出奶制品含有"三聚氰胺"的22家企业，有的倒闭、停产，有的转行做其他产业，有的被收购。那些仍在生产婴幼儿奶粉的企业则大多选择改变品牌和产品。三鹿奶粉事件不仅给中国奶制品行业造成重大的负面影响，还重创了中国制造商品的信誉。随后，世界上多个国家禁止了中国乳制品及相关产品进口。

其实，几年前的地沟油、瘦肉精等事件，近年来的假疫苗、糖水燕窝等事件，皆与三鹿奶粉事件之间存在一定的相似性。

另外，对于今年的社会热点的分析，大家可以关注微信公众号"老吕考研"的"老吕说写作"栏目。

2. 审题立意（"克罗特"审题立意法）

步骤	内容	分析
K	抓关键 （key words）	关键词：三鹿奶粉事件。 关键句：由三鹿奶粉事件所想到的。

续表

步骤	内容	分析
R	析原因 找寓意（reasons）	企业在明知添加三聚氰胺的混合物会对婴幼儿身体健康、生命安全造成严重损害，甚至造成死亡的情况下，依然添加三聚氰胺的混合物来赚钱牟利。 那么，此类事件为何发生？仅仅是因为企业缺失诚信吗？老吕认为，所有此类事件，都离不开"利益"二字。所以，无论你最终写"诚信"、写"食品安全问题"，还是"企业的责任担当"，都不能脱离对事件背后的利益分析。
O	定对象（objects）	本材料的对象只有一个，就是"三鹿奶粉事件"，基于这个现象进行分析即可。
A	辨态度（attitude）	反对三鹿奶粉事件。
T	定立意（theme）	结合以上四步分析，我们可以发现，本题立意比较宽泛，只要是从三鹿奶粉事件中有感而发、阐明道理的文章都是好文章。

结构

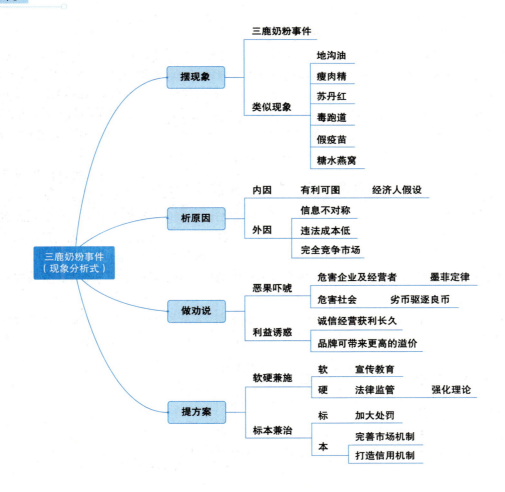

素材

1. 典型事例

（1）地沟油

"潲水油"，也称"地沟油"，最早源自南方都市报 1998 年消费者日推出的调查报道"从潲水提炼花生油"。从 1998 年 3 月 16 日第一篇《地下作坊潲水提炼花生油》开始，南方都市报接连推出五组独家暗访报道。调查记者邓世祥卧底广州猎德城中村"炼油大军"，亲历在酒店、大排档下水道里收集潲水提炼地沟油，并加上香精冒充花生油再销往餐厅、食肆的新闻事实。至此，民间盛行已久且极为隐蔽的在地沟里搜集潲水提炼食用油的制假贩假现象被完全揭开。

——百度百科《地沟油事件》

（2）瘦肉精

河南省孟州市等地养猪场使用违禁动物药品"瘦肉精"饲养生猪，有毒猪肉流入济源双汇食品有限公司。事件经相关媒体曝光后，引发广泛关注。

近年来，因食用被"瘦肉精"污染的食物导致中毒的事件屡有发生，且后果极其严重，引起了世界各国的高度重视。为了保证畜产品质量安全，保护人类健康，许多国家都禁止在食源性动物的生产中使用盐酸克伦特罗，美国食品药品监督管理局（FDA）将肉品中的盐酸克伦特罗残留作为必检项目，欧盟也严禁在饲料中添加"瘦肉精"类药物。我国虽然于 2000 年提出禁止使用"瘦肉精"类药物，但在畜牧业生产中"瘦肉精"的使用仍屡禁不止。

——百度百科

（3）苏丹红

2005 年 2 月，英国食品标准局在官方网站上公布了一份通告：亨氏等 30 家企业的产品中可能含有具有致癌性的工业染色剂"苏丹红一号"。随后，一场声势浩大的查禁"苏丹红一号"的行动席卷全球。

2005 年 3 月 2 日北京市查出了含有"苏丹红一号"的食品，北京市政府食品安全办公室随即向社会通报，经检测认定，广东亨氏美味源辣椒酱中含有"苏丹红一号"，此事立即引起了全国关注。

在不到一个月内，肯德基新奥尔良烤翅等 5 种食品、长沙坛坛香牌风味辣椒萝卜、河南豫香牌辣椒粉等食品也都相继发现了"苏丹红一号"。根据国家质检总局公布的数据，全国共有 18 个省市 30 家企业的 88 个样品中都检测出了工业用染色剂——"苏丹红一号"。

——金羊网《"苏丹红一号"事件始末》

（4）毒跑道

毒跑道是指在校园操场改造中出现的塑胶跑道中含有毒成分的现象。从 2014 年开始，北京、苏州、无锡、南京、常州、深圳、上海、河北等地的多处学校发生"异味跑道、异味操场"的现象，有的造成学生流鼻血、过敏、头晕、恶心等症状。

2016 年 6 月，央视财经《经济半小时》栏目对河北保定、沧州等地生产违规塑胶跑道原料的情况，进行了深入的调查，看到了触目惊心的一幕：在城乡结合部的一间间私人作坊里，黑心老板们利用废弃的工业橡胶原料，违法制作塑胶跑道的塑胶颗粒。他们明明知道这些废弃橡胶垃圾里含有重金属、有毒化学物质等，明明知道这些有毒原料铺设在学校的校园里会危害无数孩子们的身体健康，但是为了眼下的经济利益，全然不顾孩子们的安危，违规违法地大肆生产。

——《央视曝光后续："三无毒跑道"正在校园火热铺设　全程无监管》

（5）假疫苗

2018 年 7 月 15 日，国家药品监督管理局发布通告，长春长生生物科技有限公司在生产冻干人用狂犬病疫苗的过程中，存在记录造假等严重违反《药品生产质量管理规范》行为。有关部门在调查中还发现，长春长生公司和武汉生物制品研究所有限责任公司生产的 65 万余支百白破疫苗也存在问题，并且已经销往山东、河北、重庆等地。一时间，疫苗用药安全问题得到社会空前关注，监管机构也随之对不法企业出以重拳，加大了处罚力度。吉林省食品药品监督管理局吊销长春长生公司《药品生产许可证》，并罚没款 91 亿元；深交所对该公司股票强制退市；公安机关第一时间依法立案侦查，公司董事长高某芳等 18 名犯罪嫌疑人被批准逮捕；从主管部门到省区市，多名官员被严肃问责。

吉林长春长生公司问题疫苗事件，暴露出疫苗生产企业趋利枉法，地方政府和市场监管部门的失职失察，也反映出疫苗生产、流通、使用等各方面存在的制度缺陷。

——央视财经《"2018 年十大消费侵权事件"之一：长春长生疫苗事件受到最严厉处罚》

（6）糖水燕窝

2020 年 11 月，一起报道网红辛巴团队成员直播间所售"小金碗碗装燕窝冰糖即食燕窝"为糖水的新闻频频登上各大网络平台热搜榜。11 月 19 日，职业打假人王海将热议燕窝送检结果公开，发表博文称辛巴团队所售燕窝是风味饮料，是糖水。此举使得网红"糖水燕窝"的网络热度迅速提高，一方面舆论围绕着燕窝真假持续发酵；另一方面，燕窝营养价值、直播带货主播的宣传与选品责任界定也受到热议。广州市场监管部门第一时间介入，依法依规对相关当事人进行立案调查，并对销售主体作出责令停止违法行为、罚款 200 万元的行政处罚。

——来源于网络

2. 引用句

①币厚言甘，人之所畏也。（司马光《资治通鉴·晋纪》）
②青蝇嗜肉汁而忘溺死，众人贪世利而陷罪祸。（班固）
③利益根本不是别的东西，只是我们每一个人视为幸福所必需的东西。（霍尔巴赫）
④利益是人类行动的一切动力。（霍尔巴赫）
⑤人们奋斗所争取的一切，都同他们的利益有关。（马克思）

段落

结构	段落	母理或要点
摆现象	生活中不守诚信、见利忘义的例子并不鲜见。"毒奶粉""地沟油""瘦肉精"、苏丹红、加洗衣粉的油条、加漂白剂的面粉,一轮又一轮地"洗礼"着中国人的肠胃。这一次的三鹿奶粉事件,打在国人脸上,伤在妈妈们的心里。	例子
析原因	这些事件之所以发生,利益是背后的推手。以三鹿奶粉事件为例,在奶粉中添加三聚氰胺,就可以使牛奶中蛋白质含量的检测数值更高,从而卖出更高的价钱,赚取更多的利润。	内因: 经济人假设
	很多企业放弃了诚信,这是为何?因为诚信经营、童叟无欺,意味着真材实料,意味着精益求精,这当然需要付出更高的成本。但在一个完全竞争的市场上,企业是价格的接受者而不是制定者,这就使得诚信经营的企业由于成本问题反而在竞争中处于价格劣势,让很多企业产生了偷工减料的天然动机。	外因: 完全竞争市场
	市场上存在信息不对称现象,在牛奶中添加三聚氰胺的事,消费者并不知情,而你童叟无欺的好产品,消费者也未必能了解,反而可能因为你的蛋白质含量检测数值低而不选择你的产品,这样就形成了"劣币驱逐良币"的后果。	外因: 信息不对称
	企业不能遵守诚信,还有一个重要原因,就是信息不对称的存在。由于消费者很难准确判断一件商品的品质,所以很多人判断一件商品价值的依据就是它的价格高不高,"只买贵的,不买对的"这种现象屡见不鲜,这就给了企业以次充好的天然动机。再加上对这种行为的处罚力度不够,违法成本低,就更加助长了这种不正之风。	外因: 信息不对称
做劝说	这样的见利忘义之举,往往会给企业带来严重的后果。一是,随着互联网技术的快速发展,信息的传递速度越来越快,信息不对称现象有所缓解。因此,试图蒙蔽消费者而获益已经很难不被发现,而这些行为一旦被曝光,企业往往会迎来灭顶之灾;二是,随着我国法律法规的不断健全,不诚信的经营行为逃脱法网的可能性也越来越小,见利忘义之举往往要受到法律的严惩。	恶果吓唬: 信息不对称的缓解
	的确,类似三鹿的一些企业,凭借偷工减料获得过一些利益,但是,常在河边走,哪有不湿鞋?墨菲定律也告诉我们,一个恶果如果有发生的可能性,那么它早晚有一天会发生。因此,这些侥幸行为不可能一直幸运,早晚会给企业带来严重的后果。	恶果吓唬: 墨菲定律

续表

结构	段落	母理或要点
做劝说	如果不诚信者以成本低获得了更多的竞争优势，用以次充好的手段获得了更多的利益，而诚信经营者却无利可图，成了傻子吃了亏，那么就会形成"劣币驱逐良币"的恶果，诚信经营就成了空谈。以三鹿奶粉事件为例，在牛奶中添加三聚氰胺的并非只有三鹿一家，而是整个行业的普遍现象，这说明"劣币驱逐良币"已经发生。	恶果吓唬：劣币驱逐良币
	诚信经营行为，可以为企业带来更长久的利益。长期的诚信经营铸就的企业品牌价值，既是企业销量的保障，也是企业的产品能够取得溢价的原因。可见，诚信经营才是企业的发展之道。	利益诱惑：品牌价值
提方案	想让企业诚信经营，宣传教育是关键。这是因为法律监管不可能面面俱到，不可能监控到市场上每家企业的每个市场行为；而且，事事依靠外力，监管成本太高，事倍功半。而通过宣传教育让企业自发自觉地诚信经营，无疑效率更高。	软：宣传教育
	对于不法企业，政府要加强市场监管和处罚的力度。利用合理的奖惩机制，让守信者得甜头、失信者受惩罚，当违法成本远大于违法收益时，人们就不愿意违法违规了。	硬：强化理论
	所谓治标之道，就是用雷霆手段，以迅雷不及掩耳之势对违法违规的企业予以处罚，从而起到震慑作用。	标：强化理论
	所谓治本之道，就是要建立和完善诚信经营的机制。一方面，要加强市场引导，尤其要加大对诸如商标权、专利权等知识产权的保护，让诚信经营者能够通过品牌和创新持续获益；另一方面，打造和完善企业征信系统，建立违规企业黑名单，打造"一处失信、处处受限、寸步难行"的失信惩戒格局，从而形成诚信经营的长效机制。	本：市场机制、信用机制

范文

诚信为本，以义取利

——由三鹿奶粉事件所想到的

吕建刚

三鹿奶粉事件曝光，举国震惊。此事件之所以酿成灾难性的后果，丧失诚信、见利忘义是其中一个重要的原因。

其实，类似的见利忘义之举，在生活中屡见不鲜。"假疫苗""地沟油""瘦肉精"、苏丹红、加洗衣粉的油条、加漂白剂的面粉，一轮又一轮地"洗礼"着中国人的肠胃。

这些事件之所以发生，利益是背后的推手。以三鹿奶粉事件为例，在奶粉中添加三聚氰胺，就可以使牛奶中蛋白质含量的检测数值更高，从而卖出更高的价钱，赚取更多的利润。而且，市场上存在信息不对称现象，在牛奶中添加三聚氰胺的事，消费者并不知情，而你童叟无欺的好产品，消费者也未必能了解，反而可能因为你的蛋白质含量检测数值低而不选择你的产品，这样，就形成了"劣币驱逐良币"的后果。

然而，这样的见利忘义之举，往往会给企业带来严重的后果。一方面，随着互联网技术的快速发展，信息的传递速度越来越快，信息不对称现象有所缓解。因此，试图蒙蔽消费者而获益已经很难不被发现，而这些行为一旦被曝光，企业往往会迎来灭顶之灾；另一方面，随着我国法律法规的不断健全，不诚信的经营行为逃脱法网的可能性也越来越小，见利忘义之举势必会受到法律的严惩。

而诚信经营的行为，则可以为企业带来更长久的利益。长期的诚信经营铸就的企业品牌价值，既是企业销量的保障，也是企业的产品能够取得溢价的原因。可见，诚信经营才是企业的发展之道。

想做到诚信经营，企业与政府要协同用力。对于企业而言，一是要有正确的义利观，"君子爱财，取之有道"，不取不义之财；二是要杜绝"近视"，杜绝为了眼前利益而弃长远利益于不顾的行为。对于政府而言，要健全社会信用体系，加大对不诚信行为的处罚力度，由此增加企业的违信成本，从根本上解决诚信问题。

孟子曰："诚者，天之道也，思诚者，人之道也。"诚实守信、见利思义，企业方可行稳致远。

（全文共767字）

学员习作

1. 习作一

由三鹿奶粉事件所想到的

老吕弟子班学员　任书颖

> 标题没问题。

> 回扣材料，点明主题。

三鹿企业追求利益，弃诚信于不顾，一朝东窗事发，引来全国骂名。由此观之，做人应当讲诚信，做事应以诚为本。

> 材料引入。

当今社会，不诚信的行为比比皆是，三鹿奶粉绝非个例。 学生抄袭作业、考试作弊；员工虚构简历、伪造经历；学者学术造假、论文抄袭；企业虚假广告、以次充好。这样不诚信的行为充斥着我们生活的方方面面，让人不禁想要探求其原因。

无论不诚信者如何作想，其行为背后总脱不了"利益"二字。正如"经济人"假设①所认为的，利己主义是人们经济生活的原动力。背离诚信无疑是一种低投资、高收益的行为。抄袭的学生拿了高分，虚构简历的员工获得了好工作，学术造假的学者得到了荣誉，做虚假广告的企业赚得了金钱。在利益的诱惑下，难怪许多人选择了弃诚信于不顾。

但是不诚信带来的利益往往是暂时的，最终会让行为人自食恶果。因为信息不对称②的存在，许多不诚信的行为在短时间内很难被发现。但随着时间流逝，以及现今网络舆论监督力量的增强，任何不诚信的行为终究会有被大众知晓的一天。到时候，个人的名誉、企业的品牌，都会受到不可逆的伤害。三鹿奶粉事件不就是如此吗？

想要遏制不诚信的行为，单纯的道德说教无异于隔靴搔痒，与其空讲"正人心"，不如首先从制度建设做起，完善信息的获取渠道，让社会监督不至于有心无力。同时设置合理的奖惩手段，对诚信行为进行奖励，让人们自发形成习惯；对不诚信行为作出惩罚，增加违信成本③。如此建立完善的制度保障，方能促进社会和谐，形成良性循环。

诚信不应该是空洞的口号，而应该是落到实际的行为。做人讲诚信，做事诚为本，让三鹿奶粉事件不再发生。

① 母理：经济人假设。

② 母理：信息不对称。

③ 母理：强化理论。

结尾简洁大方，回扣材料。

总评

这篇习作是老吕写作特训营学员根据老吕授课讲的思路写出来的优秀范文。文章结构为"摆现象—析原因—谈恶果—提方案"，母理应用灵活自如，论证有力，语言流畅，可评为一类卷，分数区间为30~35分。

2. 习作二

企业经营，贵在诚信①
老吕弟子班学员　林姝妍

三鹿奶粉事件的发生，引发全国人民的关注。这个事件所酿成的后果是灾难性的，三鹿集团的管理者也因此受到了社会的谴责。因此，要想把企业经营好，诚信是主要因素之一。

企业不诚信经营，可能会失去广大消费者的信任，从而失去更多的收益。在市场经济活动中，买卖双方对信息的掌握程度是有差异的。当卖家掌握的信息更加充分时，有些企业就会利用这种信息优势来为自己牟取不正当利益，由此就会产生一些不诚信的行为②。但是，这种利益对企业而言是暂时的，长此以往，企业如果一直用这种优势来牟取利益，势必会破坏消费者的消费意愿，并对品牌造成不可挽回的伤害③。很显然，三鹿集团正是如此。

俗话说，"人为财死，鸟为食亡。"④三鹿集团为了快速抢夺贫穷的农村市场，为了降低成本而偷工减料。同时，为了能够通过检测，更是往奶粉里加了三聚氰胺。这正是三鹿集团不诚信的表现所在。企业的不诚信行为不仅会给自己带来恶果，严重者甚至会使整个行业受到影响。它还会让消费者受到伤害，小则损失一点金钱，大则危害健康。

三鹿事件的爆发，也是管理者不作为所致。早在三鹿事件爆发之前，就有消费者反映奶粉存在问题，而监管者、管理者却以假货搪塞。难道他们不知道奶粉存在问题吗？政府、检测站、企业所有人都知道三鹿存在违规行为，但是因为与三鹿的利益瓜葛而缄默。面对消费者质疑检测结果时，三鹿集团选择用公关为自己辩解，而不是去改正错误，给消费者一个交代。⑤

由此，企业要做到诚信，需要政府和企业管理者制定健全的监督管理机制。企业常常因为违反规则的成本低、收益高，选择忽视规则。通过健全的监管机制使违规企业付出更高的成本，将大大减少企业不诚信的状况⑥。同时，舆论的监督也可以使许多不诚信的事件曝光，从而减少企业的不诚信。

综上所述，⑦在越来越激烈的市场竞争中，获取竞争优势的方法应该取之有道。企业经营，贵在诚信。

---

①题干要求以"由三鹿奶粉事件所想到的"为题，就必须以此为标题，至少将其作为副标题。

②此句与该段的分论点并没有太大关系。在使用母理时，不能硬套母理，母理要为分论点服务。

③此句才是本段的论据。
④该分论点有两个问题：一是不能承接上一段的逻辑，二是不能很好地概括本段的内容。

⑤论点句论证对象是"管理者"，但后文又提及"政府、市场监管者"等，偷换了论证对象。

⑥在提方案这一段中，我们有时候的确会涉及多个论证对象，这时，要用连词来梳理逻辑结构，比如："一方面，企业要……；另一方面，政府要……"。

⑦"在越来越激烈的市场竞争中"，此类废话，不要也罢。

> **总评**
>
> （1）本文逻辑混乱，每一段的定位不清晰，段与段之间的逻辑关系不明确。论说文的目的是说服别人，因此，你的逻辑结构必须简洁明了，无论你是"是什么—为什么—怎么办"，还是"摆现象—析原因—提方案"，抑或是"正反析驳"，总之你得让读者迅速把握你的说理脉络。
>
> （2）本文的论据使用存在多处不当。论说文的基本思想是分论点为论点服务，论据为分论点服务。我们用"母理"、用"例证"，都是为了证明论点，不能为了引用上哪个母理而强行套用。
>
> （3）综上，可评为四类卷，分数区间为11~17分。

2010年管理类联考论说文母题思路详解

真题原题

论说文：根据下述材料，写一篇700字左右的论说文，题目自拟。（35分）

一个真正的学者，其崇高使命是追求真理。学者个人的名利乃至生命与之相比都微不足道，但因为其献身于真理就会变得无限伟大。一些著名大学的校训中都含有追求真理的内容。然而，近年学术界的一些状况与追求真理这一使命相去甚远，部分学者的功利化倾向越来越严重，抄袭剽窃、学术造假、自我炒作、沽名钓誉等现象时有所闻。

审题立意

1. 命题背景

这道2010年的题目，考的是"学术不端""学者功利化"的问题，这在当年属于社会热点事件，然而十几年过去了，像"翟天临事件"等学术不端现象仍时有发生。

学术造假，指人为地制造假的学术成果以获得某些利益，违背了学术上最基本的实事求是原则。它是一种违背学术道德和科学精神的行为，是学风浮躁和急功近利的产物。学术造假往往具有隐匿性，稍有疏忽，造假行为就会从我们的眼皮底下溜走，从而造成不良的社会影响。

近年来，在学术领域里有关道德、伦理、法律和诚信的争论可谓沸沸扬扬，从顶级的科学家、学术大师到普通知识分子，甚至算不上是"知识分子"的评职称者，都难免涉及学术造假纠纷。因此，必须提高警惕、加强信息的审查，防微杜渐，从源头杜绝学术造假。

2. 审题立意（"克罗特"审题立意法）

步骤	内容	分析
K	抓关键 （key words）	关键句：然而，近年学术界的一些状况与追求真理这一使命相去甚远，部分学者的功利化倾向越来越严重，抄袭剽窃、学术造假、自我炒作、沽名钓誉等现象时有所闻。 注意，一般来说，材料中出现"然而""但是"等转折词时，这些转折词后面的部分就是材料的关键内容。
R	析原因 找寓意 （reasons）	学者"抄袭剽窃、学术造假、自我炒作、沽名钓誉"的原因是什么？其实材料已经给了答案，即"功利"。其实人都是逐利的，学者也不例外。那么，如何用好的制度或机制来约束学者让他们成为真正的追求真理者，这是我们思考的关键。
O	定对象 （objects）	功利主义的学者。
A	辨态度 （attitude）	命题人明显表现出反对的感情倾向，所以大家应该站在"去功利化""反对学术造假"等角度进行立意行文。
T	定立意 （theme）	本题立意比较明确，反对学术功利化、反对学术造假皆可。可去谈我国学术造假现状、这种现象未能得到遏制的根本原因、应该如何遏制此种现象等。

结构

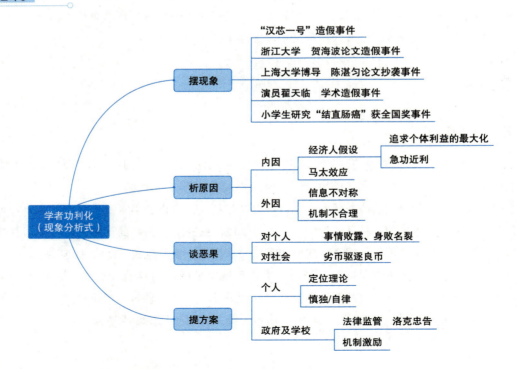

素材

1. 典型事例

（1）"汉芯一号"造假事件

2006年1月17日，中国首款自主知识产权高端DSP芯片——"汉芯一号"发明人、原上海交通大学微电子学院院长陈进被爆弄虚作假，将从美国进口来的芯片加上了"汉芯"字样的标志，骗取国家上亿元无偿拨款。5月12日，上海交通大学向媒体通报了"汉芯"系列芯片涉嫌造假的调查结论与处理意见："汉芯一号"存在造假欺骗行为；撤销陈进上海交通大学微电子学院院长职务；撤销陈进的教授职务任职资格，解除其教授聘用合同。

——百度百科《学术造假事件》

（2）浙江大学贺海波论文造假事件

2009年3月，浙江大学副教授贺海波被爆剽窃论文。浙江大学共核查了贺海波及其所在研究室相关人员涉嫌学术道德问题的论文20篇，其中贺海波涉及论文9篇。事发后，贺海波被撤销副教授职务和任职资格。浙江大学将其开除出教师队伍。中国工程院院士、浙江大学药学院院长李连达负有监管不力的责任，不再续聘。

——百度百科《学术造假事件》

（3）上海大学博导陈湛匀论文抄袭事件

2009年4月，上海大学教授、博导陈湛匀因两篇论文存在抄袭现象被通报，被学校免除学术委员会委员职务，并撤销其国际工商与管理学院副院长一职。

——百度百科《学术造假事件》

（4）演员翟天临学术造假事件

2019年2月8日，演员翟天临在直播中翻牌网友留言，某网友问翟天临的博士论文能不能在知网搜到，翟天临很自然地回答："知网是什么东西？知网是什么东西？"随后又回答下一个网友的问题。此次直播引起网友热烈讨论，不少网友质疑刚刚升入北大读博士后的翟天临"学位造假""论文不是自己写的"。

——网易娱乐

（5）小学生研究"结直肠癌"获全国奖事件

2020年7月12日，一则云南省昆明市六年级学生陈某石通过研究突变基因"在结直肠癌发生发展中的功能与机制"，获全国青少年科技创新大奖并引发关注。有网友指出，该研究科研难度相当于博士研究生水平。对此，中科院昆明动物所回应称，该学生系所内研究员之子，研究所已成立调查组，对此事进行深入调查。

7月15日，第34届云南省青少年科技创新大赛组委会办公室发布通报称，涉事学生一等奖被撤销。全国青少年科技创新大赛组委会表示，项目研究报告不可能由作者本人独立撰写。涉事学生父亲发声明致歉，承认"过度参与"。

——搜狐网《盘点2020年轰动一时的学术造假事件》

2. 引用句

①真理是认识事物的工具,是人们前进和上升的道路上的阶梯,真理都是从人类的劳动中产生的。(高尔基)

②真理是存在的顶峰,正义就是在实践中运用真理。(爱默生)

③真理是永远蒙蔽不了的。(莎士比亚)

④为真理而斗争是人生最大的乐趣。(布鲁诺)

⑤唯有真理,才是我该誓死捍卫的。(卡特赖特)

⑥人能克己身无患,事不欺心睡自安。(马致远《岳阳楼》二折)

⑦内不欺己,外不欺人,上不欺天,君子所以慎独。(金缨《格言联璧》)

⑧大道以多歧亡羊,学者以多方丧生。(《列子·说符》)

段落

结构	段落	母理或要点
摆现象	改革开放四十余年,伴随着人们观念的转变和社会的转型,学术风气"泥沙俱下"。翟天临的"知网"事件、陈湛匀的论文抄袭事件、"汉芯一号"造假事件等学术造假事件层出不穷,人们见怪不怪,审丑疲劳。怪现象不去,何谈"科教兴国"?	例子
析原因	学术造假等不良现象之所以发生,利益是背后的推手。多数人都是"经济人",会追求自身的利益,学者当然也不例外。并且,重大的发明和研究,往往需要潜心多年的钻研,失败的风险往往也越大。学者即使研究多年,也可能很难有所成就。因此,与其苦心钻研,不如通过学术造假而追逐名利来得方便和实在。 　　学术造假的内在动因之一是科研工作者急功近利。当科学研究成为一种谋生的职业时,很多科研工作者主观上都会存在追名逐利的动机和欲望,渴望通过科研成果取得名誉、地位、权力、职称、奖金和升迁等各种经济利益和社会利益。 　　——重庆大学研究生课程考核《学术造假的原因及其监管措施》	经济人假设
	不容忽视的问题是,学者通过造假而获奖后,将产生"马太效应"。一个学者的科研成果一旦被评上科技大奖、先进工作者、青年科学家等荣誉就会接踵而至,出国访问、基金资助、职称晋升等机会也会纷至沓来,甚至同样的课题在申请经费时,也会因为这一光环多了几分便捷。 　　——中国青年报《"西安交大六教授举报长江学者事件"引热议》	马太效应

续表

结构	段落	母理或要点
析原因	学术造假的外在因素之一是激励制度不合理。在重数量、轻质量的科研绩效考评制度激励下，科研工作者通过学术造假能够谋取可观的利益。学者并非不知道造假违背道德行为准则，也不会不考虑造假败露的可能性及后果。但如果造假败露的可能性不高，处罚力度不大，造假者就会铤而走险。	激励制度不合理
	学术造假频频发生，其中一个重要原因便是信息不对称。学术成果具有极强的专业性，不仅是大众很难了解，有时候即使是专业人员也很难判断真假。以韩春雨事件为例，2016 年韩春雨于世界顶级期刊《自然·生物技术》发表了一项新的"诺奖级"的基因编辑技术 NgAgo-gDNA。因为这项技术，河北科技大学基因编辑技术研究中心高达 2.24 亿元的科研预算被通过，各种荣誉纷至沓来。然而，韩春雨的实验却被指出不具备可重复性，其研究成果被广泛质疑，论文也被《自然》杂志撤稿。但即使如此，学术界也不能断定韩春雨一定存在论文造假。可见，这种信息不对称的存在，给学术造假提供了土壤。	信息不对称
谈恶果	学术造假等不良行为，会给造假者带来十分严重的后果。一方面，再精巧的造假行为都不可能是真理，早晚有一天会暴露；另一方面，事件一旦败露，后果就极其严重。比如翟天临的博士学位被取消，演艺生涯也因此中止。	无
	如果我们对学术造假行为置之不理，将会产生严重的后果。造假的学者违法成本低，收益却很高，难免让刻苦钻研的人心生动摇。如果这种行为没有得到有效制止，那么，长此以往，此种行为极易形成风尚，最终导致"劣币驱逐良币"的现象。	劣币驱逐良币
提方案	改善学术风气，学者的自律是基础。因为无论制度多么健全，想要造假的学者依然会想方设法"钻空子"。因此，要加强学者的自律教育，让学者自发地约束自己的行为。正如习近平总书记所强调的："不断加强自律，做到台上台下一个样，人前人后一个样，尤其是在私底下、无人时、细微处，更要如履薄冰，如临深渊，始终不放纵、不越轨、不逾矩。"	慎独
	防范学术造假，不如先从制度建设做起。健全的制度会使学者的造假成本提高，使他们明白自己没有权力也没有胆量去造假，同时，也让他们深知，一旦造假，后果会是毁灭性的。如"洛克忠告"所言，唯有建立"简则易循，严则必行"的制度，才能更好地净化学术环境，促进良性循环。	洛克忠告

范文

学术造假止于制度建设

老吕助教　芦苇

　　一个真正的学者，其崇高使命是追求真理。然而，最近几年不断见诸报端的学术造假现象却与这崇高的使命背道而驰。如何建筑防止学术造假的堤坝，答案在于——制度建设。

　　改革开放四十余年，伴随着人们观念的转变和社会的转型，学术风气"泥沙俱下"。翟天临的"知网"事件、陈湛匀的论文抄袭事件、"汉芯一号"造假事件等学术造假事件层出不穷，人们见怪不怪，审丑疲劳。怪现象不去，何谈"科教兴国"？

　　纵观近几年的学术造假事件，原因有如下两点：第一，信息的不对称。因学者与大众对有关信息的了解是有差异的，学者所掌握的信息往往更加充分，自然就处于有利地位，这种不对称性给他们提供了造假的外部条件。第二，制度的不完善。学者并非不知道造假违背道德行为准则，也不会不考虑造假败露的可能性及后果。但科研领域存在只有激励机制而无有效的约束机制的现象，造假者能够较方便地采取低成本的方式减少惩罚甚至逃避惩罚。

　　如果我们对造假行为置之不理，它将会产生严重的后果。造假的学者违法成本低，收益却很高，难免让刻苦钻研的人心生动摇。如果这种行为没有得到有效制止，那么长此以往，此种行为极易形成风尚，最终导致"劣币驱逐良币"的现象。

　　如何遏制造假现象呢？我认为单纯的道德说教无异于隔靴搔痒，不如首先从制度建设做起。健全的制度会使得学者的造假成本提高，使他们明白自己没有权力也没有胆量去造假，同时也让他们深知，一旦造假，后果会是毁灭性的。如"洛克忠告"所言，唯有建立"简则易循，严则必行"的制度，才能更好地净化学术环境，促进良性循环。

　　哲人有言："真理的分量，比整个世界都重。"在市场经济与观念转变的双重冲击下，唯有依靠制度建设的堤坝，才能阻止造假的洪流淹没学术大地，从而净化学术环境，还真理于社会、国家。

（全文共729字）

学员习作

1. 习作一

遏制学术造假还需制度建设

老吕弟子班学员　叶嘉年

一个真正的学者，其崇高使命是追求真理，然而近年来学术界贪图名利、沽名钓誉等现象却时有发生。在我看来，遏制学术造假还需制度建设。

> 标题很好。
>
> 开头段写得不错，与标题呼应。

现在越来越多的学者抛弃了自己的使命，在追逐等级、追逐名号的方向上越走越远。老一辈的学者们靠的是真正拿得出手的研究成果，而现在有很多年轻的学者靠的却是几份礼品、几次请客吃饭，便可不费吹灰之力地拿到自己想要的职称①。老一辈的学者们在前无古人的情况下，靠着自己的知识做了许多创新成果，而现在很多年轻学者却可以依靠"借鉴"完成自己的学术研究，毫无新成果可言②。

> ①对比的形式挺好，不过我们要反思，我们有足够的论据或数据来支持这种新老对比吗？
>
> ②几处表达需要修改。

⊙问题②建议改为：老一辈的学者们在没有很多有效参考的情况下，靠自己的研究做出了许多创新成果，而现在很多年轻学者却可以依靠"借鉴"完成自己的学术，新成果少之又少。

"学术造假"现象时有发生，究其原因，皆因"利益"二字。首先，根据经济人假设③，人都是在追求利益最大化。而重大的发明和研究，往往需要潜心多年的研究，因而失败的风险也就越大。因此，学者即使研究多年，也不一定有所成就，不如直接追逐名利来得方便和实在。

> ③母理：经济人假设。

其次，信息不对称④在很大程度上也导致了"逐利"现象的发生。在现行的职称评选制度下，职称评选依靠的标准或许只有论文的多少、做讲座数量的多少，等等，真正对学者学术造诣的评价似乎没有到位，因而，学者逐利现象蔚然成风⑤。

> ④母理：信息不对称。
>
> ⑤蔚然成风是褒义词，不能用作贬义。

要想改善学者学术造假之风，还需制度建设。由于学术界的监管体制仍不完善，学术成果检验方式不到位，因此首先应该完善学术成果的评价和评选制度，建立以学术质量为导向的考核指标。其次，还应建立学术界的学术监管机构，完善公开、公平、公正的学术选拔制度，加大学术逐利的惩治力度，一旦有学术造假现象的发生，必须加以严惩，使想逐利的学者不敢逐利，更使造假现象无处遁形。最后，加强学者自身对知识产权的保护意识和重视也仍有必要，制度建设和道德建设双管齐下，遏制学术造假问题指日可待。

遏制学术造假已然是正学术之风的当务之急，依靠制度建设才能从根本上改善学术风气，更能还真理于学术界。

> 结尾没问题。

> **总评**
> 文章虽然有些细节尚待优化，但文章结构清晰、分析有深度，可评二类卷偏上的分数，分数区间为 27~29 分。

2. 习作二

追求真理应去功利化

老吕弟子班学员　林姝妍

标题可以。

　　追求真理，是研究者和学者的使命。然而近年来学术界存在功利主义盛行的现象，抄袭剽窃、学术造假层出不穷，严重违背了这一使命。我认为，追求真理应该去功利化。

①、②皆为病句。

　　学者追求真理，是指学者将精力放在学术研究本身，<u>将思考世间真理、为社会创造真正有用的东西①</u>。而追求功利，是研学者为了个人名誉和利益，将获得功利而不是创造产出作为第一目标。其实追求真理和获得利益之间本不应对立。因为发现真理，创造产出，自然会带来应得之利，<u>只是许多人为了私利，而将二者的顺序倒置，重利轻真理，从而变成功利化②</u>。

　　⊙问题①建议改为：思考社会问题，创造出有益于社会的成果。

　　⊙问题②建议改为：但是很多学者忘记初心，耐不住名利诱惑，将二者顺序颠倒，变得重利而轻真理。

③应为乱象频出。

　　目前学术界功利化明显，<u>乱象顿出③</u>，析其原因，第一点是学者本身的自制性，在"经济人假设"中，每个人的动机都是利己主义。有的人为获得利益，不管是眼前的或是长远的，都会采取一些成本较低的方式，抄袭、造假便是如此。二是制度建设的缺陷。将发表论文的数量和载体质量作为学者评判标准无可厚非，但一些领域需要较长的时间才能产出成果。这会影响一些学者每年的指标。但通过剽窃却可以绕开漫长研究，而制度也缺乏有效的制<u>约④</u>。三是处罚力度较轻。以往的学术造假曝光，学者虽名誉受损，但实际处罚力度远远不够。

④表达可以优化。

　　⊙问题④建议改为：一是学者本身的自利性。根据经济人假设，每个人都想追求经济利益的最大化，而剽窃、造假成本低，收益可观，让很多学者没有守住底线。二是评审制度的缺陷。将发表论文的数量和载体质量作为学术评判标准无可厚非，但一些领域需要较长的时间才能产出成果，这就会影响一些学者短时间内的学术成果，但通过剽窃却可以绕开漫长研究，迅速获得"学术成果"。

将追求真理中的功利化去除刻不容缓。长期来看，不仅对学者本人毫无提升，还会滋生懒惰，在功利中迷失自我，放弃真理。对国家来说，更会导致学界因没有有效产出和真正科技创新而落后⑤

⑤此句为病句。"不仅对学者本人毫无提升"的主语应该是"功利化"；"还会滋生懒惰，在功利中迷失自我，放弃真理"，应该是"学者"滋生出这些问题。

⊙问题⑤建议改为：功利主义对学术界造成的恶果显而易见：一方面，功利主义会成为滋生懒惰的"温床"，让学者在功利中迷失自我，放弃对真理的追求；另一方面，功利主义很容易引发学术造假问题。潜心于学的学者迟迟没有成果，抄袭剽窃者却因为快速取得成果而更早评上职称、拿到学术资源，最终导致"劣币驱逐良币"的恶果。

去功利化不能仅靠每个学者守住底线，树立理想信念，还应在制度上建立更加科学的考核评判体系，建立监督问责机制，加重学术造假的惩罚力度。同时，应保障学者的基本物质诉求，使其得以在获利的同时安心学术研究。

愿学者能坚守追求真理之路，将功利主义远离真理，不做利益的奴隶⑥。

⑥病句。

⊙问题⑥建议改为：

愿学者能坚守追求真理之路，摒弃功利主义思想，不做利益的奴隶。

> **总评**
>
> 　　文章立意准确，结构清晰，并且应用了一些老吕课上讲的"母理"，能够较为深刻地诠释道理。但是本文有两个比较严重的问题：（1）个别段落和句子冗长，缺少对全文各段落篇幅的规划安排。（2）病句过多。
>
> 　　本文可评为三类卷，分数区间为 18~23 分。

2011 年管理类联考论说文母题思路详解

真题原题

　　论说文：根据下述材料，写一篇 700 字左右的论说文，题目自拟。（35 分）

　　众所周知，人才是立国、富国、强国之本，如何使人才尽快地脱颖而出，是一个亟待解决的问题。人才的出现有多种途径，其中有"拔尖"，有"冒尖"。"拔尖"是指被提拔而成为尖子，

"冒尖"是指通过奋斗、取得成就而得到社会的公认。有人认为我国当今某些领域的管理人才，"拔尖"的多而"冒尖"的少。

审题立意

1. 命题背景

2005 年，钱学森对前来看望他的温家宝总理说："现在中国没有完全发展起来，一个重要原因是没有一所大学能够按照培养科学技术发明创造人才的模式去办学，没有自己独特的创新的东西，老是'冒'不出杰出人才。这是很大问题。"2009 年，这位科学大师临终前再次提出：为什么我们的学校总是培养不出杰出人才？"钱学森之问"所担忧的显然不只是教育事业的发展问题，也是中华民族的伟大复兴所需要的创新型、领军型人才问题。

2. 审题立意（"克罗特"审题立意法）

步骤	内容	分析
K	抓关键 （key words）	关键词："拔尖""冒尖"。 关键句：有人认为我国当今某些领域的管理人才，"拔尖"的多而"冒尖"的少。
R	析原因 找寓意 （reasons）	整个材料共四句话，前三句相当于背景介绍，最后一句才是重点。因此，本材料不宜写成人才的重要性，而是要分析人才的选拔方式应该用"拔尖"还是"冒尖"。
O	定对象 （objects）	管理者角度：要"拔尖"，更要"冒尖"。 人才角度：勇当"冒尖"人才。
A	辨态度 （attitude）	材料虽然没有否定"拔尖"，但最后一句暗示了对于"冒尖"的倾向性。
T	定立意 （theme）	"拔尖"不如"冒尖"。

结构

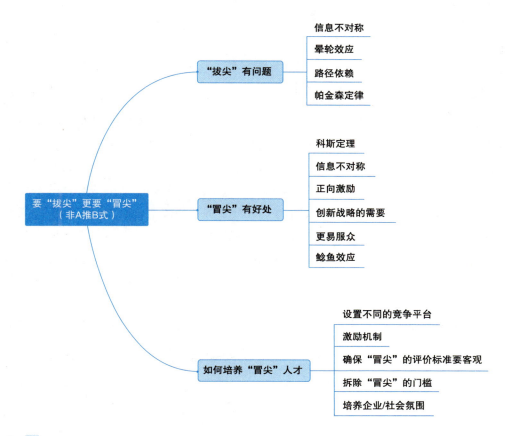

素材

1. 典型事例

（1）刘邦与韩信

韩信原是项羽手下的一个执戟郎，后来被刘邦提拔为"大将军"，并最终成为中国历史上的千古名将。这个例子确实很好地说明了伯乐、"拔尖"对于人才的重要性。但如果所有人都等待被提拔，那最终谁来提拔那个处在金字塔顶端的刘邦呢？

（2）京东

京东在运营过程中，刘强东很注重内部人才培养方式。他鼓励员工通过努力奋斗获得成功，杜绝通过拉关系选拔上去，由此在京东内部形成了积极进取的良好风气，避免了管理层出现结党营私的情况。由于是通过个人奋斗获得的成功，所以人才大多货真价实，使京东经营效率得到了提高。

（3）苹果

苹果在创业初期，许多资质平平的员工是通过"投领导之所好"而被提拔的，这些被提拔的员工不能服众，其他员工的积极性受到了打击。与此同时，被提拔之人和领导结党营私，滋生了腐败问题，使得企业经营效率降低，进而导致企业经营混乱。鉴于此种情况，乔布斯规范了人才晋升途径，才避免了"拔尖"导致的更严重的问题。

（4）海底捞

海底捞在员工晋升方面设置了专门的标准，避免了人才"冒尖"无依据，公司内部形成了公平的晋升环境，员工工作效率得到了大幅度提升。与此同时，还设置了不同的竞争平台和奖励机制，破除了唯"拔尖"论，使得海底捞一跃成为国内餐饮行业的领导者。

（5）稻盛和夫讲话

"好马"已寻，还要知如何"管马"。管理者作为企业的"掌舵人"，在人才管理中要考虑"匹配"原则。每个员工都有各自独特的个性，充分了解、评估，才能"对症下药"。首先，及时对工作结果进行评价，能强化工作动机，对工作起到促进作用；其次，管理者需要设身处地，从员工的角度出发，和员工产生共鸣，这样才能更加了解员工行为；最后，在了解之后，采用适合员工自己的办法，促其进步。

2. 引用句

①九州生气恃风雷，万马齐喑究可哀。我劝天公重抖擞，不拘一格降人才。（龚自珍《己亥杂诗》）

②人才虽高，不务学问，不能致圣。（刘向《说苑·谈丛》）

③人才难得而易失，人主不可不知之。（梁佩兰《金台吟》）

④进君子，退小人，爱人才，申公论。（范纯仁）

⑤人材者，求之则愈出，置之则愈匮。（魏源）

⑥人才乏于上，则有沉废伏匿在下，而不为当时所知者矣。（王安石）

⑦千金易得一士难。（陆游《寄仗锡平老借用其听琴诗韵》）

⑧生才贵适用，幸勿多苛求。（顾嗣协《杂兴》）

⑨兴邦在人材。（陆游《凄凄行》）

⑩古称国之宝，谷米与贤才。（白居易《杂兴三首》）

⑪治国经邦，人才为急。（孙中山《上李鸿章书》）

段落

结构	段落	母理或要点
"拔尖"有问题	"拔尖"之所以经常出现问题，一是因为管理者的用人远见和用人智慧有高有低，二是因为用人中的信息不对称现象，使得很多管理者无法全面地认识员工的表现和能力，难以分辨出"真人才"。	信息不对称
	"拔尖"的人才选拔机制可能会失灵，原因在于伯乐可能容易受到"晕轮效应"的影响。当候选人有某一方面的闪光点时，伯乐容易认为候选人的其他方面也非常不错，最终可能造成误判。	晕轮效应
	如果仅依赖"拔尖"选拔人才，往往使组织出现"帕金森定律"现象，这是因为部分管理者的权力危机感心理：拥有权力的管理者，大多想要把握住这样的权力，为避免受到其他威胁，他们往往任用素质较低者。久而久之，组织受大量资质平庸的人才所累，难以有进一步的发展。	帕金森定律
"冒尖"有好处	根据科斯定理，谁能将一个职位的职能发挥得最好，这个职位就应属于谁。企业内部的"冒尖"机制不仅可以有效防止"空降兵""关系户"挤占企业资源、抢得先机，也可以给予人才充分展示能力的机会，减少因管理者判断有误而产生的不利影响。	科斯定理
	"冒尖"能出真人才，这是因为它避免了人才选拔中的信息不对称。俗话说，"是骡子是马拉出来遛遛"，把马儿放在一个赛场，赛一赛、跑一跑，谁是千里马、谁是驽马，就一目了然了。所以，政府也好，企业也好，要形成人才竞争的机制，给人才一个公平的竞争环境，让能者上，让庸者下，淘尽黄沙，自得真金。	信息不对称
	"冒尖"可以激励人们不懈奋斗并取得成功，久而久之就会形成示范效应，形成崇尚实干、积极进取的社会价值取向。由于人们都有可能通过奋斗获得承认，也就没有必要通过其他方法来求取公平，因此这又进一步激励了人们通过正常努力获得向上流动的空间。 ——《让"冒尖"成为常态》刘致远	强化理论——正强化
	创新战略渴望冒尖人才。改革开放已进入了深水区，无论是国家还是企业的发展，都没有先例可循，因此，在管理人才方面最急需的不是因循守旧、唯命是从的人，而是具有强烈的创新精神和创新能力的人，否则，我们就不可能在全球竞争中胜出。而相对于被动选拔出来的人，"冒尖型人才"身上似乎更洋溢着一股原始的创新精神，一股天然的冲劲和闯劲儿，这些显然是不可能被"提拔"出来的。	创新战略的需要

续表

结构	段落	母理或要点
"冒尖"有好处	"冒尖"的方式更易服众。因为被选拔者都是参加同一个透明统一的招聘方式，所以无论是被选拔者，还是公司的其他员工，都不会怀疑用人的公平性。此外，"冒尖者"都是通过自身努力脱颖而出的，不存在"走关系、潜规则"等问题，所以员工更愿意认同"冒尖者"，也更愿意服从领导的安排。因此，"冒尖"的方式更令人信服。	更易服众
	"冒尖者"可释放"鲶鱼效应"。如果公司长期处于无活力、多数员工奋斗动力不足的状态下，外来的"冒尖者"相比于"拔尖者"，更容易成为激活死水的"鲶鱼"，因为这会给在职者一种危机感与警示，进而激发企业活力。	鲶鱼效应
如何"冒尖"	要为人才冒尖设置不同的竞争平台。这就如同赛马——擅长冲刺的，让它赛短跑；耐力好的，让它赛长跑；步态优雅的，赛盛装舞步。"尺有所短，寸有所长"，急性子有急性子的好处，慢性子也有慢性子的妙处。人岗匹配，才能创造价值。人才放错了赛场，怕是不但不能冒尖，反而被当作庸才淘汰了。	设置不同的竞争平台
	第一，从个人职业发展和企业的发展出发，完善企业员工的职业发展通道。第二，满足员工的多样化需求。第三，采用全面薪酬体系，增强薪酬制度的激励性。第四，完善企业培训体系，加强对员工的培训。第五，加强对员工的软激励。 ——《ZXG公司人才流失成因及对策研究》史玥	强化理论
	冒尖的评价机制应当做到公开、透明，并且得到公认，不能被领导或个人独断控制。否则，就会出现"两张皮现象"——表面是"冒尖"，实质是"拔尖"，对人才的伤害更大。领导要做的不是比赛的"裁判员"而是"监督员"，保证竞争环境公平合理。 ——《让"冒尖"成为常态》刘致远	评价机制应公开、透明
	企业和政府要共同努力，营造出尊重冒尖、提倡冒尖、鼓励冒尖、宽容失败的良好氛围。反之，如果让"我爸是某某""我上面有人"等论调成为社会主流甚至是社会共识，那么真正有才学、有梦想的人才就会湮没于尘土，人才强国建设就会成为无源之水，无本之木了。	培养"冒尖"氛围

范文

"拔尖"不如"冒尖"

老吕写作母题特训营学员　杨宁

任用人才，究竟当"拔尖"还是"冒尖"？这是摆在每一位企业管理者面前的难题。在我看来，企业用人，"拔尖"不如"冒尖"。

"世有伯乐，然后有千里马。千里马常有，而伯乐不常有。"人才"拔尖"依靠伯乐，但更多的时候，"拔尖"未必能选出真人才。因为，一方面，企业管理者与人才之间存在信息不对称，管理者无法了解每一个人；另一方面，人们通常更愿意与那些交往密切、关系亲近的人共事。如此，管理者在面对用人决策时，难免有失客观。所以，人才"拔尖"不可靠。

与"拔尖"不同，人才必须要取得公认的成就方能"冒尖"。这样的人不但在实践中积累了大量的经验，而且更可能具备优秀的品质、良好的习惯、自律的能力和积极拼搏的精神。企业选用"冒尖"人才，一方面，可以规避"用人不当"的风险；另一方面，也可以对企业内部产生正向的激励作用，使更多人看到付出的预期收益，从而使他们愿意为了个人前程而卖力工作。

然而，正如材料所言，目前在许多领域的管理中，选拔人才仍是"拔尖"多于"冒尖"。虽然我们并不否认"拔尖"人才中存在能人，但更多情况下，"拔尖"机制使勤勤恳恳工作的真人才得不到重用，却给一些投机取巧的人打开了方便之门，使他们可以通过送礼、攀关系而扶摇直上。长此以往，会破坏企业的风气，导致"劣币驱逐良币"，给企业带来难以估量的损失。

因此，企业应为"冒尖"人才打通上升渠道。第一，应建立完善的晋升考核机制，给人才提供更好的机会和平台；第二，应做好人才的定位，把人才置于合适的岗位上才能发挥其优势；第三，应设置即时奖惩制度，在奖励贡献者的同时，鼓励更多的人积极投入工作，培养更多的人才。

科斯定理告诉我们，资源应流向最能利用好它的人。所以，企业用人，与其"拔尖"，不如"冒尖"。

（全文共725字）

学员习作

1. 习作一

要"拔尖",更要"冒尖"
老吕写作母题特训营学员　袁世坤

人才任用,"拔尖"和"冒尖"哪个更重要? 每个人对此都有各自的见解。 我认为,"拔尖"诚可贵,"冒尖"价更高。 <u>人才任用,当以"冒尖"为重,方能为企业带来良性的发展①</u>。

⊙问题①修改方法一:人才任用,当以"冒尖"为重,这样方能为企业带来良性的发展。

修改方法二:人才任用,当以"冒尖"为重。

建议采用方法二,这样表达更简洁。

所谓"拔尖",<u>究其根本,大多是②</u>管理者拉拢"自己人"的手段。 你看,领导瞧你顺眼,拉你一把,以后你工作办事时,自然就会多为领导着想。 领导的一次举手之劳却可以为自己拉拢一名忠心的下属,何乐而不为呢?

但是,"冒尖"就不一样了。 试想,一个小职员,通过奋斗慢慢成长起来。 若是成绩一般也就罢了,倘若他的地位逐渐威胁到了领导的位置,而二者之间又没有什么"人情"可谈,那领导不就相当于培养出了一个跟自己"抢饭碗"的人吗? 所以,一些管理者对"冒尖"嗤之以鼻,也就不足为奇了。

其实,以"冒尖"的方式培养人才,乍一看觉得成本很高,甚至有可能危及管理者的地位,但其收益却是巨大的。 对于企业来说,一旦这种机制形成了固定的模式,那么企业的人才质量将会有一个很大的提升。 同时,管理者由于感受到了"危机",也会想办法提升自己,以求保住自己的地位。 而人才涌现所带来的后续收益,也必然远超开始时所付出的成本。

最后,我们提倡要重视"冒尖",并不是认为"拔尖"一无是处。 毕竟,"伯乐慧眼识真才"的例子确实存在。 但是,在我国如此庞大的人口基数下,这样的例子就显得有些渺小了。 所以,与其依赖少数的伯乐去"拔"出人才,不如建立成熟的机制,让人才"冒"出来。

综上所述,企业若想良性发展,要"拔尖",更要"冒尖"!

侧边批注:

标题不错。

①病句。"当以'冒尖'为重"的主语是"人才任用",而"方能为企业带来良性的发展"的主语为"'冒尖'这种选人方式"。

②本段整体写得非常好,有生活气息,能让读者产生共鸣。画横线部分建议改为"有时候会成为"。

"冒尖"的收益分析。

做让步。

结尾简洁大方。

> **总评**
>
> 文章逻辑清晰，语言流畅，虽有一些小问题，但无伤大雅，可评为二类卷偏上，分数区间为 27~29 分。

> **考场小贴士**
>
> 当我们写一些负面的事情时，要多用"有一些""少部分""有时候"，不要用"总是""大部分""绝大部分"等词汇。

2. 习作二

要"拔尖"，也要"冒尖"

老吕弟子班学员　梅宇翔

正如材料所述，人才对于一个国家、企业的含义①，不言而喻。选拔人才的方式也层出不穷，而我认为，选拔人才，要"拔尖"，也要"冒尖"。

人才的拔尖，是指一个人在特定环境下，通过领导的培养，被动地成为某领域中的尖子；而人才的冒尖，则是指一个人在经过自身不断地努力、学习后，主动地成为行业中的佼佼者。二者在本质上有一定的区别。②

若是仅仅通过"拔尖"的方式选拔人才，企业则会相应地承受一些代价。因为"伯乐相马"难免走眼，且不说坐在"相马者"这个位置的人，是不是"真伯乐"，单单只是一次"走眼"，就很可能放走了真正的"千里马"，而把大量的财力、物力、精力等有限的资源，耗费在"驽马"上③。这对于一个国家或企业而言，无疑是巨大的损失。

但若只通过"冒尖"这一方式选拔人才，则会长期处于一个被动的状态④。再加之，"千里马不常有"，很可能当我们守株待兔式地等来一匹"千里马"时，早已错过许多可以使企业蓬勃发展的时机⑤。机会成本如此之沉重，恐怕没有哪家企业愿意承担。

所以，人才任用，要"拔尖"，也要"冒尖"。拔尖的好处在于，可以使企业处于主动的位置，更甚之，可以专注于培养特定类型的人才，按需投入；而冒尖的好处在于，可以规避一些由于信息不对称问题，给企业造成的失误⑥，大大降低了"走眼"的风险。二者结合，方能"选贤与能"。

标题不错。

①用词不当，将"含义"改为"重要性"。

②画线处语义重复，建议删掉。

③这一段是改写的老吕的范文。老吕原文的逻辑是：一方面，"伯乐"有可能是假伯乐；另一方面，真伯乐也有时会看走眼。但本段这么一改，逻辑上出了问题：从看走眼，到不是真伯乐，又回到看走眼。应该一个说完再说另外一个。

④病句，无主语。

⑤此段分析有问题。冒尖并不是被动地等待人才。

⑥由于多了一个逗号，使此句让人难以理解。

对于人才，企业也应当注意做到"人岗匹配"。是"赛马"，就放到跑道上赛一赛；是"俊马"，就拉去选美台上秀一秀。如此一来，既满足了人才在成长方面的需求，亦为企业创造了利润，何乐而不为之⑦?

⑦ "亦为企业创造了利润"，生拉硬套。结尾没有问题。

综上所述，人才任用，要"拔尖"，也要"冒尖"，方可"选贤与能"。

总评

在立意上，很多同学怕出错，因此希望采取"中庸之道"，既谈"拔尖"，又谈"冒尖"，其实这样很难让文章有说服力，本文也有同样的问题。此外，本文出现的病句也较多。不过，整体来看，本文结构尚清晰，能结合论点展开论证，可评为三类卷，分数区间为18~23分。

2012年管理类联考论说文母题思路详解

真题原题

论说文：根据下述材料，写一篇700字左右的论说文，题目自拟。（35分）

中国现代著名哲学家熊十力先生在《十力语要》（卷一）中说："吾国学人，总好追逐风气，一时之所尚，则群起而趋其途，如海上逐臭之夫，莫名所以。曾无一刹那，风气或变，而逐臭者复如故。此等逐臭之习，有两大病。一、个人无牢固与永久不改之业，遇事无从深入，徒养成浮动性。二、大家共趋于世所矜尚之一途，到其余千途万途，一切废弃，无人过问。此二大病，都是中国学人死症。"

审题立意

1. 命题背景

"逐臭之夫"典出《吕氏春秋·遇合》："人有大臭者，其亲戚兄弟妻妾知识，无能与居者。自苦而居海上。海上人有说其臭者，昼夜随之而弗能去。"译为：有个身上发臭的人，以致他的亲戚、兄弟、妻妾、相识的人，都不愿和他一起生活和交往。他自己苦恼至极，远离亲友，迁到海滨居住。海滨却有一个人非常喜欢他身上的臭味，昼夜跟随着他，一步也舍不得离开。后人以"逐臭之夫"比喻嗜好怪僻、异于常人的人。

材料大致意思为：我国的学者总是喜欢追求一时的风尚，喜欢人云亦云、随大流，实际上自己也不知道自己在追求什么东西。当社会风气有些许变化时，又和以前一样（开始追逐新的风气）。这种习气有两大弊端：一是大家没有固定的追求，人云亦云，对所追求的东西研究不够深入，这样只能让自己变得很浮躁；二是学术跟风也会助长学术界乃至社会的浮躁浅薄、急功近利之风，大家所追求和研究的事物愈发趋同，一些基础性、风险性、生僻的学术领域无人问津，遭到废弃。长此以往，将严重败坏社会的道德风气。

2. 审题立意（"克罗特"审题立意法）

步骤	内容	分析
K	抓关键 （key words）	关键词：学人、好追逐风气、海上逐臭之夫。 关键句：①吾国学人，总好追逐风气，一时之所尚，则群起而趋其途，如海上逐臭之夫，莫名所以。②此等逐臭之习，有两大病。一、遇事无从深入，徒养成浮动性。二、大家共趋于世所矜尚之一途。
R	析原因 找寓意 （reasons）	第一，"学人"浮躁跟风的原因是什么？第二，现实生活中还有无类似现象？原因是什么？
O	定对象 （objects）	熊十力先生本人在这则材料中并不重要，重要的是他这番话的对象"吾国学人"。 大家在立意行文过程中，可以根据关键词"学人"，就事论事地批判某些学者"好追逐风气"的乱象；也可以适当地扩大话题范围，不把对象仅限于"学人"，而是去分析社会上的一些跟风、浮躁乱象。
A	辨态度 （attitude）	材料中熊十力先生对当代学界的浮躁风气表达出鲜明的批判态度，无论是为学还是做人，都不应该盲目跟风，需要戒骄戒躁。材料观点倾向性极为明确，故此题宜认同材料的观点，不宜反驳材料的观点。
T	定立意 （theme）	结合以上四步分析，本题可以确定立意为："学术跟风，贻害无穷""凡事要专注务实""少一些盲目跟风，多一些自主创新"等。

结构

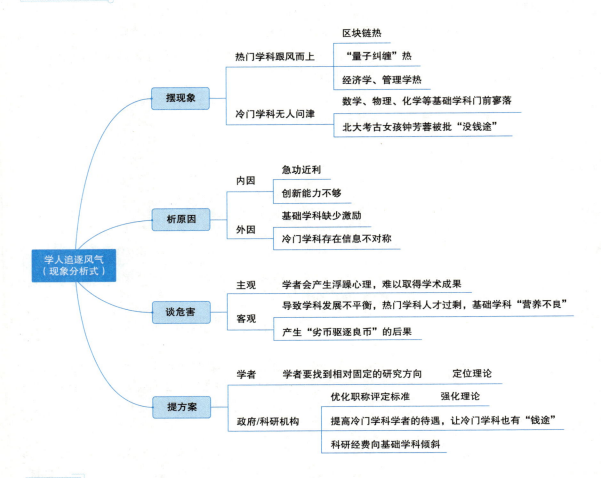

素材

1. 典型事例

（1）考古不一定就有"钱途"

钟芳蓉作为留守女孩，似乎更应选择好就业的专业。考古专业就业难，收入也不一定高，选择赚更多钱的专业，能为钟芳蓉及其家人带来较好的经济收益。但选择好就业的专业就一定能赚很多钱吗？如果钟芳蓉能坚守文化传承的初心，以文化创新为旨归，一路乘风破浪，必能在考古上打造一片新天地。相反，若一味要求赚钱多的专业，为了物质去学习，选择的专业自己也不感兴趣，可能会在学习进程的日益深入中感到枯燥无味，最终在前行中迷失自己，不知所往。

——原创力文档《踏遍坎坷尝苦辛，未应磨染是诗心》

（2）热门专业跟风潮

南京大学法学院全国排名数一数二，但学生就业却是老大难。当初高考时的热门专业在毕业时却遭遇就业尴尬，这和考生及家长对专业不了解，盲目跟风填报志愿有关。填报志愿时，经济学与管理学专业门庭若市，一些基础学科却门可罗雀，但四年之后热门专业会变成热门就业吗？大学本科4年的学习周期是有滞后性的，行业需求在这4年里会发生很大的变化，反而一些小众专业在毕业时成了就业的香饽饽。

（3）学者创新

● 陈薇

陈薇院士长期从事生物防御新型疫苗和生物新药研究，主持建成创新体系和转化基地，成功研发中国军队首个病毒防治生物新药、中国首个国家战略储备重组疫苗和全球首个新基因型埃博拉疫苗。2014—2015年西非埃博拉疫情期间，陈薇率队赴非洲疫区完成埃博拉疫苗临床试验，该疫苗是第一个在境外开展临床研究的中国疫苗。陈薇和她的团队在埃博拉疫苗研究上所取得的进展，为受困疫区的无数生命打开了希望之门，也开创了由中国科学家研究、中国制造的病毒疫苗在境外开展临床试验的先河。

——"中央电视台2015年度科技创新人物"揭晓"科技盛典"颁奖典礼

● 裴端卿

裴端卿和他的科研团队创造性地找到了可工厂化生产的"万能细胞"，这是中国科学家首次发现的全新的干细胞诱导因子，让世界都真切地看到了器官再生的美好愿景。

——"中央电视台2015年度科技创新人物"揭晓"科技盛典"颁奖典礼

● 刘静

2001年，刘静开始寻找一种能让计算机芯片快速散热的材料，在多次的尝试后，刘静意识到液态金属具有超高的导热性，作为冷却液可将集成电路里的热量快速导出，就此他开始了在液态金属领域的研究。2013年夏，刘静和团队在世界上首次发现了电场控制下液态金属与水的复合体可在各种形态及运动模式之间发生转换的基本现象。紧接着又在世界上首先发现液态金属在吞食少量铝后能自主高速运动且能变形的奇异行为。

刘静和他的同事们对液态金属的研究，是中国科学家在热点科学领域中的一个原创性科研成果，他们取得的一系列突破将被打上深深的中国烙印。

——"中央电视台2015年度科技创新人物"揭晓"科技盛典"颁奖典礼

● 周涛

周涛教授被称作"科学家创新创业的典范"。在推动我国大数据科技与产业发展的过程中，周涛发现人才是创新创业中的第一要素。由其作为高级算法工程师的成都数联寻英科技有限公司，利用大数据分析帮助企业人力资源管理者从凭借经验决策转向数据驱动决策，实现科学的人力资本优化配置。该公司目前已为腾讯、阿里、中兴、海尔、德勤、中融人寿等国内外多家著名企业以及2 000多家中小企业提供了大数据人力资源服务。

周涛用大数据分析的新视角，重新审视我们所面对的这个世界，他带领一群年轻人，在"大众创业，万众创新"的道路上，迈出了自己坚实的脚步。

——"中央电视台2015年度科技创新人物"揭晓"科技盛典"颁奖典礼

2. 引用句

①你可以靠思想上的隔音器隔绝喧闹声。（罗斯）

②企业的成败在于能否创新，尤其是当前新旧体制转换阶段，在企业特殊困难时期，更需要有这种精神。（黄汉清）

③如果你要成功，你应该朝新的道路前进，不要跟随被踩烂了的成功之路。（约翰·D. 洛克菲勒）

④业精于勤，荒于嬉；行成于思，毁于随。（韩愈《进学解》）

⑤领袖和跟风者的区别就在于创新。（乔布斯）

⑥精通一科，神须专注。（董必武）

⑦创新是唯一的出路，淘汰自己，否则竞争对手将淘汰我们。（安迪·格鲁夫，英特尔公司前 CEO）

⑧须教自我胸中出，切忌随人脚后行。（戴复古《论诗十绝·其四》）

段落

结构	段落	母理或要点
摆现象	当今社会，学术界也开始出现两极分化。一方面，热门学科门前熙熙攘攘，经济学、管理学、区块链、量子纠缠等热点热闹非凡；另一方面，冷门学科门前冷冷清清，数学、物理、化学等基础学科近乎无人问津。	学术界两极分化
析原因	学术跟风的原因无他，利益二字而已。热门学科或热点课题，更容易拿项目经费、更容易出研究成果。再加上学术评价机制向量化考核倾斜，重量而不重质，多跟跟风、凑凑热闹，发表更多论文，就能更早地评上职称，拿到更多收益。如此一来，在利益的诱惑下谁还愿意坐冷板凳呢？	经济人假设
	学术跟风还有一个原因，就是一些学者创新能力不足。自己没有什么新想法、新见解，于是就多看看外文期刊，多做做翻译工作，多来点"拿来主义"，搭搭别人的便车，省时省力做出"学术成果"，何乐而不为呢？	学者创新能力不足
谈危害	用一颗浮躁的心来做学术研究，很难产生真正的学术成果。人的精力和能力有限，一辈子做好一两件事就已经是十分优秀的人才，跟着风气东一榔头西一棒槌地搞研究，怎么研究出什么重要成果？	难以产生学术成果

续表

结构	段落	母理或要点
谈危害	学术跟风现象如果得不到有效遏制，就有可能形成学术界的"马太效应"。热门学科人才过剩，基础学科"营养不良"，造成学术发展不均衡。尤其是数学、物理、化学等学术研究时间长、学术成果产生慢的基础学科，更容易被忽略甚至荒废。	马太效应
	如果创新者的利益得不到保障，跟风者却可以通过快速模仿获得收益，那么，创新者的积极性会被跟风者们导致的"利益瓜分"现状挫伤，学术创新也将随之停滞，形成"劣币驱逐良币"的恶果。	劣币驱逐良币
提方案	学术研究，找准定位是关键。无论研究哪个学科，要找到相对固定的研究方向，持续钻研，方能有所成就。	定位理论
	要想改正学术之风，单靠说教意义不大，要从激励机制上想办法。一是要提高冷门学科学者的待遇，让冷门学科也有"钱途"。二是在职称评定标准上也要根据不同学科的特点有所区别。三是在科研经费上向基础学科倾斜，以此来刺激基础学科的发展。	强化理论

范文

遏制学术跟风势在必行

吕建刚

　　熊十力先生将盲目跟风之人形容为海上逐臭之夫，让人闻之可恶。诚然如先生所言，学术跟风不可取。

　　当今社会，学术界跟风现象愈演愈烈。一方面，热门学科门前熙熙攘攘，经济学、管理学、区块链、量子纠缠等热点热闹非凡；另一方面，冷门学科门前冷冷清清，数学、物理、化学等基础学科近乎无人问津。

　　出现学术跟风的原因无他，利益二字而已。热门学科或热点课题，更容易拿项目经费、更容易出研究成果。再加上学术评价机制向量化考核倾斜，重量而不重质，多跟跟风、凑凑热闹，发表更多论文，就能更早地评上职称，拿到更多收益。如此一来，在利益的诱惑下，谁还愿意坐冷板凳呢？再加上一些学者创新能力不足，自己没有什么新想法、新见解，于是就多看看外文期刊，多做做翻译工作，多来点"拿来主义"，搭搭别人的便车，省时省力做出"学术成果"，何乐而不为呢？

　　学术跟风现象如果得不到有效遏制，就有可能形成学术界的"马太效应"。热门学科人才过剩，基础学科"营养不良"，造成学术发展不均衡。尤其是数学、物理、化学等学术研究时间长、学术成果产生慢的基础学科，更容易被忽略甚至荒废。

更严重的问题是，如果创新者的利益得不到保障，跟风者却可以通过快速模仿获得收益，那么，创新者的积极性会被跟风者们导致的"利益瓜分"现状挫伤，学术创新也将随之停滞，形成"劣币驱逐良币"的恶果。

要想改正学术之风，单靠说教意义不大，要从激励机制上想办法。一是要提高冷门学科学者的待遇，让冷门学科也有"钱途"。二是在职称评定标准上也要根据不同学科的特点有所区别。三是在科研经费上向基础学科倾斜，以此来刺激基础学科的发展。

总之，学术跟风现象危害巨大，应该尽快加以遏制。

（全文共695字）

学员习作

1. 习作一

"跟风热"虚火当降

老吕团队　张英俊

标题优秀。

开篇点题，观点鲜明。

　　熊十力先生将盲目跟风之人喻为"海上逐臭之夫"，诚哉斯言！近年来，"跟风"现象愈演愈烈。从"综艺热"到"选秀热"，从"共享单车"到"共享床位"，这一次次的跟风浪潮无不折射出浮躁的社会乱象。

析原因

　　为何"跟风"乱象屡见不鲜？究其原因，无外乎"寄生心理"和"短视思维"。当全新的创意被市场接纳并产生巨大效益时，"市场效应"随之形成，市场对新产品、新创意的需求和期待激增，需求开始大于供给。此时，"寄生者"们只要快速生产出模仿产品，就能满足市场的需求而图利。相反，不跟风、不模仿，就意味着企业要有独立的思考能力与创新能力，并且需要投入大量的精力与财力。相比之下，跟风模仿、马虎了事，既节约了长期成本，又获得了眼下的收益，何乐而不为？如此一来，每当新风口出现，跟风者们免不了蜂拥而入、拾人牙慧。

　　然而，管理者应该明白，盲目追随潮流并非企业发展的长久之计。若跟风、模仿之风盛行，成本需创新者独担，收益却要与仿效之众"共享"，创新者的利益无法得到保护，谁还愿做社会的"先行者""供应商"？如果精打细磨做出的产品，动辄被人顺手牵走，却无须承担应有的代价，创新者岂不心寒？如果劣币驱逐良币①，创新者只会越来越少，泥沙俱下的产品就会泛滥于社会。长此以往，创新者不仅失去动力，还可能失去能力。人人想吃免费午餐，奶牛却没人来养。

所以，盲目跟风要不得。管理者需要培养理性的分析能力和判断能力，架起自己与跟风热潮之间的一道过滤网，做到不跟风、不盲从；政府要完善创新制度，保护创新企业，坚决遏制盲目跟风心态的发酵与滋长，严厉杜绝"盲干、盲行、盲跟风"的社会乱象。当从众成为风尚、跟风成为创新的束缚时，发展之路只会越走越窄。主事者，当明鉴。

<u>任凭风浪起，稳坐钓鱼船。世界正经历百年未有之大变局，经济全球化大潮滚滚向前，国际格局加速演变。如此形势之下，更要少一分走捷径的心态，多一分有脊骨的追求，拒绝盲目跟风，厚植创新意识，只有如此，才能勇做世界经济的"弄潮儿"。</u>②

① ય理：劣币驱逐良币。

② 结尾过长。

⊙问题②建议改为：

任凭风浪起，稳坐钓鱼船。拒绝盲目跟风，厚植创新意识，勇做世界经济的"弄潮儿"。

> **总评**
>
> 材料中谈的都是学者问题，我们如果跳出学者跟风问题来看社会上的跟风问题，也不能算偏题，但这二者之间的过渡一定要自然，让阅卷人能够理解你的文章确实由材料有感而发。本文第一段的过渡是比较自然的。
>
> 注意，考试时给的答题卡上论说文部分只有800个空格，也就是说，我们写一篇700字的文章，加上标点和段落中必然出现的空格后，在答题卡上就已经接近写满了。本文字数达到了八百余字，答题卡上根本写不开。因此，结尾段落要简化。除此以外，本文可评为二类卷，分数区间为24~29分。

2. 习作二

切记不可盲从

老吕 MBA 班学员　绿卡

标题很好。

开篇点题，观点鲜明。

熊十力先生所言甚是，"吾国学人，总好追逐风气，一时之所尚，则群起而趋其途，如海上逐臭之夫，莫名所以"。可见，盲从不可取。

盲从会令人迷失自我，失去目标。屠呦呦用一生只做了一件事情，她没有像其他同事一样甘愿做一名普通的实验人员，也没有在事业上一味地追逐名利，而是每天在实验室日复一日地重复一件事情，只为了一个目标：制取青蒿素。最终用乙醚制取出了青蒿素。试想，如果屠呦呦选择了盲从，那么世上只是多了一个实验工作者，而不会出现青蒿素①。所以，用心专一，不盲从，终会达到目标。

①阅卷人看了1万篇文章，其中9 900篇文章出现了乔布斯、屠呦呦、司马迁、袁隆平、华为的事例。你还把这个例子写这么长，怎么得高分？

然而，为什么"出淤泥而不染，濯清涟而不妖"的人会越来越少呢②？无非是盲从跟了风，因为从众心理会使人们怀疑自己的选择③。生活中抽烟的人不在少数，当人们在一起的时候大家都抽烟，你不抽烟就会被视为另类；随地吐痰、乱扔垃圾的现象随处可见，因为大家都这样做，你不这样做，别人就认为你在故作清高，这就导致了"羊群效应"④的出现。

②引用不当。

③循环论证+病句。这段翻译一下就是："为什么不跟风的人少呢？因为跟风的人多"。

④母理：羊群效应。

路径依赖促使那些缺乏目标的人走向了盲从之路⑤。因为盲从需要的成本很低，近乎零成本。一个山寨企业只靠模仿、复制就可以致富，因为它不需要投入大量的人力、物力、财力，决策成本及风险较低。然而，企业盲从会导致产品的同质化现象、导致利润率降低，对外部因素形成了依赖，久而久之终会被市场淘汰。

⑤第一，我们使用母理是为了解释论点，而不是把母理本身当作论点。第二，路径依赖主要是对自己过往的行为产生依赖，而不是跟风他人。

那么，企业如何才能做到不盲从呢？树立正确的价值观与目标，不随波逐流，不切实际的模仿要不得，完全照搬的模式是行不通的，应当结合企业情况和市场状况予以决策。

⑥使用让步段的前提是你的主要论点已经阐释得比较完备了。如何做到不盲从就写了三言两语，这一点还没写明白，就进行让步段，会让文章的说服力大打折扣。

当然除了审时度势，也不能冥顽不化。从众不等于盲从，适当地随大趋势也并不等于随波逐流。在不同的局势面前，要认清自我，当自己的立场错误时，要及时修正，从大众中"取其精华，去其糟粕"，做个有真知灼见的人。"择善人而交，择善书而读；择善言而听，择善行而从⑥。"

⑦形象化的词语可以加引号。

逐臭之习不可仿，盲目跟风不可取。我们应该相信自己，不要让我们的大脑成为别人的跑马场⑦，切勿盲从跟风，人云亦云。

> **总评**
>
> 本文立意明确，结构也算清楚。但是，全文在篇幅安排上力不从心：何处该详，何处该略？母理和引用句的使用都存在不当。字数也过多。可评为四类卷偏上，分数区间为 16~18 分。

2013 年管理类联考论说文母题思路详解

真题原题

论说文：根据下述材料，写一篇 700 字左右的论说文，题目自拟。（35 分）

20 世纪中叶，美国的波音与麦道两家公司几乎垄断了世界民用飞机的市场，欧洲的飞机制造商深感忧虑。虽然欧洲各国之间的竞争也相当激烈，但还是采取了合作的途径，法国、德国、英国和西班牙等决定共同研制大型宽体飞机，于是"空中客车"便应运而生。面对新的市场竞争态势，波音公司和麦道公司于 1997 年一致决定组成新的波音公司，以此抗衡来自欧洲的挑战。

审题立意

1. 命题背景

2013 年的这道题目，考的话题是"竞争与合作"。材料源于波音公司与麦道公司的合并案：波音公司是美国最大的飞机制造企业，在全球大型客机生产市场上取得了市场支配地位，与欧洲的空中客车公司在民用领域竞争非常激烈。麦道公司是美国最大的军用飞机制造企业，同时也生产大型民用客机。1996 年年底，波音公司用 166 亿美元兼并了麦道公司。在干线客机市场上，合并后的波音不仅成为全球最大的制造商，还是美国市场唯一的供应商，占美国国内市场的份额几乎达 100%。美国波音公司和麦道公司的合并加强了波音公司在世界市场的支配地位，也巩固了美国的航空工业大国地位。

今天的商业环境已创造出一种新型的竞争，一种合作中的竞争。企业群体以共同的目标利益结成了联盟关系，虽然他们内部依然存在着竞争和矛盾，但是他们能借助和学习彼此的核心竞争力和专业优势，联手与外部企业（群）展开竞争。企业联盟没有弱化竞争，反而使竞争更加激烈。通用电气公司前总裁韦尔奇曾说："联盟是全球竞争的重头戏，赢得全球竞争最不足取的道路就是什么都靠自己来做。"

材料给出的观点十分鲜明，在了解背景后，立意不难。2009年在职MBA联考真题"两群牦牛"和2013年的管理类联考题目立意有相似之处，可以互相借鉴。但是，2009年在职MBA联考真题的立意侧重于"内部团结可攻克艰难局势"，而2013年管理类联考真题的立意更侧重于"外部合作能铸就双赢局面"。

2. 审题立意（"克罗特"审题立意法）

步骤	内容	分析
K	抓关键（key words）	关键词：合作、竞争。 关键句：①虽然欧洲各国间竞争也相当激烈，但还是采取了合作的途径。②波音公司和麦道公司于1997年一致决定组成新的波音公司，以此抗衡来自欧洲的挑战。
R	析原因 找寓意（reasons）	材料中最关键的信息是合作——竞争背景下的合作，即为了在竞争中占优、获利而精诚合作。 尽管材料中两个合作的案例背景都和竞争有关，但欧洲各国、波音和麦道在面对竞争对手时，都选择了"合作"而非"单打独斗"，这更加突显了竞争关系下合作的重要性。如果考生只侧重于写"竞争"，就明显偏题了。
O	定对象（objects）	企业管理。
A	辨态度（attitude）	材料讲述了空客公司与波音、麦道的竞争背景，引用了波音公司与麦道公司的合并案，突显了合作的重要意义。此题宜认同材料的观点，不宜反驳材料的观点。 但同时，大家也要注意到材料中另外一些关键信息："竞争也相当激烈""面对新的市场竞争态势""以此抗衡来自欧洲的挑战"等。这些信息不是在强调合作，而是在强调竞争，所以，这道题目既要着重强调合作，又要涉及竞争。
T	定立意（theme）	结合以上四步分析，本题可以确定立意为——竞争离不开合作、合作可以创造双赢。

结构

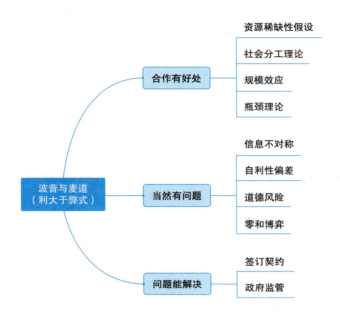

素材

1. 典型事例

（1）招行信用卡+故宫淘宝，合作定制"奉招出行"行李牌

招行信用卡联合故宫淘宝推出"奉招出行"定制行李牌，将"奉诏出行"的"诏"换为"招"，让招行信用卡和故宫淘宝之间的关联完成一次大写的加粗。招商银行信用卡此次联合故宫淘宝推出定制款"奉招出行"行李牌，借势故宫文化，和客户搭建情感上的交流，在精神层面上获得消费者的深度认同。

——《招行信用卡×故宫淘宝？真真卖得一手好萌》emily

（2）沃尔玛与宝洁公司——从关系破裂到实现共赢

早在1962年，全球最大的日化用品制造商宝洁被沃尔玛选为供应商，并与之开始合作，但双方仅仅是纯粹的买卖关系，各自以自身利益最大化为目标，导致不愉快乃至冲突不断发生。

1987年7月，宝洁公司决定改变双方的尴尬境地，开启全新的合作关系。沃尔玛把销售数据和客户信息共享给宝洁，为宝洁的产品研发和生产预测提供市场依据；而宝洁则通过信息技术及时跟踪沃尔玛店铺的销售情况，为沃尔玛提供及时的补货服务，改善了烦琐的订货流程和缺货状况，大大降低了沃尔玛的运营成本，提高了沃尔玛的利润率。

2003年，宝洁514亿美元的销售额中有8%来自沃尔玛；沃尔玛2 560亿美元销售额中有3.5%归功于宝洁。

——思谋案例组《沃尔玛和宝洁如何由冲突走上合作之路》

（3）中美贸易战

贸易战中没有赢家。"美国优先"最终伤害的是全球利益。国际贸易的逻辑绝不是"我要赢，所以你必须输"。2018年中美双边货物贸易总额为6 335.2亿美元，这充分说明两国早已紧紧联系在一起。但2019年，中美两国货物贸易额为5 413.8亿美元，同比下降14.5%。其中，中国对美国出口为4 186.7亿美元，同比下降12.5%；自美国进口为1 227.1亿美元，同比下降20.9%。这说明，贸易战对中美双方都有所损害，与其单方面挑起贸易战，不如"敞开合作的大门"，合作共赢未来。

（4）高铁与民航的竞争与合作

近年，中国高铁迅猛发展，为民众带来了更多的便捷，但也给民航业带来了较大的冲击。面对高铁的发展，民航部门虽然受到挑战，但也深知这是一个新的发展机遇。"空铁联运"为高铁和民航的合作带来了一种新的可能性，这种方式不仅能够促成双方的合作，而且能打造一种全新的生活方式，因而逐渐被民众所喜爱。

民航的优势在于1 500千米以上的长途旅行业务；高铁的优势在于1 500千米以内的中短途旅行业务，而且准点率高，同时可以触达二线以下城市和广大边远地区。两者在中短途旅行业务上虽形成竞争，但在更广泛的时空范围内，却存在广大的合作空间。"空铁联运"能够把两种交通方式有机地融合在一起，给民众提供最佳的出行方案。

正是这种竞争与合作的关系，促进了双方进一步发展，使双方在竞争中找到自身的不足，在合作中共同谋求发展。相信在今后，"空铁联运"将成为民众最喜爱的交通方式之一。

2. 引用句

①天时不如地利，地利不如人和。（《孟子》）

②二人同心，其利断金。（《周易》）

③万人操弓，共射一招，招无不中。（《吕氏春秋》）

④上下同欲者胜，风雨同舟者兴。（"上下同欲者胜"出自《孙子兵法》，"风雨同舟者兴"为后人所加。）

⑤能用众力，则无敌于天下矣；能用众智，则无畏于圣人矣。（《三国志·吴书·吴主传》）

⑥积力之所举，则无不胜也；众智之所为，则无不成也。（《淮南子·主术训》）

⑦单丝不成线，独木不成林。（"单丝不成线"出处：元·《连环计》第二折。

"独木不成林"出处：汉·崔骃《达旨》。后人将其放到一起。）

段落

结构	段落	母理或要点
合作有必要	资源稀缺性决定了我们需要合作。因为，在企业经营中，无论是人才、资金，还是其他资源，都不可能取之不尽、用之不竭。因此，企业的经营不可能面面俱到，只能集中精力在某一领域，以求形成规模效应、降低边际成本、提高边际收益、取得竞争优势。科技巨头苹果是全球现金储备最多的公司，即使如此，他们也仅仅集中精力在发展自己擅长的研发上，而把生产制造交给富士康等合作伙伴。可见，再优秀的公司也是需要合作的。	资源稀缺性
	越来越细的社会分工机制决定了我们必须合作。社会分工机制让我们每个人、每个企业能各司其职，做自己最擅长的事情，这样就可以减少工作转移时的效率损失，大大提高资源利用的效率。而对于那些自己不擅长的事，就可以交给合作伙伴去处理。	社会分工机制
	瓶颈的存在决定了我们必然要合作。"尺有所短，寸有所长"，以色列学者高德拉特的瓶颈理论也告诉我们，任何企业必然存在着限制整体效率提高的瓶颈，整个系统的效率等于瓶颈处的效率。当我们自身的力量无法解决这样的瓶颈时，就需要寻求合作。	瓶颈理论
	规模效应的存在提高了合作的价值。合作可以实现资源的整合和共享，从而使企业拥有更先进的技术、更专业的分工和更优秀的人才。企业可以集中精力发展自己擅长的领域并扩大规模，从而提高生产效率、降低边际成本，获得更丰厚的利润。	规模效应
当然有问题	信息不对称的存在就是合作的一个障碍。一方面，合作达成前，信息不对称的存在可能会导致我们选错合作伙伴，直接埋下合作失败的种子。另一方面，合作达成后，信息不对称极易导致合作双方不能坦诚沟通，甚至互相猜忌、心生怨念，于是工作重点会从解决实际问题转移到规避自身风险上，从而导致合作失败。	信息不对称
	自利性偏差的存在就是合作失败的一个重要原因。所谓自利性偏差，就是指人们常把功劳归因于自己，把过错推脱于他人。合作成功之时，他认为功劳在己，企图分享更多利益；合作失败之后，他认为责任在人，试图减少自己的损失。这样的合作很容易因为心理上的利益分配不均衡而破裂。	自利性偏差

结构	段落	母理或要点
当然有问题	出于零和博弈的心理，企业可能会醉心于霸权地位和垄断地位，抗拒建立合作关系，而是通过种种"小动作"攫取更多的利益，"只想自己单赢，不许他人进步"。	零和博弈
	合作过程中极易出现"道德风险"。经济学家麦金农认为，由于信息不对称和合作中的契约不完备，人们极易做出有利于自己而不利于合作方的行为，这就是"道德风险"。道德风险的存在极易导致合作双方不能坦诚沟通，甚至互相猜忌、心生怨念，于是工作重点会从解决实际问题转移到规避自身风险上，从而导致合作失败。	道德风险
问题能解决	契约对有关各方的权利和义务作出了规定，为人们提供了行为的模式。企业在合作之初要签订契约或协议，规定合作各方享有的权利和需要履行的义务，确保各方利益均等，避免遇事相互拆台、履责相互推诿。	签订契约/合同
	除了依靠企业自身自律外，政府应制定更有针对性的政策法规、更严格健全的法律制度来促进企业加强合作，监督企业合规经营。政府搭好了"台子"，企业才能更好地"唱戏"。	政府监管

范文

合作促共赢

吕建刚

波音收购麦道以抗衡来自空客的竞争，这一成功的商业案例再次证明了合作的意义。合作能促进互利共赢。

首先，资源稀缺性决定了我们需要合作。因为，在企业经营中，无论是人才、资金，还是其他资源，都不可能取之不尽、用之不竭。因此，企业的经营不可能面面俱到，只能集中精力在某一领域，以求形成规模效应、降低边际成本、提高边际收益、取得竞争优势。科技巨头苹果是全球现金储备最多的公司，即使如此，他们也仅仅集中精力在发展自己擅长的研发上，而把生产制造交给富士康等合作伙伴。可见，再优秀的公司也是需要合作的。

其次，越来越细的社会分工机制决定了我们必须合作。社会分工机制让我们每个人、每个企业能各司其职，做自己最擅长的事情，这样就可以减少工作转移时的效率损失，大大提高资源利用的效率。而对于那些自己不擅长的事，就可以交给合作伙伴去处理。

最后，规模效应的存在提高了合作的价值。合作可以实现资源的整合和共享，从而拥有更先进的技术、更专业的分工和更优秀的人才。可以集中精力发展自己擅长的领域并扩大规模，从而提高生产效率、降低边际成本，获得更丰厚的利润。

当然，合作过程中也有一些需要注意的问题。

一是要防范"信息不对称"造成的风险。"信息不对称"极易导致合作双方互相猜忌，甚至心生怨念，工作重点将会从解决实际问题转移到规避自身风险上，从而影响合作效率甚至导致合作失败。因此，合作双方的紧密沟通相当重要。

二是要防止"自利性偏差"出现。人们常常把功劳归因于自己，把错误推脱于他人。合作获益时，他认为功劳归己，企图分享更多的利益；合作亏损时，他认为责任在他人，由此怨天尤人，希望承担更小的损失。可见，合作时要防止这种心理上的利益分配不均所造成的失败。

总之，"积力之所举，则无不胜也"，精诚合作，促进共赢。

（全文共 736 字）

学员习作

1. 习作一

在竞争中合作

老吕 MBA 班学员　刘月

标题可以。

古语有云："一根竹竿容易弯，三缕麻纱扯脱难。"欧洲各国面对波音和麦道两家公司的垄断，放下竞争寻求合作，研制新型客机。面对新的竞争，波音和麦道两家公司也选择合作。这说明，在市场竞争中合作才能共赢①。

①开头段落有些啰唆，须简化。

竞争与合作不是敌对关系。有人认为，物竞天择，有竞争就不能有合作。其实不然，竞争中的合作无处不在，在考研学习中互帮互助、取长补短②，在竞技比赛中团结协作、永争第一，在企业竞争中也有信息交流、技术共享。

②本段指出"竞合"关系，很好。但是"在考研学习中……"这一例子格局不高。记住，我们的身份定位应该是管理者，而不是学生。

既竞争又合作才能真正地成功。合则两利，分则两害，具有合作精神越

③例子的使用突兀，两个例子像是突然跳出来的，应该有适当的过渡词或过渡句。

④例子需要精简。

⑤写文章应该有定位，从"国家"到"企业"再到"个人"，看起来全面，实则混乱。再加上前面的例证也是一会儿国家，一会儿企业，论证对象太多，会导致文章说服力下降。

结尾回扣材料会更好。

来越重要。习总书记提出的"一带一路"倡议，随着越来越多的国家加入，沿途各国经济得到快速发展。华为之所以能够取得成功，就是将"合作"定为企业的发展主题，通过与各地区的通信公司合作，迅速扩大占领各地区市场，增加企业效益。通信公司也在合作中降低了设备购买成本，获得了收益③。由此看来，在竞争激烈的市场中，合作双赢才是赢。

没有合作的竞争，是孤独的竞争，获得的成功只是短暂的。当今很多企业在竞争中不愿去合作，很重要的一个原因是，在合作的时候需要把利益给合作伙伴分一杯羹，丧失了原本可以全部获得的收益。例如，战国时期，秦国采取张仪的策略，联合各国迅速崛起，统一全国。反观赵国、齐国等六国如果采取合作，就可以抗衡强大的秦国，但是各国都有各自的打算，为了各自的利益而相互竞争，放弃合作，最后被秦国一一灭国④。可见，只注重竞争会很快失败，懂得合作才能赢得长久。

合作与竞争是相辅相成的，大到国家的战略合作，小到企业的协同发展、个人的发展问题，竞争中都不要忘记合作⑤。在合作中，合作双方信息互通有无，明确自身的短板和不足之处，找准自身的定位，通过合作取长补短，才能在激烈的市场中取得竞争优势。

合作共赢是一种生存的智慧，也是一种发展的策略。所以，在竞争中合作，才能赢得长久。

总评

本文立意明确，分论点清晰，能围绕论点展开论证，但文章存在一些瑕疵，可评为二类卷偏下，分数区间为24~26分。

2. 习作二

合作才能共赢

老吕弟子班学员 Zoo

20世纪中叶，欧洲各国采取合作的方式，共同阻止美国在民用飞机市场上的垄断。而面对新的竞争市场，波音、麦道重组成为一家新的波音公司，以此抗衡来自欧洲的挑战①。由此可见，在日益激烈的市场竞争中，合作才能共赢。

首先，企业的存在就是为了追逐利益最大化，而市场的份额是恒定的，如果企业想要发展，就要侵吞他方利益②。在竞争如此激烈的环境中，一些自身实力不是极强的企业，一意孤行的结果就是逐渐被淘汰。那么，何不学习欧洲各国民用飞机企业，暂时放下竞争，通过合作来抵御更强的竞争对手③？

其次，合作可以使企业资源互补，实现规模经济，集中优势，也有利于技术创新。正如现在的"奔驰"汽车，是由原来的奔驰和戴姆勒两家汽车公司组成的。这两家本是竞争对手，为了对付福特汽车，他们一致对外，分别把自己擅长的技术整合在一起，成立了戴姆拉本茨有限公司，一跃成为世界屈指可数的汽车大亨。通过合作，两家企业从原有行业霸主福特手中夺取了可观的市场份额，铸造了自己的汽车神话④。材料中的波音和麦道也是如此。

⊙问题④可改为：合作能更好地促进发展。这是因为资源具有稀缺性，再强势的企业也不可能占有全部资源，再厉害的企业也必然有其短处。这时，通过合作就可以整合资源，取长补短；集中优势，形成规模经济，从而降低成本，提高利润。

但是，有些企业仍固执己见，不愿合作，又是为何？一方面，是为"险"所困。因为合作的伙伴之间往往也存在竞争，如果对方趁着合作机会窃取了己方的核心技术，那就会得不偿失。所以，有些企业宁愿自己独自挣扎前行，也不愿合作共赢⑤。另一方面，是为"贪"障目。合作意味着资源共享，而最终收益也应适当分配，可自利性偏差让我们常常从好的方面看待自己，将功劳归于自己，错误推脱给别人，于是在利益分配时更不愿让利一分，

---

①阅卷人看材料看了一万遍，当他看到你开头大段的材料时，会认为这是无用段落，会直接跳过不看。因此，给材料作文的开头一定要简洁。

②首先，本段的分论点不明确。其次，这句话的立场有问题。企业确实是为追求利益而设立的组织，但这并不意味着"企业想要发展，就要侵吞他方利益"，而且"侵吞"含有贬义。

③"一意孤行的结果就是逐渐被淘汰"过于绝对，而且它作为一个判断缺少论据支持。

④说理不够，例子来凑。但需要注意，不能只把例子展开说，而不去论证分析深层次的原因和影响，这样会显得文章冗余。

⑤此句应该删掉，因为此句是结论句，应该在原因分析完成后再进行总结。

⑥此段篇幅过短，说服力也不够。因为，在上一段中你告诉我合作有这么多风险、这么多问题，我都被你搞怕了，这一段你三言两语又想骗我回去搞合作？

希望所有利益都能归属自己。

可是这只是合作过程中存在的一些风险和冲突，我们可以借助外部合同以及法律的约束、加强自身契约精神等措施来规避这些问题⑥。

"单丝不成线，独木不成林。"要想取得成功，合作才是硬道理。

总评

全文的结构是"正反析驳"结构。其中，"正"写了两段。但是，"驳"的部分力度不够，影响了全文的说服力。

本文第二段分论点不明确，第三段出现大段例证。其实，这两段可以合二为一，用说理和简单的例证写明合作的重要性。

总之，本文立意尚可，但文章的说服力有限，可评为三类卷偏下，分数区间为18~20分。

2014年管理类联考论说文母题思路详解

真题原题

论说文：根据下述材料，写一篇700字左右的论说文，题目自拟。（35分）

生物学家发现，雌孔雀往往选择尾巴大而艳丽的雄孔雀作为配偶，因为雄孔雀尾巴越大越艳丽，表明它越有生命活力，其后代的健康越能得到保证。但是，这种选择也产生了问题：孔雀尾巴越大越艳丽，越容易被天敌发现和猎获，其生存反而会受到威胁。

审题立意

🔔 1. 命题背景

2014年的这道题目，考的是一则寓言故事，材料来源于《哈佛商业评论》的一篇关于"孔雀效应"的文章。雌孔雀在择偶时，会以雄孔雀的尾巴大小为标准。尾巴越大，表明雄孔雀越健康、越有优势。这样，大尾巴的基因得到保护，一代代传下去。刚开始的时候，这是优胜劣汰；可是很多代以后，这种单向选择给优胜者带来了问题：尾巴越来越大，行动变慢，更容易被天敌猎获。于是到了一定阶段，孔雀的数量就下降了。

实际上，时常陷入选择困境的又何止孔雀？如同"孔雀的选择"一样，在企业经营过程中，"管理者的抉择"也同样需要承担风险。决策的风险何在？信息的不完整与不对称、决策者本人决策能力有限、对市场情况的误判、宏观环境的制约等，都会是决策产生风险的原因。

毫无疑问，选择带来的机遇与风险并存。当管理者站在选择的"坐标系"时，要顾大局、想长远，全盘考虑，均衡博弈，切忌单纯从个体与局部角度看得失、论成败。要敢于"险"中求胜，更要对风险有把控和防范能力。如此，企业才能在激烈的市场厮杀中得以立足、长远发展。

2. 审题立意（"克罗特"审题立意法）

步骤	内容	分析
K	抓关键 （key words）	关键词：选择。 关键句：这种选择也产生了问题：孔雀尾巴越大越艳丽，越容易被天敌发现和猎获，其生存反而会受到威胁。（需要注意的是，材料中出现了转折词"但是"，后面跟随着关键句。）
R	析原因 找寓意 （reasons）	本题是比较典型的故事型材料的题型，出现的对象都是在以物喻人。管理类联考的本质在于"管理"，所以，站在管理者的角度来看，有以下三方面的寓意： ①孔雀的"选择"，寓意着管理者在企业经营中做出的决策或选择。 ②大而艳丽的尾巴使生存受到威胁，寓意着风险。 ③雄孔雀的尾巴大而艳丽是具有生命活力的象征，同时，却也使其生存受到威胁，寓意着事物具有两面性，凡事有利亦有弊。
O	定对象 （objects）	材料中出现了两个对象：雌孔雀和雄孔雀。 无论站在哪个对象的角度去立意，只要能够自圆其说，能通过论证分析使得别人认同你的观点即可。 ①站在雌孔雀的角度立意：选择与风险、决策与风险、选择带来的得与失。 ②站在雄孔雀的角度立意：想要成功，就要敢于承担风险、付出代价。
A	辨态度 （attitude）	材料中转折词"但是"之前的"生命活力""后代的健康得到保证"等信息，说明雌孔雀选择的"利"所在。而其后"产生问题""生存受到威胁"等字眼，又说明了雌孔雀选择的"弊"所在。很显然，繁衍比较强壮的后代、扩大种群是动物的天性，雌孔雀并不能仅仅因为"弊"就放弃了选择。 尽管材料并没有特定的倾向性，但大家依然不能只说"利"或"弊"的某一方面。大家可以论说"事物的两面性""福祸相依"的道理，或者从管理角度论说"风险和收益""选择的两面性"亦可。
T	定立意 （theme）	结合以上四步分析，本题可以确定立意为——理智冒险、选择带来的得与失、风险与价值的抉择。

结构

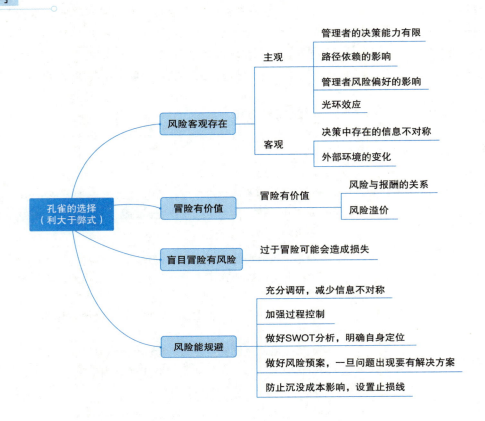

素材

1. 典型事例

（1）新兴技术与风险

新兴技术推动了金融科技的发展，同时也带来了潜在的风险。若是急于在并不牢固的地基上搭建城堡，很可能因小失大。

大数据：大数据的应用可以聚合和分析大规模数据集，但是大数据也会在个人金融信息的收集和使用方面造成潜在的风险，导致个人隐私泄露。

人工智能：随着人工智能在金融领域应用的加快，未来也会出现潜在的风险，比如人工智能算法的公平性和伦理问题，如何确保人工智能算法的安全性和稳健性等。

区块链：区块链作为一种新兴的、具有广泛前景的革命性技术，可被广泛地应用到医疗、溯源、慈善、金融等领域，例如，在"新冠肺炎"疫情期间，区块链技术就在慈善捐赠管理溯源平台、防疫物资信息服务平台等多个场景落地。然而，区块链技术的应用也会产生链上数据泄露、商业敏感信息被曝光等不可预估的风险。

——改编自中国经营网《区块链试水司法流程 监管科技亟须提升》

（2）ofo 没有合理规避风险

小黄车 ofo 在运营过程中，只注重市场的扩张、吸引更多的用户，却没有合理地规避风险。除了没有考虑市场的饱和度以外，也没有注意到资金链的断裂，由此产生了一系列问题，才导致目前的局面。

（3）李彦宏的选择

李彦宏在创立百度初期，有两个方向摆在眼前：一是走谷歌的全球搜索，一是走国内的基础搜索。走全球搜索很可能会像谷歌一样成为全球霸主，但未免拾人牙慧，同时在全球内和谷歌竞争，存在极大的风险，为此李彦宏坚定地选择国内基础搜索。由于李彦宏的选择，百度短时间内成为国内搜索引擎中的佼佼者，成为全球最大的中文搜索引擎。

（4）破除"共享"的路径依赖

街电公司想追随共享的热潮，通过调研观察市场，发现共享自行车和电动车行业已经是人挤人，"共享自行车"已经形成路径依赖，再一头扎进去大概率得到的是失败。但与此同时，街电发现很多顾客出门时经常出现手机用电量不足的情况，为此产生了共享充电宝。街电就是破除路径依赖，走出了自己的共享之路。

2. 引用句

①祸兮，福之所倚；福兮，祸之所伏。（《老子》）
②愚蠢的行动，能使人陷于贫困；投合时机的行动，却能令人致富。（克拉克）
③人生中最困难者，莫过于选择。（莫尔）
④求生，就是在风险与收益之间平衡取舍。（贝尔·格里尔斯）
⑤欲思其利，必虑其害；欲思其成，必虑其败。（诸葛亮）
⑥天下者，得之艰难，则失之不易；得之既易，则失之亦然。（苏轼）
⑦承担风险，无可指责，但同时记住千万不能孤注一掷。（乔治·索罗斯）
⑧不少画家害怕空白画布，但空白画布也害怕敢冒风险的、真正热情的画家。（梵高）
⑨航海者虽然要比观望者冒风险，但是却有希望达到彼岸。

段落

结构	段落	母理或要点
风险客观存在	管理者本身就是企业风险的来源之一。这是因为，任何一个管理者都不可能是面面俱到的全才，一定有其不擅长的领域。再加上管理者的决策能力不同、风险偏好不同，这就很难保证其决策必然科学。	内因：风险偏好
	管理决策上也存在"光环效应"，也就是说，当面临一项决策时，我们往往只看到可观的利益，利益的光环掩盖了潜在的风险，从而让我们做出非理性决策。	内因：光环效应

续表

结构	段落	母理或要点
风险客观存在	外部环境的变化是企业风险的来源之一。无论是宏观的政治法律环境、人文科技环境，还是微观的市场竞争环境、消费者的需求等，都可能产生变化，这就不可避免地给企业经营带来不确定性，风险随之产生。而且，对过往路径的依赖又会加剧这些变化对企业的影响。	外因：PEST分析/路径依赖
	另外，管理决策肯定会受到决策信息的影响。但由于信息不对称的存在，决策信息不可能是完整的。通过有限的信息做决策，当然存在一定的风险性。	外因：信息不对称
冒险有价值	很多人愿意冒险，当然是因为冒险是有价值的。财务管理学告诉了我们风险和报酬的关系：在投资报酬率相同的情况下，人们都会选择风险小的投资，结果竞争使其风险增加，报酬率下降。最后的结果是，高风险的项目必须有高报酬，否则就没有人投资；低报酬的项目必须风险很低，否则也没有人投资。因此，企业家的冒险精神和战略眼光，往往决定了企业发展的上限。	风险与报酬的关系
	投资学上有一个概念，叫"风险溢价"，它是指一个高风险高收益的投资的回报率与无风险的投资的回报率之间的差额。正是风险溢价的存在，才会有人愿意冒险。	风险溢价
盲目冒险有风险	敢于冒险，不是盲目冒险。管理者应该清楚，几乎所有的决策都是在信息不对称、不完整的情况下做出的，再加上决策者能力不同、风险偏好不同，这使得很多决策并不科学，这种决策失误对于企业的经营来说往往是致命的。因此，管理者既要敢于冒险，也要学会理性分析、理智涉险。	信息不对称/风险偏好
但问题可以解决	要想降低决策风险，一是要做好事前调研：这项决策的目标收益有多少？预计成本有多高？潜在风险有多大？决策所需要的资源和条件是否具备？是否违反法律政策？等等。事前调研越仔细，决策就越有依据。二是要做好事中控制。决策执行过程中，要不断地发现问题并迅速解决，不能等最后的不良结果出现后才追悔莫及。	事前调研与事中控制
	首先，企业要提高决策者的风险意识，谨慎决策；其次，企业需建立一套有效的风险防范与规避机制；同时，也要建立完备的风险预警监控体系，并确保其得到有力执行。	
	理智涉险的关键在于用科学的方法来预测风险与效益。SWOT分析就是一套很好的工具，企业通过对自身优劣势的认识，并结合对外部环境中的机会与威胁的评估，来预测风险的大小与自身应对风险能力的高低，从而决定是否进行该项决策。而且，企业应当准确分析市场，结合自身优势和事件发展状况，寻找到合理定位，在全盘考虑的基础上做出正确的选择。	SWOT分析与定位理论

续表

结构	段落	母理或要点
但问题可以解决	要加强危机意识，做好风险预案。一旦出现问题，可以按照事前准备好的应急方案快速处理。	风险预案
	企业应该设置止损线，在发现决策不当时，要懂得及时止步，分析现状，针对实际情况再做出新的选择和行动，切勿因为沉没成本而盲目选择、盲目冒险。这种盲目往往会导致企业遭受更大的损失。	沉没成本

范文

敢于冒险，理智涉险

吕建刚

材料中，雌孔雀的选择也同时带来了风险。其实，企业的经营决策也往往伴随着风险。企业经营既要敢于冒险，又要理智涉险。

企业的经营风险是客观存在的。一方面，企业的外部经营环境是不断变化的，比如政治法律环境、人文科技环境、市场竞争环境、消费者的需求等都在变化，这就不可避免地给企业经营带来不确定性，风险随之产生；另一方面，企业的内部管理也存在风险：研发能出成果吗？营销投入有效吗？是否需要扩大生产规模？这一系列的问题使得企业经营不可能避免风险，那么企业家就应该有点冒险精神。

而且，收益与风险成正比。财务管理学告诉了我们风险和报酬的关系：在投资报酬率相同的情况下，人们都会选择风险小的投资，结果竞争使其风险增加，报酬率下降。最后的结果是，高风险的项目必须有高报酬，否则就没有人投资；低报酬的项目必须风险很低，否则也没有人投资。因此，企业家的冒险精神和战略眼光，往往决定了企业发展的上限。

当然，敢于冒险，不是盲目冒险。管理者应该清楚，所有的决策都是在信息不对称、不完整的情况下做出的，再加上决策者能力不同、风险偏好不同，这使得很多决策并不科学。这种决策失误对于企业的经营来说往往是致命的，因此，管理者既要敢于冒险，也要学会理性分析、理智涉险。

理智涉险的关键在于用科学的方法来预测风险与效益。SWOT分析就是一套很好的工具，企业通过对自身优劣势的认识，并结合对外部环境中的机会与威胁的评估，来预测风险的大小与自身应对风险能力的高低，从而决定是否进行该项决策。

文艺复兴时期的法国作家拉伯雷曾说过一句话："不敢冒险的人既无骡子又无马，过分冒险的人既丢骡子又丢马。"企业经营要敢于冒险，更要理智涉险，争取"得了骡子也得马"。

（全文共706字）

学员习作

1. 习作一

冒点风险又何妨

老吕弟子班学员　缪一馨

标题合理。

开头段没有问题。

　　雌孔雀为了后代的健康，冒风险选择尾巴大而艳丽的雄孔雀作为配偶，正印证了古人所言："不入虎穴，焉得虎子。"收益并非从天而降，有时冒点风险又何妨呢？

古今论据充分，表达简洁有力。

　　人不经"险"难成才，业不经"险"难成功。古有刘邦造反、李世民兵变，正是冒着断头的风险，才成就一番帝王霸业。今有任正非创业，放下安逸生活，在商海浮沉中激流勇进，才有了华为的传奇。可见，获得成功，取得收益，都非谈笑而来，皆要冒险取之。

　　"不入虎穴，焉得虎子"的道理相信大多数人都懂，然而做到这一点并不容易。一方面，在自保心理的驱使下，安于现状才是大多数人的处世哲学。对于很多人来说，眼下的利益才是最重要的，为什么要为了未知的利益而舍身去冒险。另一方面，对于企业来说，冒险是需要承担机会成本①的，在行动过程中，很可能会因此失掉其他既得利益，一旦失败，便将是企业不小的损失。

①母理：机会成本。

驳斥段写得很好。

　　有人会说："高风险未必能有高收益，冒险而失败的事数不胜数。"诚然，不是每个人都会成为任正非，不是每个企业都可以像华为那么成功。但是，拒绝冒险，就能避免风险吗？不能。因为生存在这世上本身就是一种冒险，吃饭可能被噎，走路可能被撞，企业可能被市场淘汰。但你能因为这些就停止进食，拒绝出门，甚至不办企业吗？既然风险客观存在，我们不如主动面对。

　　当然，冒险不等同于冒进，在承担风险的同时，也要充分考量，用科学的方法来预测风险与收益，冷静分析后果和对策才能让冒险行为更有效率，让收益来得更有保障。

结尾简洁大方，回扣材料。

　　"人生若不是大胆地冒险，便是一无所获。"孔雀凭本能尚能实践这个道理，更何况我们。若真正渴望成功，冒点风险又何妨。

总评

全文来看，中心明确，结构完整，层次较清楚，语句通顺，书写清晰，理论深度再增加一下会更好。可评为二类卷偏上，分数区间为27～29分。

2. 习作二

有风险也可选择

老吕弟子班学员　李牛牛

雌孔雀选择配偶时，往往选择尾巴大而艳丽的雄孔雀，以保证后代健康，但是这种选择也冒着被天敌发现和猎获的风险。在我看来，冒这点风险又何妨？有风险也可做选择。

吃感冒药都有副作用，但这点副作用并不能阻止我们追求更大的利益；赤壁之战中，孙权虽知投降可保一时平安，但他仍然决定冒着兵败的风险开战，最终成就了一段佳话；任正非放弃了稳定的工作，敢于冒着失败的风险创业，最终成就了华为的商业传奇①。可见，要想获得更大的收益，偏安一隅是行不通的，更大的收益往往是给那些勇于尝试、敢于冒险的人。

人们往往害怕自己做出的选择得到的不是预期效果，使自己过去的付出成为沉没成本。但生活中的选择往往是收益与风险并存，要想获得更大的收益，必然要冒一定的风险，只有好处没有风险的选择并不常见②。企业开发新产品可能会有血本无归的风险，难道企业就要死守老本，不敢前进吗？大学毕业生找工作，可能找到的是一份自己不喜欢或不适合的工作，但如果不勇于尝试，只会丢失更多发展机遇，浪费大好青春。

⊙问题②建议改为：生活中往往收益与风险并存，要想获得更大的收益，必然要冒一定的风险。

当然，我们所提倡的也不是只顾利益毫不考虑风险③。贩毒以极高的利益吸引许多亡命之徒奋不顾身④，就像马克思所说："当利润高达100%时，他们敢于践踏人间一切法律；当利润达到300%时，甚至连上绞刑架也毫不畏惧。"这些毒贩为了获得那极高的利润，冒着妻离子散、身陷囹圄的风险也毫不畏惧。他们的行为最终只能使自己成为危害国家、人民的毒瘤，堕入深渊⑤。

⊙问题⑤建议改为：贩毒能获得极高的利润，但是危害国家、危害人民、触犯法律，这种冒险是万万不可行的。

当今世界瞬息万变，竞争与机遇并存，我认为在坚守法律和道德的前提下⑥，勇于尝试，敢冒风险才是最佳选择。

---

①三个例子的使用有问题：一是三个例子差异太大，使用这样的例子应该有过渡。二是安排例子时，应该有逻辑关系，是从古到今，还是由小到大，等等。
另外，本段段首最好加上分论点，这样才能方便阅卷人阅卷。

②建议在段落开头简明扼要地点出分论点。建议将第一句删除，将第二句精简。

③让步句使用不当。让步句应该是前面承接上文，后面开启下文。但此处上文并不是谈"利益"。

④这个例子在此处多余。

⑤表达啰嗦，且论说文不是散文，不必出现过多的修饰词来抒情。

⑥多余。

> **总评**
> （1）分论点不明确，这会影响阅卷人阅卷。
> （2）例子的使用存在多处不当，逻辑关系不好。
> （3）可评为四类卷，分数区间为 11~17 分。

2015 年管理类联考论说文母题思路详解

真题原题

论说文：根据下述材料，写一篇 700 字左右的论说文，题目自拟。（35 分）

孟子曾引用阳虎的话："为富，不仁矣；为仁，不富矣。"（《孟子·滕文公上》）这段话表明了古人对当时社会上"为富""为仁"现象的一种态度，以及对两者之间关系的一种思考。

审题立意

1. 命题背景

首先来看命题的大背景：

2014 年 7 月，习近平主席在访问韩国国立首尔大学时，发表过题为《共创中韩合作未来 同襄亚洲振兴繁荣》的演讲，他说道："倡导合作发展理念，在国际关系中践行正确义利观。'国不以利为利，以义为利也。'在国际合作中，我们要注重利，更要注重义。中华民族历来主张'君子义以为质'，强调'不义而富且贵，于我如浮云'。"

富，即利也；仁，即义也。这是中国哲学史上一个重要的话题——"义利之辨"。其实，义利观这个问题，我国领导人这几年一直在强调，比如，2015 年李克强总理在访问拉美时，强调"'正确义利观'下谈钱不伤感情"，等等。

另外，本文与 2009 年的管理类联考真题"由三鹿奶粉事件所想到的"有一定的相似性，可互相参考。

其次来看这个材料的出处：

"为富，不仁矣；为仁，不富矣"这句话来源于《孟子·滕文公上》，原文如下：

滕文公问为国。

孟子曰："民事不可缓也。《诗》云：'昼尔于茅，宵尔索绹；亟其乘屋，其始播百谷。'民之为道也，有恒产者有恒心，无恒产者无恒心。苟无恒心，放辟邪侈，无不为已。及陷乎罪，然后从而刑之，是罔民也。焉有仁人在位，罔民而可为也？是故贤君必恭俭礼下，取于民有制。阳虎曰：为富不仁矣，为仁不富矣。"

孟子的这段话讲的是如何"为国"，即君主应该如何治理国家。因此，孟子这段话的原意其实是"如果一个君主想要自己变富（如加重赋税），就难以施行仁政；如果想施行仁政，就不要想着变富"。

但是，考生们应该清楚，首先，随着历史的发展，"为富不仁"这个词的意义已经有所变化，我们理解的"为富不仁"已经不再是孟子的原意；其次，这么复杂的一段《孟子》，除非你是专门研究孟子的专家学者或者孟子学说的资深爱好者，否则你很难在考场上了解其原意，当然，你更不可能把文章写成如何轻徭薄赋、施行仁政。因此，我们在考完试以后拿着一道历史上的真题，通过百度查找各种资料，再对材料的出处及其意义进行强行的过度解读，除了假装自己多么有学识以外，对于我们的备考并无实际帮助。

总之，我们的审题要放在考场背景下进行，对材料的文字本身进行理解和分析，短时间内迅速抓住材料的意思并确定立意。对材料进行脱离考场的过度解读没有意义。另外，平时练习时我们对命题背景的分析，要抓实事、抓国家的方针政策，这样是为了预测未来有可能会考到什么话题，而不是为了分析过去的考题。

2. 审题立意（"克罗特"审题立意法）

步骤	内容	分析
K	抓关键 （key words）	关键词：为富、为仁。 关键句：对两者之间关系的一种思考。
R	析原因 找寓意 （reasons）	本材料没有什么寓意，就是很直白地问我们"为富"和"为仁"的关系。 孟子认为：为富就不能为仁，为仁就不能为富，两者之间的关系是矛盾的。 但孟子的观点就是正确的吗？实际上，"富"是所有人、企业、国家共同的追求，它与"仁"并不矛盾，"富"是"仁"的物质基础。当然，盲目追求"富"也容易出问题，还需要"仁"作为精神保障。
O	定对象 （objects）	写作对象可以是人，也可以是企业。
A	辨态度 （attitude）	支持"为富"与"为仁"，反对"见利忘义"。
T	定立意 （theme）	参考立意："仁"与"富"相辅相成；既要"为富"，又要"为仁"。

结构

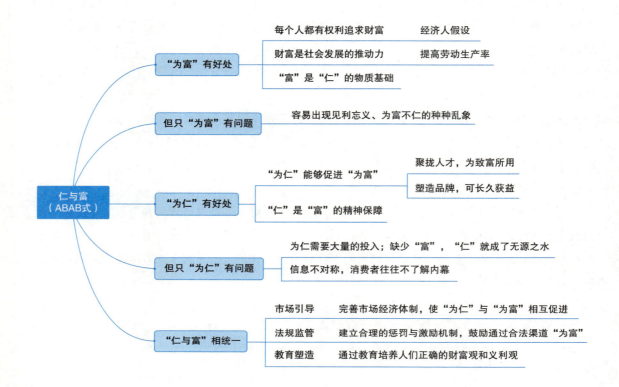

素材

1. 典型事例

（1）恒大做慈善

恒大集团 23 年如一日地投身公益慈善，肩负起了一家龙头房企应有的使命和责任。恒大认为，奉献社会与追逐利润并不矛盾。企业回报社会的成本虽高，但其会带来良好的社会反响，符合消费者的心理期望，从而在未来可以给企业带来更多的益处。

（2）利义共生，神威药业的成功

"非典"期间，板蓝根一下子成了抢手药，供不应求。不少小企业从眼前利益出发，不顾大义，大肆涨价赚钱。面对这种情况，石家庄神威药业坚守企业口号"以义取利，利义共生"，毫不犹豫地选择降价，并千方百计扩大生产，平稳市场上的药价。这些药企固然是商业企业，重视利益，但从长远看，放弃眼前的小利而选择大义，才能赢得长久的信誉。果然，"非典"过后，神威药业销售业绩一片大好。

（3）邓小平鼓励义中取利，合法致富

改革开放的总设计师邓小平，以惊人的胆识，提出了"可以让一部分人通过诚实劳动、合法经营先富起来，先富带动后富"的主张。他说："不能认为所有追求财富的人都是腐朽的、堕落的，只要在法律和社会主义道德范围内，合法获取的财富就是值得肯定的。"

（4）"蚂蚁森林"被联合国赞誉

"蚂蚁森林"是支付宝用于度量人们日常活动的碳减排量，折合成对应数值的金额后，将资金用环境保护的一项互联网+公益项目。2016 年 8 月，蚂蚁金服宣布为旗下支付宝平台的 4.5 亿实名用户推出了"碳账户"概念，并在此后先后与 12306、ofo 合作，倡导用户通过个人的低碳行为减少碳排放量。至今，"蚂蚁森林"已累计种下百万棵树用于绿化环境，被联合国秘书长称赞："具有独一无二的意义"。阿里巴巴在企业发展过程中不忘社会责任，推出"蚂蚁森林"项目，倡导用户用自身行动减少碳排放量，被联合国称赞，获得了"义利兼得"的双赢结果。

（5）人民网三批"王者荣耀"，腾讯股份一日蒸发 1 300 亿

"王者荣耀"是由腾讯游戏开发的一款手游，仅仅两年已有超过两亿的注册用户，日均活跃用户达 8 000 万人。然而，腾讯公司在获取巨额收益的同时，也遭到了众多媒体的批评。2017 年 6 月下旬，先由《杭州晚报》《钱江晚报》等媒体报道"王者荣耀"用户低龄化和学生沉迷的案例，后自 7 月 2 日起人民网连续发文三批"王者荣耀"游戏虚构扭曲历史，对儿童身心健康造成巨大伤害。人民网发文后，腾讯控股股价暴跌，市值蒸发千亿港元。腾讯游戏的成功不可否认，但承担社会责任是企业应尽的义务。在争取商业利益的同时，也需要尽到企业的社会责任。

2. 引用句

①商业合作必须有三大前提：一是双方必须有可以合作的利益，二是必须有可以合作的意愿，三是双方必须有共享共荣的打算。此三者缺一不可。（李嘉诚）

②世界上有两根杠杆可以驱使人们行动——利益和恐惧。（拿破仑）

③私欲之中，天理所寓。（王夫之）

④精明的人是精细考虑他自己利益的人，智慧的人是精细考虑他人利益的人。（雪莱）

⑤凡百事业，收效愈速，利益愈小；收效愈迟，利益愈大。（孙中山）

段落

结构	段落	母理或要点
"为富"有好处	每个人都有权利、有自由去追求自己的合法利益。多一点理性，做一些权衡，更好地为自己考虑，也无可厚非。很多人看到别人追求利益，就鄙夷之，甚至仇恨之；但转过身来自己面对利益时，却是一副唯利是图的丑恶嘴脸，实在可笑。面对财富，与其是一副欲言又止、欲拒还迎、遮遮掩掩的样子，还不如大大方方去追求自己的合法利益。	经济人假设

续表

结构	段落	母理或要点
"为富"有好处	财富本身其实就是社会发展的推动力。企业家为了追求财富而生产产品、提供服务，职工为了追求财富而钻研技术、勤奋工作，这不正好推动了生产力的发展吗？而生产力的发展，才是提高大家生活水平的真正保障。对财富的追求，使得社会发展了、技术进步了，大家的生活也随之变好了，这不正是"仁"的最好体现吗？	提高劳动生产率
	"富"是"仁"的物质保障。无论是我们想做慈善，还是企业想肩负起自己的社会责任，手里有钱是基础。	"富"是"仁"的物质保障
只"为富"的问题	如果一个人或者一个企业，只为了追求财富而不择手段，也会出现种种问题。从前几年的"毒奶粉""地沟油""瘦肉精""苏丹红"等事件，到最近的"糖水燕窝"事件，无一不是见利忘义的产物。	见利忘义的例子
"为仁"的好处	"仁"是"富"的精神保障。当今社会，见利忘义者并不鲜见："毒奶粉""地沟油""毒疫苗""毒跑道"等事件屡见不鲜。这是为何？究其原因，是这些人、这些企业丢掉了仁义，只为求富。然而，这些"富"并不长久，很容易"东窗事发"，使当事人锒铛入狱。须知"厚德载物"，"富"需要"仁"作为精神保障。	"仁"是"富"的精神保障
	"为仁"有时可促进"为富"。因为对一个企业来说，"仁"意味着货真价实、童叟无欺，这正是企业诚信经营的表现，有利于品牌的建立，从而在未来增加企业的收入。	品牌价值
	信息不对称的存在，为某些为富不仁的行为提供了外部条件——商家往往是信息优势方，即使做出以次充好等不仁之事，也很难被发现。	信息不对称
只"为仁"的问题	"为仁"需要大量的投入；缺少"富"，"仁"就成了无源之水、无本之木。	"为仁"必须"为富"
	诚信经营、以义取利意味着企业要真材实料、童叟无欺，这无疑会提高企业的生产经营成本。但市场上却存在信息不对称的现象，你真材实料的好产品，未必能被消费者认识到，反而是那些偷工减料的商品，因为成本低、价格低而获得了竞争优势。如此一来，就形成了"劣币驱逐良币"的后果，见利忘义就成了很多人必然的选择。	信息不对称
"仁与富"相统一（提方案）	继续完善市场经济体制，强化社会信用体系，让"为仁"者反而有利可图，让见利忘义者无空可钻，这样就会让更多的人自发自觉地"为仁"。	强化理论（市场）
	政府应完善当前的法律法规，建立合理的惩罚与激励机制，鼓励企业通过合法渠道"为富"，对为富不仁的企业予以惩罚，借由完备的规则及市场机制，让整个社会变得更好。	强化理论（法治）
	如果只用法律法规来实现"为仁"，有时候会事倍功半。因为法律的监管不可能面面俱到，而且有时候执法成本也很高。因此，通过教育加强人们的"为仁"意识，让大家自觉地"为仁"，有时候可以起到事半功倍的效果。	教育

范文

以仁求富，善莫大焉

吕建刚

孟子曾引用阳虎的话说："为富，不仁矣；为仁，不富矣。"孟子虽贵为"亚圣"，但窃以为此言差矣。在我看来，以仁求富，善莫大焉。

首先，每个人都有权利、有自由去追求自己的合法利益。多一点理性，做一些权衡，更好地为自己考虑，也无可厚非。很多人看到别人追求利益，就鄙夷之，甚至仇恨之；但转过身来自己面对利益时，却是一副唯利是图的丑恶嘴脸，实在可笑。面对财富，与其是一副欲言又止、欲拒还迎、遮遮掩掩的样子，还不如大大方方去追求自己的合法利益。

其次，财富本身其实就是社会发展的推动力。企业家为了追求财富而生产产品、提供服务，职工为了追求财富而钻研技术、勤奋工作，这不正好推动了生产力的发展吗？而生产力的发展，才是提高大家生活水平的真正保障。对财富的追求，使得社会发展了、技术进步了，大家的生活也随之变好了，这不正是"仁"的最好体现吗？所以，"富"非但与"仁"不是对立的，反而是"仁"的物质保障。红顶商人胡雪岩曾经说过"要想做好事，手中先有钱"，恐怕说的也是这个道理。

所以，我们反对的不是"富"本身，而是见利忘义、为富不仁。

俗话说："君子喻于义，小人喻于利。"这里的"小人"，就是唯利是图、见利忘义的人。其实，利益不是不变的真理，仁义也不是古板的说教。如果一个人心中只剩下一个"利"字，一味见钱眼开，对高尚嗤之以鼻，恐怕会在追求财富的道路上误入歧途。"毒奶粉""地沟油""瘦肉精""苏丹红"、加洗衣粉的油条、加漂白剂的面粉，无一不是见利忘义的产物，但这些人和企业的最后结果怎样？要么被消费者唾弃，要么被法律严惩，堕入深渊。

王安石曾说："聚天下之人，不可以无财；理天下之财，不可以无义。"所以，为富者，切记为仁；为仁者，不忘求富。只有这样，才能推动社会和谐有序地发展！

（全文共733字）

学员习作

1. 习作一

求富路上，仁义随行

老吕母题特训营学员　张弛

古语有云："为富，不仁矣；为仁，不富矣。"依我之见，仁与富的关系不是割裂的，而是相互影响、相互作用的。求富路上，仁义随行。

见利忘义，必不可取。菲尔丁曾说："把金钱奉若神明，它就会像魔鬼一样降祸于你。"如果一个人心中只剩下一个"利"字，而将仁义抛到脑后，一味见钱眼开，只会在求富路上误入歧途。"毒奶粉""地沟油""瘦肉精"，这些企业满口仁义道德，一肚子见利忘义。他们禁不住成本低廉、获利迅速的诱惑，在短期利益面前败下阵来①。然而，随着信息愈发公开透明，违法成本愈发高昂，他们最终也难逃法律的制裁。因此，"仁"是"富"的警戒线，越线之后，必将滑向万丈深渊。

取义否利，也不可行。亚当·斯密认为："人的一切行为都是为了最大限度地满足自己的私利，以获取经济报酬。"但是这种利己的本性，却促进了劳动生产率的提高，使整个社会获得最好的福利状态，这就是"经济人假设"告诉我们的道理。可见，人们在追求利益的同时，往往更有效地促进了社会的利益②。如果人人只说仁义至上，闭口不谈利益财富，那么将会导致一个效率低下的人情社会，而非利益驱动、发展快速的现代社会。因此，"富"为"仁"提供了物质上的保障。

所以，求富路上，仁义随行。以盈利为目的的企业应当具备足够的社会责任感，因为能力越大，责任越大，为了给国家交税、给员工发工资、给社会解决就业，企业也必须盈利③。一个既有社会责任感又具备盈利能力的企业才能收获消费者的信任，市场也会给予其相应的回报。所谓"义以生利，利以丰民"，当是如此。

⊙问题③建议改为：所以，求富路上，仁义随行。一方面，以盈利为目的的企业应当具备足够的社会责任感，因为能力越大，责任越大；另一方面，为了给国家交税、给员工发工资、给社会解决就业，企业也必须盈利。

王安石曾说："聚天下之人，不可以无财；理天下之财，不可以无义。"可见，仁与富并不矛盾，求富路上，仁义二字当常挂心头，常伴吾身。

标题很好。

引材料+过渡句+论点句。

①"毒奶粉""地沟油""瘦肉精"，这些例子确实挺好，但是它们是我十年前针对"三鹿奶粉事件"写出来的例子。在写文章时，可以用一些新例子，比如长春长生疫苗，等等。

②母理：经济人假设。

③此句连词使用不当，以致影响了其逻辑性。

> **总评**
>
> 本文结构严谨，论证有力，语言表达流畅。虽有小细节尚待完善，但瑕不掩瑜，仍可评为一类卷，分数区间为 30～35 分。

2. 习作二

"为富"也要"为仁"

老吕母题特训营学员　圆圆

孟子曾言："为富，不仁矣；为仁，不富矣。"但对于当今社会而言，二者未必不能共存。为富可以为仁，同时，也倡导要为仁先为富。

<u>为富是指积累财富的结果，而为仁是指使用、支配财富的过程或方法①。</u>

⊙问题①建议改为：为富是个人财富的积累，而为仁则是对他人利益的兼顾。

首先，<u>为富和为仁并不矛盾，是可以共存的②。</u>如果一个个体积累的财富连最基本的生存问题都不能解决，又怎么去苛求他去为仁呢，这是不现实的。为富为为仁创造条件。人只有在满足了基本需求之后，才有余力去考虑更高层次的精神追求。"仓廪实而知礼节，衣食足而知荣辱。"就是这样的道理。

⊙问题②建议改为：首先，为富是为仁的先决条件。

<u>再者，为富必须先为仁③，趋利避害是人的本性，而要想在现在的市场经济中获得利益，就必须自我实现，通过利他，人们可以满足自身更高层次的需求④。</u>正所谓"先义后利者荣，先利后义者辱"，不外如是。为仁可以更好地帮助个体达到预期目标，实现自我价值，从而更有利于为富目标的达成。

⊙本段建议改为：

再者，为富必须先为仁。尽管趋利避害是人的本性，但要想在现在的市场经济中获得利益，就必须遵从相应的市场制度，避免为富不仁的行为，否则会受到相关法律的制裁。这正应了一句老话："先义后利者荣，先利后义者辱。"

标题不错。

① "为仁"定义不当。

② 分论点要总领整个段落，此处表达不当。

③ 论点，要用句号与之后的分析隔开。

④ 本句有两个问题。第一，"趋利避害"和后面的话是让步关系，应该加连词"尽管"；第二，"自我实现""更高层次的需求"与前面的"获得利益"无关。

⑤此处将一个可能发生的行为，描述成一个必然发生的行为，存在不当。

虽是如此，为富不仁未必不会发生。 在当今社会的转型阶段，追逐利益依旧是每个人的本性，而人们缺乏自律意识⑤，不足以对自我进行有效的约束，进而导致许多人为实现财富的积累，不择手段。 在一般人难以抵挡的诱惑面前，纷纷缴械投降。

⊙本段建议改为：

当然，现实生活中，为富不仁的现象也时有发生。这是因为，不管社会处于什么样的发展阶段，人们趋利避害的天性是不会变的。如果缺乏自律意识，不能对自我进行有效的约束，就会有人为实现财富的积累，不择手段，在利益面前，缴械投降。

⑥本段有两个问题：第一，要实现"良性制度"，要"通过制度……"，这是循环论证；第二，过多地使用"势必"等绝对化的程度词。

结尾没有问题。

为富不仁的手段使得大多数人有羞愧感，即便如此，仅仅依靠人们的自律来抵挡强大的利益诱惑依旧是不现实的。 因此，要实现为富先为仁的良性制度，就必须确保为仁者能够实现预期的目标，即精神和物质的双重满足，通过制度来保证为仁是可以为富的。 没有完善的制度约束人们的行为，以及低成本的违法，势必会驱使人们追逐利益，为了短期利益，做出伤害他人的行为。 ⑥

"为仁"须先"为富"，"为富"可以更好地"为仁"。 要辩证地看待二者之间的关系，社会的发展离不开两者的协同进步。

总评

文章论点明确，结构完整，论证也较为有力。 但行文细节上待优化的地方太多，影响了得分。 本文可评为二类卷，分数区间为 24~29 分。

2016 年管理类联考论说文母题思路详解

真题原题

论说文：根据下述材料，写一篇 700 字左右的论说文，题目自拟。（35 分）

亚里士多德说："城邦的本质在于多样性，而不在于一致性。……无论是家庭还是城邦，它们的内部都有着一定的一致性。不然的话，它们是不可能组建起来的。但这种一致性是有一定限度的。……同一种声音无法实现和谐，同一个音阶也无法组成旋律。城邦也是如此，它是一个多面体。人们只能通过教育使存在着各种差异的公民，统一起来组成一个共同体。"

审题立意

1. 命题背景

这道题的材料源自亚里士多德的《政治学》一书。但是，管理类联考的考生读过这本书的可能性极小，在考场上也不可能了解亚里士多德的作品及其观点，因此，对于这个材料，考生只需要关注材料本身，对材料背后亚里士多德的主张没必要做过多了解。

实际上，这道题与亚里士多德其实关系不大，命题背景应该追溯到 2015 年。

2015 年 5 月 18 日，习近平主席在参加中央统战工作会议时指出："做好新形势下统战工作，必须<u>正确处理一致性和多样性关系</u>，统一战线是一致性和多样性的统一体，<u>只有一致性、没有多样性，或者只有多样性、没有一致性，都不能建立和发展统一战线</u>。"

2. 审题立意（"克罗特"审题立意法）

步骤	内容	分析
K	抓关键 （key words）	关键词：多样性、一致性。 关键句：城邦的本质在于多样性，而不在于一致性。
R	析原因 找寓意 （reasons）	多样性代表的是人们之间资源、思想及技能的差异，这种差异性奠定了市场经济的基础，并且给高效的社会分工提供了基本条件。 　　一致性代表的是人们共同的行为准则和价值观，这种统一性是社会稳定、国家长治久安的基础。
O	定对象 （objects）	这道题论证的主题是"多样性与一致性"，材料引用的又是亚里士多德关于"城邦"的观点，如果单从个人或者企业的角度出发未免过于狭隘，考生应该从社会角度出发进行立意和写作。
A	辨态度 （attitude）	题干的第一句话很清楚地表明"城邦的本质在于多样性，而不在于一致性"，所以，材料很明显是在强调"多样性"的重要性，"多样性"是核心主题；但同时，材料中也明确强调了"有着一定的一致性"，所以我们在立意时，要把"一致性"也考虑在内。
T	定立意 （theme）	结合以上四步分析，我们可以发现，材料中明确表明了"多样性"比"一致性"更重要，所以本题最安全的写法就是"既要着重写好多样性，又要提到一致性"，故本题的最佳立意为——包容多样性，促进一致性。

结构

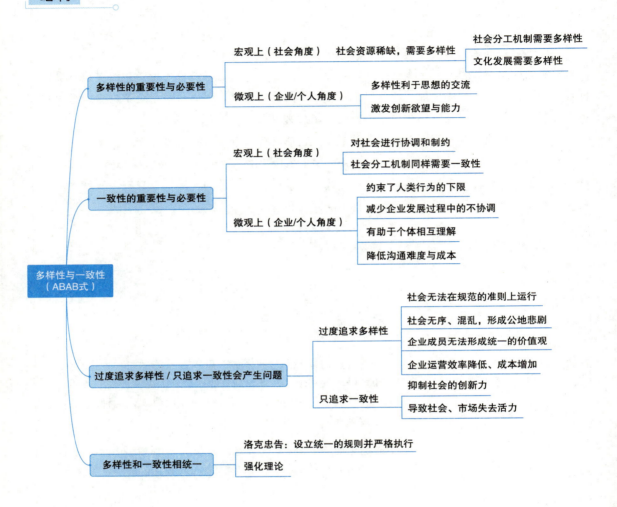

素材

1. 典型事例

（1）生物多样性

生物多样性是生物及其环境形成的生态复合体以及与此相关的各种生态过程的综合，包括动物、植物、微生物和它们所拥有的基因以及它们与其生存环境形成的复杂的生态系统。这种多样性包括遗传多样性、物种多样性和生态系统多样性三个组成部分。

其中，物种的多样性是生物多样性的关键，它既体现了生物之间及环境之间的复杂关系，又体现了生物资源的丰富性。

——百度百科《生物多样性》

（2）我国的民族政策

我国采用全国统一的法律体系、倡导主流价值观，但也尊重不同地区、不同民族的文化差异。

（3）小米统一的规章制度办大事

小米雷军在创业初期为了聚集员工凝聚力，建立了统一的规章制度，当然也适用于雷军自己。有了同样的规章制度，员工才和老板结为利益共同体、事业共同体、命运共同体。一致的规章制度能凝聚人心、汇聚力量，实现了小米集团内部最大限度的团结联合，使得小米一度成为世界手机大厂。

（4）多样化的支付方式，快捷的不仅仅是生活方式，还促进了创新

互联网金融经过近几年的快速发展，呈现出百家争鸣之势，也随之诞生了多种支付方式。支付方式的多样化方便了不同受众人群的生活，与此同时，由支付方式衍生出来的多样创新激发了企业的创新欲望，不同支付方式的碰撞，促使企业朝着更多样化的方向发展，创造出更多利民的网络产品。

（5）微软多样的办公方式

微软为了提高员工办事效率，允许员工个人采取多样的办公方式，可以在家工作，也可以带着宠物来公司工作。一个月后，公司发现员工效率提升了将近一半，企业利润由此增加了一倍。

（6）秦始皇统一度量衡

秦国统一度量衡后，让秦国各地在计量物体长短、容积、轻重上有了标准的度量准则，给当时的商业和经济发展提供了便利，消除了地方割据势力，增加各地百姓对统一国家的认同感，利于整个国家的稳定和团结。

——来源于网络

（7）福特汽车统一的生产汽车标准

福特汽车为了增加汽车产量，在美国各州都开设工厂，但效果不佳。经研究发现，原来是各州工厂流水线标准不统一，难以批量生产。由此，福特制定了统一的生产标准，批量生产才得以成功，高效的批量流水生产作业，缩短了汽车生产所需的时间，成本和资源消耗大幅下降，使福特成为美国汽车行业霸主。

2. 引用句

①同一种声音无法实现和谐，同一个音阶也无法组成旋律。（亚里士多德）

②万人操弓，共射一招，招无不中。（《吕氏春秋》）

③声一无听，物一无文，味一无果，物一不讲。（《国语·郑语》）

④君子和而不同，小人同而不和。（《论语》）

⑤个性就是差别，差别就是创造。（爱迪生）

⑥人们生而平等，但又生来个性各有千秋。（弗洛姆）

⑦一棵树上很难找到两片叶子形状完全一样，一千个人之中也很难找到两个人在思想情感上完全协调。（歌德）

段落

结构	段落	母理或要点
多样性的重要性与必要性	每个人拥有的资源是多样的，为了获得其他资源，人与人之间要进行交换，而交换正是市场的基石，现代经济得以发展也是源于市场经济的发展。	资源稀缺性
	企业、国家可以高效运转的原因之一，在于现代的社会分工机制。之所以能分工合作生产，是因为每个人拥有的长处、技能是多样性的。每个人各司其职，做其擅长的事情，可以减少工作转移时的效率损失，大大提高资源利用的效率。	社会分工机制
	因为每个人掌握的信息是多样的，这为思想的交流提供了基本条件。不同于物物交换，思想的交换实际上是一个"做大蛋糕"的过程。正如萧伯纳所言："你有一种思想，我有一种思想，彼此交换，我们就都有了两种思想，甚至更多。"	信息不对称
	文化发展需要多样性。文化的差异不仅体现了不同民族的历史与发展，更对文化贸易有直接促进作用，因为相对于熟知的事物而言，人们对新鲜的事物更具消费意愿。	文化多样性
一致性的重要性与必要性	人类共有的道德及规则是一致性的体现之一。规则约束了人行为的下限，而道德可以体现人行为的上限，上下限通备，国家方能长治久安。	规则约束
	高效的分工机制，需要一致性的协调和制约。共同的法律、道德、价值观是各种不同的人能够通力协作的基础。	社会分工机制
过度追求多样性/只追求一致性会产生问题	单纯追求一致性会导致社会、市场失去活力。一致性固然可以提升效率，并且能确保社会的安稳运营，然而仅追求一致性是单调的，而单调的市场往往会因同质化而走向衰败。美妙的乐章需要不同的旋律，社会的和谐也需要多样性的发展。亚里士多德所言，正是此理。	导致社会、市场失去活力
	缺失了规则、道德等一致性的指引，会增加社会管理的成本。规则和道德的缺位，会使得某些人做出逾矩之事，而坏的行为往往会形成"破窗"，进而形成仿效之风。长此以往，违规的人多了，守则的人少了，高昂的管理成本往往使社会的和谐难以为继。	破窗效应
	缺乏引导和限制的多样性对于社会来说是一场灾难。包容多样性的发展，不意味着纵容，多样性也需要一致性的协调和制约，这样才能发挥其应有的作用。倘若人人由着自己的性子来，肆意追逐自身的利益，其结果只能是对公共资源产生破坏，形成"公共地悲剧"。	公共地悲剧

续表

结构	段落	母理或要点
多样性和一致性相统一	资源有限，为了能够更好地发展多样性，我们应提高资源的利用效率。为了达到这一目的，我们应设立统一的规则并严格执行，因为正如洛克忠告所言：没有令行禁止的统一规则，就没有高效率。	洛克忠告
	如何包容发展多样性？正向强化往往会有良好的作用。对于能促进多样性的行为，我们予以相应的激励措施，其行为便会反复出现。长此以往，多样性的发展自然得到了保障。	强化理论

范文

1. 范文一

求同存异，促进社会发展

老吕团队　张英俊

亚里士多德曾说："城邦的本质在于多样性，但这种多样性以一致性为前提条件。"这句话在社会快速发展的今天，仍具有现实意义。想要促进社会和谐、稳定，必须要做到"求同存异"。

"一致性"是指社会共同认可的规范制度。如果没有标准上的一致认可，社会就无法在规范的准则上运行，也就无法形成一个稳定的预期，社会的无序性将会导致内部混乱。试想，如果社会各个部分之间没有任何一致性作为规范和底线，出于"自利性偏差"，家庭、学校、城邦，都将会变成一盘散沙，分崩离析。因此，"求同"是社会发展必然要求。

其次，"求同"也是社会稳定的需要。"求同"可以减少社会发展过程中"不协调"的音符，有助于社会统一前进步伐、减少沟通成本、提高发展效率。同时，"求同"可以使社会个体互相理解、包容互助，进而降低沟通成本，增加合作发展的机会。相反，如果每个人都"各执己见"、过分"强调差异"，不仅会错失转瞬即逝的机遇，还有可能使社会发展陷入停滞。

但是，过分保障"一致性"，也会出现一些问题。一方面，如果一致的"标准"或"底线"太过严苛，造成管理上的简单粗放，就会压抑社会个体的积极性和创造性。另一方面，亚里士多德曾说过："同一种声音无法实现和谐，同一个音阶也无法组成旋律。"如果万物万事都"清一色"了，事物的发展、社会的进步也就停止了。

可见，"求同"没有问题，但社会发展也要"尊重差异"。社会资源是有限的，而"人与人之间的差异"使得每个个体都有自己的比较优势。只有"尊重差异"，个体才可以在擅长的领域"各尽其才",这样不仅有利于优化社会资源的配置,还能对社会的发展起到积极的推动作用。

总之,社会发展既要"求同",又要"存异",百花齐放,才能促进社会的和谐稳定。

(全文共718字)

2. 范文二

包容多样性,促进一致性

老吕团队 崔二胖

亚里士多德的这段话表明了:城邦的基础是一致性,本质是多样性,教育是联结二者的重要手段。这对当今社会仍然具有很大的参考意义。

一致性即社会公民之间所公认的道德规范及法律法规;多样性则代表了不同个体之间的资源、信息及技能差异。一致性虽然是社会稳定必不可少的条件,但对于社会运行来说,多样性往往更重要。

多样性是社会发展的"垫脚石"。每个人拥有的资源是多样的,为了获得其他资源,人与人之间要实行交换,而交换正是市场的基石,现代经济得以发展也是源于市场经济的发展。同时,企业、国家得以高效运转,原因在于现代的社会分工机制。每个人拥有的长处、技能的多样性,为分工提供了前提条件。与此同时,此种机制使得每个人可以各司其职,可以减少工作转移时的效率损失,大大提高资源利用的效率。

同时,每个人掌握的信息是多样性的,这为思想的交流提供了基本条件。不同于物物交换,思想的交换实际上是一个"做大蛋糕"的过程。正如萧伯纳所言:"你有一种思想,我有一种思想,彼此交换,我们就都有了两种思想,甚至更多。"

而一致性是社会稳定的必要条件。规则约束了人行为的下限,而道德可以体现人行为的上限,上下限通备,国家方能长治久安。试想,如果缺失了这种一致性的约束,多样性缺失了限制,便极有可能破坏社会的稳定性,形成"破窗"的局面。除此之外,一致性也是有一定限度的。倘若一味追求社会成员间的统一,不考虑个体差异的存在,甚至排斥个性发展的话,那么容易导致社会的信息、资源交流失去活力。

综上,尊重多样性,不失一致性,才是促使社会和谐稳定的"良药"。

(全文共659字)

学员习作

1. 习作一

"和而不同"促和谐

老吕弟子班学员　莱萌缇

亚里士多德对于城邦的理解，直至今天仍有指导意义。在文明高度发展的当今社会，①我们更应通过共同规范维持社会内部的一致性，鼓励和促进社会多样性发展。

多样性是促进社会进步发展的重要驱动力。一个社会的多样性，主要表现在其内部成员在需求、技能、思维以及价值观等方面存在广泛差异。正是这种差异，使得社会各行各业都不乏实力高超的优秀人才，他们为了满足自身和他人的各种需求，积极探索，大胆创新，敢于成为所在行业的变革者甚至新领域的开拓者，推动社会不断向前迈进。

然而，若只有多样性而没有一致性，就"无法组建城邦"。一致性在于社会内部成员对契约意识、法律意识和道德意识等规范意识的普遍认同。如果社会成员普遍缺乏这些意识，就无法避免自由交易中的欺诈行为，从而导致人与人之间的不信任和过度防范，加重社会运行成本，影响社会的和谐与稳定。

但需要注意的是，一致性也要有一定限度。单一的思想观念以及严苛的规则制度虽然能保障根基的稳固，但也会在无形中扼杀个性，熄灭先进思想的火种。一致性最重要的意义在于建立底线，协调各方利益关系，保障人们的行为有序进行，因此，其本身不能设置得过高，否则将限制个人或团体向上进步成长的空间。

社会共同体的建立，需要通过教育来实现。在国内义务教育高度普及的今天，加强学校素质教育，从小培养学生正确的价值观念，是保障一致性的一种成本相对低廉、效果比较显著的举措。通过教育引导公众接受主流价值观，让人们认识到公序良俗及制度规则的重要性和好处，进而共同遵循，如此沟通合作也就更有效率，社会更可能走向和谐。

用教育树立起共同的规范意识，保证多样性与一致性的和谐统一，方可谋求社会的稳定和谐发展。

标题不错。

① 画线句子"在……的当今社会"这样的话，多数是废话。开头要简洁明了。

多样性的作用。

一致性的作用。

让步段。

怎么做。

结尾简洁大方，回扣材料。

> **总评**
> 本文立意明确，说理深刻，可评为一类卷，分数区间为30~35分。但实际上这是平时练习时写出来的文章，在考场上想写出这种纯说理的文章，难度是很大的。灵活地使用母理并辅以简单的例证，会极大地降低写作难度。

2. 习作二

既求同，也存异

老吕弟子班学员　杨浚艺

亚里士多德关于城邦"多样性"与"一致性"的分析，蕴含了古人的哲理。诚然，社会就是"多样性"与"一致性"的辩证统一，大家需要既求同，也存异。

求同，使社会具有组织性。亚当·斯密的"经济人假设"指出：人的一切行为都是为了最大限度地满足自己的私利，人是追求自身利益最大化的"经济动物"。所以，人们会出于共同的利益目标，把一个个没有组织的个体团结起来形成群体，集中力量干大事①。人们拥有共同或相近目标的时候，就容易达成某种共识，从而产生了"1+1>2"的效果。我国正处于社会主义初级阶段，为了实现中华民族的伟大复兴，中国共产党创造性地实施"政治协商制度"，从而更好地实现经济发展、社会繁荣②。

存异，使得通向目标的道路多了一些可能。俗话说："一花独放不是春，百花齐放春满园。"正是有了不同的颜色、不同的声音，这个社会才更有多样性，更增风采。经济发展关系国计民生，我国的经济制度以公有制为主体、多种所有制经济共同发展，就使得民营经济等多种经济主体的创新源泉充分涌流，经济创造活力充分迸发，从而实现了社会主义制度的自我完善和发展③。

当然，求同和存异需要领导人无限的智慧去完成顶层设计④。"求同"并非盲目地追求形式上的单调统一；"存异"也不是让任何声音都必须高歌猛进。建立适合企业的运行机制，让其发展有章可循，并配以有效的监督措施，让民众的声音得以传播。

"君子和而不同。"只有争取利益各方最大相似，调和各方的对立关系，才能使组织有效、有序发展⑤。

⊙本段建议改为：

"君子和而不同。"通过教育使存在着各种差异的公民统一起来组成一个共同体，能使社会和谐、有序发展。

标题不错。

①这段话的逻辑有问题。经济人假设是描述人的"自利"本性的理论，用来证明"求同"有些牵强。

②此处可替换为习近平主席的金句、时政金句等更经典和凝练的句子。

③不建议使用这样的例子。不是例子不好，而是它太"大"了。写经济制度、社会制度，超出了多数考生的能力范围。

④此句与后文无关，可删除。

⑤最后这句话不能呼应文章标题《既求同，也存异》。

> **总评**
>
> 本文结构清晰，能围绕主题展开论证。但说理的逻辑性和例证的使用都有不当之处，可评为三类卷，分数区间为 18~23 分。

拓展阅读

正确处理一致性和多样性关系
——深入学习贯彻中央统战工作会议精神

作者： 张献生　来源：《人民日报》， 2015 年 7 月 15 日 07 版

一致性和多样性是统一战线的基本范畴，两者共生并存、对立统一，构成统一战线的存在基础、运行方式和工作原则，决定着统一战线的总体面貌和发展状态。习近平同志在中央统战工作会议重要讲话中指出，"做好新形势下统战工作，必须正确处理一致性和多样性关系"。《中国共产党统一战线工作条例（试行）》强调，"坚持正确处理一致性和多样性关系的方针"。这是对统一战线发展规律的深刻揭示，体现了统一战线为实现中华民族伟大复兴中国梦凝心聚力的根本要求，是新形势下推进党的统一战线事业必须始终把握的工作主线和基本方针。

建立和巩固统一战线的基本问题

统一战线作为一致性和多样性的统一体，在建立、巩固和发展过程中必须正确把握的一个基本问题，就是一致性和多样性的关系。正确处理一致性和多样性关系，奠定了建立、巩固和发展统一战线的客观基础、发展动力和运行方式，是统一战线理论创新发展的重要基石。

一致性和多样性共生并存是统一战线建立和巩固的重要基础。所谓统一战线，就是团结不同的人致力于实现共同目标。这些不同的人构成统一战线的多样性，共同奋斗目标形成了统一战线的一致性。因为有多样性，统一战线才需要团结和联合不同阶级、不同党派、不同民族、不同宗教、不同社会制度的各方面成员，组成浩浩荡荡的队伍。因为有一致性，统一战线才能在共同思想政治基础上结为利益共同体、事业共同体、命运共同体。可以说，一致性和多样性赋予了建立和巩固统一战线的客观依据和社会基础，决定了统一战线的团结范围和基本构成。

一致性和多样性相互作用是统一战线根本职能的实现条件。统一战线的根本职能是凝聚人心、汇聚力量，其实现就是一致性和多样性相互作用的过程。所谓凝聚人心，就是增强政治认同，增强统战线成员在政治基础、政治方向、政治原则上的一致性；所谓汇聚力量，就是组建队伍，实现最大限度的团结联合。凝聚人心、汇聚力量，就是在多样性中寻求和形成一致性，在一致性基础上增强和扩大包容性。因此，没有一致性和多样性的相互作用，统一战线凝聚人心、汇聚力量的根本职能就难以实现。

一致性和多样性的对立统一奠定了统一战线的基本方式方法。统一战线作为一门团结人的科学，既体现在政策和策略上，又体现在独特的方式方法上。这种独特方式方法的基础，就是由一致性和多样性对立统一奠定的和而不同、求同存异法则。这是统一战线最基本、最普遍、最主要的方式方法，民主协商、互相监督、联谊交友、团结—批评—团结、照顾利益等无不是这一法则的体现和运用。

新时期统一战线的基本矛盾

新形势下，巩固和发展统一战线面临许多新情况、新问题，但基本矛盾仍是一致性和多样性的矛盾。正确处理一致性和多样性关系，仍是统一战线工作的主题和主线。实践证明，什么时候正确处理了一致性和多样性关系，统一战线就巩固壮大，党的事业就向前推进；否则，统一战线就缩小甚至破裂，党的事业就遭受损失。可以说，正确处理一致性和多样性关系，是从统一战线历史发展中总结出来的一个基本规律：在充分尊重多样性基础上，一致性程度越高，统一战线团结的基础就越牢；在不断巩固一致性基础上，多样性范围越宽，统一战线团结的力量就越大。

随着改革开放和社会主义现代化建设的推进，增强一致性面临新的挑战，包容多样性经受新的考验。一方面，我国经济社会发展的巨大成就，进一步巩固了共同思想政治基础；同时，改革开放中出现的发展不平衡、收入差距过大、腐败现象频发、境外敌对势力渗透等，也动摇着一些统一战线成员的信念和信心，需要通过多种方式增强他们的道路自信、理论自信、制度自信，使他们更加紧密地凝聚在中国特色社会主义和中华民族伟大复兴旗帜下。另一方面，我国经济社会结构深刻变化，新的社会阶层、社会群体、社会组织不断出现，人们的思想观念、利益诉求、行为方式更加复杂多样，需要在尊重差异、包容多样基础上，加强团结、增进理解，充分释放促进经济社会发展的正能量，不断扩大我们党执政的社会基础和群众基础。

在统一战线五大工作领域，一致性和多样性的关系也呈现新特点新要求。巩固中国共产党领导的多党合作和政治协商制度，不断增强制度自信，切实提高制度效能；坚持中华民族多元一体，增强对伟大祖国、中华民族、中华文化、中国共产党和中国特色社会主义的认同，促进各民族和睦相处、和衷共济、和谐发展；坚持宗教与社会主义社会相适应的中国化方向，使宗教在促进经济发展、社会和谐、文化繁荣、民族团结、祖国统一上发挥积极作用；对留学人员、新经济组织和新社会组织的专业人士、网络人士加强团结、尊重包容，引导他们做合格的中国特色社会主义事业建设者；处理好一国与两制关系，坚持爱国者为主体，最大限度地团结海内外中华儿女，为祖国统一和中华民族伟大复兴贡献力量。

正确处理一致性和多样性关系，关键是尊重包容、求同存异。大陆范围内，求坚持和发展中国特色社会主义之同，存不同所有制和分配方式，不同党派、阶层和群体，不同民族和宗教，不同思想观念和利益诉求之异；大陆范围外，求实现中华民族伟大复兴中国梦之同，存不同社会制度、不同价值理念、不同生活方式之异。只有这样，才能为坚持和发展中国特色社会主义、实现中华民族伟大复兴中国梦凝聚最广泛的力量。

正确处理一致性和多样性关系的基本要求

坚持正确处理一致性和多样性关系的方针，是统一战线服务于"四个全面"战略布局和"两个一百年"奋斗目标的必然要求，也是统战工作创新发展的内在需要。必须着眼于统一战线重要法宝作用的发挥，突出时代主旋律，找到最大公约数，凝聚发展正能量。

突出时代主旋律，需要着力增进一致性，不断巩固共同的思想政治基础。统一战线的壮大与发展、人心和力量都建立在共同思想政治基础之上。一致性是政治共识、政治原则和政治方向的集中体现，是人心和力量的高度凝结。没有一致性，多样性就是一盘散沙，统一战线就毫无意义。着力增进一致性，必须把巩固共同思想政治基础作为着力点，始终突出坚持中国共产党的领导、坚持和发展中国特色社会主义、实现中华民族伟大复兴中国梦这个时代主旋律。既要求同存异，不断巩固已有的政治共识；又要聚同化异，在消除隔阂和分歧中形成新的共识。但无论求同还是化异，都不能搞"清一色"，真正做到增进一致而不强求一律，包容多样而不丧失主导，从而形成思想上同心、目标上同向、行动上同行的事业共同体。

找到最大公约数，需要尊重包容多样性，不断扩大团结和联合的范围。统一战线力量的强弱、作用的大小，主要取决于团结包容的广度和深度。多样性是统一战线存在的客观基础和力量源泉，统一战线涵盖的多样性越强、团结的范围越广，凝聚的力量就越大。丧失了多样性，一致性就成了单一性，统一战线就失去了存在的基础。尊重包容多样性，必须在统筹兼顾中寻求各方利益的平衡点，找到广泛团结的最大公约数，把能够团结的各种力量最大范围团结起来，把各方面思想观念、利益诉求、行为方式等最大限度包容进来，为推进事业发展提供最广泛的力量支持。但在尊重包容多样性中要有政治底线，既要讲团结，也要讲批评，特别是对背离共同思想政治基础的言行，要旗帜鲜明进行批评教育，决不能使其在尊重包容多样性名义下行其道、害根本。

凝聚发展正能量，需要准确把握一致性和多样性关系，不断壮大共同奋斗的力量。统一战线的团结是政治方向一致基础上的团结，凝聚的力量是为中国特色社会主义和中华民族伟大复兴中国梦而奋斗的力量。统一战线中的一致性和多样性，既相互对立又相互统一，既相互依存又相互作用。这种关系决定了统一战线中一致性和多样性的关系不是势不两立、此消彼长，而是"正和博弈"、互利共赢。准确把握一致性和多样性关系，应最大限度减少负效果、激发正能量，着力互通互促，以一致性引领、推动、发展多样性，以多样性丰富、强化、提高一致性；以尊重包容多样性充分调动一切积极因素，以形成和增强一致性化解各种消极因素，不断形成推进共同事业的强大力量。

2017年管理类联考论说文母题思路详解

真题原题

论说文：根据下述材料，写一篇700字左右的论说文，题目自拟。（35分）

一家企业遇到了一个问题：究竟是把有限的资金用于扩大生产呢，还是用于研发新产品？

有人主张投资扩大生产，因为根据市场调查，原产品还可以畅销三到五年，由此可以获得丰厚的利润；

有人主张投资研发新产品，因为这样做虽然有很大的风险，但风险背后可能有数倍于甚至数十倍于前者的利润。

审题立意

1. 命题背景

20世纪90年代以来，全球经济格局进入深刻调整期。越来越多的国家开始意识到，推动经济发展从生产要素驱动和投资驱动转向创新驱动的重要性和紧迫性。为了促进创新发展，获取新的国际竞争力，世界各国都出台了各自的创新发展战略。美国在2009年、2011年、2015年发布了三版《美国创新战略》，指导美国政府工作，以确保美国能够继续引领创新经济、发展未来产业，并利用创新来解决国家发展中遇到的挑战。

2016年5月，中共中央、国务院正式发布《国家创新驱动发展战略纲要》（以下简称《纲要》），即日起实施。《纲要》指出，"创新驱动就是创新成为引领发展的第一动力，科技创新与制度创新、管理创新、商业模式创新、业态创新和文化创新相结合，推动发展方式向依靠持续的知识积累、技术进步和劳动力素质提升转变，促进经济向形态更高级、分工更精细、结构更合理的阶段演进。"

当前，我国创新驱动发展已具备发力加速的基础，经过多年努力，科技发展正在进入由量的增长向质的提升的跃升期。同时，也要看到，我国许多产业仍处于全球价值链的中低端，一些关键核心技术受制于人，发达国家在科学前沿和高新技术领域仍然占据明显领先优势。

但需要注意的是，这道题的命题大背景虽然与创新有关，但如果文章的主题写成"创新"则属于跑题。因为本材料是明显的案例分析型材料，要求考生做出"生产旧产品"或"生产新产品"的决策，因此，要紧密围绕你的决策来展开文章。

2. 审题立意（"克罗特"审题立意法）

步骤	内容	分析
K	抓关键 （key words）	关键词：扩大生产、研发新产品。 关键句：扩大生产有丰厚的利润；研发新产品，这样做虽然有很大的风险，但风险背后可能有数倍于甚至数十倍于前者的利润。
R	析原因 找寓意 （reasons）	"案例分析式"的试题，就事论事即可，不需要找背后的寓意。
O	定对象 （objects）	本材料讨论的是"这家企业究竟该如何进行决策"，很明显，此题的对象是"企业的管理者"，大家在立意和写作时，都不能脱离这家企业的具体问题。
A	辨态度 （attitude）	我们既可以支持扩大生产，也可以支持研发新产品。当然，多数同学会支持研发新产品，因为这更符合这个时代"大众创业、万众创新"的主旋律。
T	定立意 （theme）	结合以上四步分析，本题可以确定立意为： ①敢于冒险，研发新品。但要注意研发新品未必一定成功，这背后的风险不容忽视。 ②扩大生产，理性发展。但也要注意，扩大生产后产品真的能畅销三到五年吗？三到五年后，企业该如何发展？

结构

结构（1）：

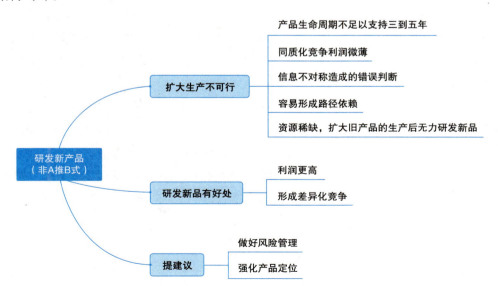

结构（2）：

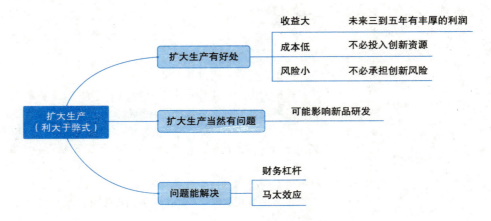

素材

1. 典型事例

（1）福特"山鸡"变"凤凰"之路

福特汽车从默默无名的状态一跃成为全美最大的汽车公司，就是通过扩大生产完成了华丽的转变。通过规模经济，福特汽车增加的产量可以急剧降低平均成本，从而可以降低价格，由此占据了很大的市场份额，取得了极大的成功。

（2）格兰仕的品牌之路

1995—2002 年，格兰仕在中国微波炉市场上连续 8 年蝉联第一，成功的秘诀就是在短时间内接连不断地重复生产品种相同的产品，也就是扩大生产。由于产品产量大，生产比较稳定，格兰仕由此达到了降低成本的目的，之后便迅速地占领了市场。

（3）格力掌握核心科技

格力在空调领域销量的遥遥领先，并非偶然。格力通过产品自主创新、工艺创新开发，提升了企业核心竞争力，成为真正的行业领跑者。"创新是企业的灵魂，是企业发展的唯一推动力。"格力电器董明珠曾在接受采访时这样说到。正是这样"格力式"的创新，才使格力家用空调产销量连续 22 年位居中国第一。创新助力企业发展，让世界爱上"中国智造"。

2. 引用句

①不入虎穴，焉得虎子。（《后汉书·班超传》）

②人生要不是大胆地冒险，便是一无所获。（海伦·凯勒）

③万无一失意味着止步不前，那才是最大的危险。为了避险，才去冒险，避平庸无奇的险，值得。（杨澜）

④不敢冒险的人既无骡子又无马，过分冒险的人既丢骡子又丢马。（拉伯雷）

⑤求生，就是在风险与收益之间平衡取舍。（贝尔·格里尔斯）

⑥不要在已成的事业中逗留着！（巴斯德）

⑦天下者，得之艰难，则失之不易；得之既易，则失之亦然。（苏过）

⑧只有先声夺人，出奇制胜，不断创造新的体制、新的产品、新的市场和压倒竞争对手的新形势，企业才能立于不败之地。（黄汉清）

⑨企业的成败在于能否创新，在企业特殊困难时期，更需要有这种精神。（黄汉清）

段落

1. 非 A 推 B 式的段落（研发新产品）

结构	段落	母理或要点
扩大生产有弊端（A 不可行）	扩大生产看起来是比较稳妥的选择，可是，旧产品本身的生命周期可能并不能支持未来三到五年的畅销。因为，消费者的需求是不断变化的，随着时间的推移，旧产品可能已经到达了成长期的尾声，进入了饱和期，甚至是衰退期，从而使企业失去市场。	产品生命周期
	旧产品往往会面临同质化竞争。竞争对手很容易在产品的外观设计、理化性能、使用价值、包装与服务、营销手段上相互模仿，以至产品的技术含量、使用价值逐渐趋同，这必然会导致利润下滑。	同质化竞争
	由于信息不对称，产品的市场预期可能存在极大不确定性。若是管理者缺乏敏锐的市场信息调研能力，那么，"原产品还可以畅销三到五年"的判断就有可能失真，如果投入重金进行扩大生产，而消费者的偏好发生了改变，那么企业就会面临巨大的损失。	信息不对称
	跟随原定路线、扩大现有产品的生产线倒是看起来省时、省力。出于对原有业务的"路径依赖"，企业和管理者极易失去创新和冒险的动力。柯达在数码时代的困局、诺基亚在手机领域的失败，皆因如此。	路径依赖
研发新产品有好处（B 可行）	生产新产品往往意味着更高的利润率，这是由于新产品在某一方面领先于对手，比如性能更好、价格更低、有更多的差异性等。如果这种新产品是市场上独有的，那么企业就掌握了定价权，当然会有更高的利润率。	收益成本分析
	旧产品最大的问题在于，它往往会随着时间的发展成为同质化产品，进而稀释利润。此时，只有不断地研发新产品，才能形成差异化竞争，获得超额利润。	差异化战略

续表

结构	段落	母理或要点
提建议	当然，甘蔗没有两头甜，"新"的另外一端往往拴着风险。一方面，新产品的研发并不能保证成功，一旦研发失败，对于企业造成的损失不言而喻；另一方面，由于信息不对称，新产品的市场预期也可能存在极大不确定性。研发出的新产品未必能满足消费者的最新偏好。可见，做好研发新品的风险管理十分关键。	风险管理
	要研发新产品，做好精准定位是关键。一方面，企业的资源是有限的，要把有限的资源利用到自己最擅长的地方，才能产生好的效果。另一方面，定位越精准的产品，越能找到自己的细分市场，越能赢得消费者的青睐。	定位理论
	首先，企业要增强管理者的创新意识和冒险精神，健全创新激励制度，让企业内部的创新源泉充分涌流；其次，企业需建立一套有效的风险防范与规避机制，在创新的过程中，加强对风险的把控能力；此外，企业需要培养"鼓励创新，允许失误"的宽容氛围，并确保其得到有力贯彻。	强化理论

2. 利大于弊式的段落（扩大生产）

结构	段落	母理或要点
扩大生产有好处	谋利是企业的天性，如果扩大生产有利于企业赢利，那么这样做有何不可呢？"根据市场调查，原产品还可以畅销三到五年，由此可以获得丰厚的利润"，这说明原产品很可能是"波士顿矩阵"这一理论所描述的现金牛产品，这一类产品是企业最大的利润来源，因此，扩大生产是理性选择。	经济人假设与波士顿矩阵
	多数产品的研发其实都是从创新始，以规模化生产终。这是因为研发成果需要规模化才能产生效益——规模效应所带来的边际成本的下降、边际效益的提高是企业的利润来源。因此，拒绝扩大生产是违背管理常识的。	规模效应
	扩大生产旧产品不必引进创新人才、不必投入创新资源、不必承担创新风险，是一种风险较小且利润回报丰厚的选择。	成本与风险
扩大生产有问题	在企业资金有限的情况下，投入重金去扩大生产，就有可能影响新产品的研发。	影响研发新产品

续表

结构	段落	母理或要点
但是问题可以解决（提方案）	有人认为，既然资金有限，投入了旧产品的扩大生产，不就影响了新产品的研发吗？这看起来很有道理，却忽视了企业并不应该拒绝负债。实际上，即使是一些很好的企业，也会有一定的资产负债率，因为这样更加有利于企业扩大规模，获取更丰厚的利润。因此，不论是生产旧产品，还是研发新产品，如果确有回报，进行融资或者举债不失为一种好的选择。	财务杠杆
	选择扩大生产，并不意味着拒绝创新。事实上，扩大生产能让企业获取更多的利润，有了更多的利润才有更多的钱去研发创新，这正是马太效应的原理。	马太效应

范文

1. 范文一（非A推B式结构）

着眼未来，研发新品

老吕团队　芦苇

企业拥有有限的资金时，是应该用于扩大生产还是研发新产品呢？基于企业未来发展的角度来看，应该用于研发新产品。

有些人认为在原产品还可以畅销三到五年，获得丰厚的利润的时候，应加大资金投入，扩大生产。殊不知，产品本身的生命周期可能并不足以支撑接下来的三到五年。市场行情瞬息万变，消费者的喜好也随时会发生改变，只依靠一个优势产品便想立于不败之地显然是不现实的。

曾经盛极一时的胶卷帝国——柯达公司就是因为没有看清市场变化之快，一味地扩大胶卷的生产量，却在短短几年之内迅速衰败，泯然于众人。

正所谓"科学技术是第一生产力"，而创新又是引领发展的第一动力。只有利用科学技术进行创新，研发出顺应消费者喜好的新产品，才能够不断提升企业的核心竞争力，使自己的企业具有区别于对手企业的差异化优势，才能使本企业始终处于行业的前沿位置，不被时代的浪潮所淘汰。

然而，许多企业害怕创新，墨守成规。这主要是因为企业领导者能力不足，无法在短时间内对快速变化的形势做出准确判断，从而无法做出创新的决定。另外，政府对企业产品的创新并没有建立完善且行之有效的制度保护，使很多企业担心自己辛苦研发出的新产品反而便宜了他人。

针对这些问题，当然可以采取有效的应对措施。首先，公司内部应建立学习型组织，通过不断地互相学习和灵感的碰撞，让企业的管理者可以对市场的变化做出快速的反应和正确的决策；其次，政府应对企业的产品创新建立完善的保护政策，健全产品专利保护机制，使得企业不怕创新，更勇于创新。

由此看来，研发新产品是企业繁荣发展的不二选择。立足于创新带来的机遇，冒点风险又何妨？

（全文共 671 字）

2. 范文二（利大于弊式结构）

理性选择，扩大生产

吕建刚

企业拥有有限的资金时，是应该用于扩大生产还是研发新产品呢？作为企业管理者，我认为应该理性决策，扩大生产。

首先，谋利是企业的天性，如果扩大生产有利于企业赢利，那么这样做有何不可呢？"根据市场调查，原产品还可以畅销三到五年，由此可以获得丰厚的利润"，这说明原产品实际上是"波士顿矩阵"这一理论所描述的"现金牛"产品，这一类产品是企业最大的利润来源。因此，扩大生产是理性选择。

其次，与研发新产品不同，旧产品的扩大生产不必引进创新人才、不必投入创新资源、不必承担创新风险，是一种风险极小且利润回报丰厚的选择，我相信任何理性的经理人都不会放弃这样的选择。

而且，多数产品的研发其实都是从创新始，以规模化生产终。这是因为研发成果需要规模化才能产生效益——规模效应所带来的边际成本的下降、边际效益的提高是企业的利润来源。因此，拒绝扩大生产是违背管理常识的。

当然，有人认为，既然资金有限，投入了旧产品的扩大生产，不就影响了新产品的研发吗？这看起来很有道理，却忽视了企业并不应该拒绝负债。实际上，即使是一些很好的企业，也会有一定的资产负债率，因为这样更加有利于企业扩大规模，获取更丰厚的利润。因此，不论是生产旧产品，还是研发新产品，如果确有回报，进行融资或者举债不失为一种好的选择。

因此，选择扩大生产，并不意味着拒绝创新。事实上，扩大生产能让企业获取更多的利润，有了更多的利润，才有更多的钱去研发创新，这其实正是马太效应的原理。以互联网行业为例，阿里巴巴、腾讯、百度、字节跳动等巨头们，凭借大规模的资本和流量优势，进行了大量的创新，同时，又通过并购新型创新企业扩充着自己的商业版图。

综上所述，扩大生产，不失为一种风险较小的理性决策。

（全文共 715 字）

学员习作

1. 习作一

着眼长远，敢于创新

老吕弟子班学员　张晓雪

究竟把有限的资金用于扩大生产，还是用于研发新产品？我赞同后者，当代市场瞬息万变，竞争激烈，要想获利，应着眼长久发展，敢于创新。

那么为何仍有企业选择投资扩大生产，坚持销售原产品呢？这是因为创新存在<u>机会成本</u>①，尤其当企业采用的旧方法、旧模式，产生过效果，取得过成就，更容易形成<u>路径依赖</u>②，不愿去冒险研发新产品。而且，冒险的后果未知，一旦失败，就意味着我们之前的投入都变成了<u>沉没成本</u>③，很多人不愿意支出这样的成本。

然而，风险是具有普遍性的，就算你不创新，风险仍然存在，可能面临更严峻的、竞争更加激烈的市场环境。更何况，"风险与收益是成正比的"，正如材料中的观点"风险背后可能有数倍于甚至数十倍于前者的利润"。因此，研发新产品、开展创新，是企业的必然选择。

创新，可以降低企业的<u>边际成本</u>④，对企业特别有价值。创新，意味着全新产品的投产、工作方法的革新、工作流程的改进、先进设备的使用，等等，这些都会推动企业生产效率的提高。一旦投产，形成规模，企业的边际成本会大幅下降，未来创造的价值不可限量。

若企业选择原地踏步，故步自封，一味投资扩大生产，一味"复制粘贴"，长此以往，会大概率吸引竞争者进入市场当中，进而导致严重的产品同质化，最终形成互害的<u>"劣币驱逐良币"</u>⑤的局面。

那么，如何激励创新行为呢？对于企业来说，应建立容错机制，鼓励员工创新。员工不怕犯错，自然愿意钻研"新点子"，改进新方法。对国家来说，应正面强化创新企业的积极性，例如建设创新科技园、实施税收优惠、房租补贴措施等，如此才真正暖在了创新企业的心里。

在大竞争时代的这片"红海"中，勇于创新，是企业这只小帆突破重围的原动力！

标题最好紧扣材料，直接点明支持"研发新品"。

开头回扣材料，点明主题。

①母理：机会成本。
②母理：路径依赖。
③母理：沉没成本。

④母理：边际成本。

⑤母理：劣币驱逐良币。

结尾没有问题。

> **总评**
>
> 纯粹看文章质量，本文是一篇写创新的一类卷。问题在于，原题给了一个案例分析型的材料，对于这样的材料，我们要明确地回答是选择继续生产旧产品，还是选择研发新产品，并说出理由。创新带来的种种好处，可以作为我们支持研发新产品的论据，但论点是创新则有不妥。综上，本文可评为三类卷，分数区间为18~23分。

2. 习作二

企业发展应当创新

老吕 MBA 班学员　张雲霆

习近平总书记说："创新，像撬动地球的杠杆，总能创造令人意想不到的奇迹。"同样，我也认为企业应投资研发新品，不断创新，才能长期发展。

标题存在的问题与上文一样，论点最好直接与生产新产品相关，比如《勇于创新研发新品》。

创新是企业发展的第一助推器，谁能领先这一步，谁就能抢占市场先机。随着大竞争时代的来临，市场也变成了公司间厮杀的"红海"，而企业要启动和保持获利性增长，就必须超越产业竞争，开创全新市场。例如，红牛在初诞生之时，首创了"功能性饮料"，开拓了一片全新的市场，而红牛作为首创者，取得了先发优势，并以此奠定了行业龙头位置。

正：正面论证创新的重要性。

罗曼·罗兰曾说："我创造，所以我生存。""胶卷大王"柯达的终结，是由于市场激烈的价格竞争以及数字成像技术对传统成像技术造成的冲击。柯达并未有效地应对技术落后的问题，由于担心胶卷销量受影响，决策者们一直未敢大力发展数字业务，而是选择扩大生产，不选择投资研发新品，最终被市场淘汰。

反：反面论证不创新的后果。

为什么有的企业不愿意创新呢？原因之一是投资研发新品要付出极大的<u>机会成本①</u>。同时，在投资研发新品的过程中，也面临极大的不确定性，有可能产生<u>沉没成本②</u>，企业无法从其前期投入中获取任何收益。前期乜要为此付出大量的金钱、时间与资源，而企业本身可以利用这些资源获取一个相对稳定的收益。

析：分析不创新的原因。
①机会成本
②沉没成本

创新可以展现企业的独特竞争优势，进而帮助企业赢得超额利润。如若企业守旧不创新，旧有的技术有可能会形成<u>瓶颈③</u>，变相提高了企业的成本，制约着整体效率的提升。同时，由于边际效益的存在，对单一项目的持续投入会导致收益的不断减少。因而企业若想保持获利性增长，在具备相应的资源条件下，应当选取创新战略。

驳：指出还是要创新。
③瓶颈理论

李渔曾说："变则新，不变则腐；变则活，不变则板。"与其投资扩大生产，还不如投资研发新品。这样，企业才能长期生存下去。

> **总评**
>
> 本文中心明确，语言也较为通顺，使用了正反析驳结构，结构也较为完整。如果纯粹考创新，本文可评为二类卷。但是，论说文是材料作文，本文的论证与材料关系不大，影响评分。因此，本文可评为三类卷偏下，分数区间为 18~20 分。

2018 年管理类联考论说文母题思路详解

真题原题

论说文：根据下述材料，写一篇 700 字左右的论说文，题目自拟。（35 分）

有人说，机器人的使命，应该是帮助人类做那些人类做不了的事，而不是代替人类。技术变革会夺取一些人低端烦琐的工作岗位，最终也会创造更高端、更人性化的就业机会。例如，历史上铁路的出现抢去了很多挑夫的工作，但又增加了千百万的铁路工人。人工智能也是一种技术变革，人工智能也将促进未来人类社会的发展。有人则不以为然。

审题立意

1. 命题背景

人工智能，英文缩写为 AI，是对人的意识、思维的信息过程的模拟。人工智能可以像人那样思考、进行深度学习，是甚至极有可能超过人的智能。

2017 年 3 月 5 日，国务院总理李克强发表 2017 年政府工作报告，指出："要加快培育壮大包括人工智能在内的新兴产业。""人工智能"首次被写入全国政府工作报告；同年 7 月，国务院印发《新一代人工智能发展规划》，将人工智能上升至国家发展战略。

2017 年 6 月，首届世界智能大会在天津召开。会上，马云提出了一种新的理念——"机器人的使命，应该是帮助人类做那些人类做不了的事情，而不是代替人类"。他还举例谈到，刚开始出现铁路的时候，人人讨厌，说那些挑夫、挑担子的人都失业了。但是铁路出现以后，至少增加了两百多万的铁路工人。现在司机很多，无人机、无人汽车、无人驾驶出来以后，大批的司机可能就没有了，但这些人并非会永久失业。每次技术革命都会诞生很多新的职业，人类要去做更多有价值的东西，做人类应该做的事情，而不是去做机器要做的事情。

2. 审题立意（"克罗特"审题立意法）

步骤	内容	分析
K	抓关键 （key words）	关键词：人工智能。 判断关键词时，可以看这个词出现在材料中的频次。在本材料中，"技术变革"和"人工智能"各出现了两次，但是材料在最后点明"人工智能也是一种技术变革，将促进未来人类社会的发展"，所以，"人工智能"才是最终的落脚点，是材料最核心的关键词。 关键句：人工智能也是一种技术变革，人工智能也将促进未来人类社会的发展。有人则不以为然。
R	析原因 找寓意 （reasons）	根据材料的关键句可以看出，人工智能将促进人类社会的发展，它当然应该有很多好处，但"有人不以为然"说明它也存在某些隐患或问题。
O	定对象 （objects）	人工智能。
A	辨态度 （attitude）	根据材料中"是一种技术变革""将会促进未来人类社会的发展"等关键信息，我们可以明确，人工智能顺应了社会发展趋势，符合科技变革本质，对人类的进步利大于弊，因此，应对人工智能持积极支持态度。但同时，也要辩证分析、未雨绸缪，充分考虑到科技变革带来的风险与隐患，从法律、监管等各方面做好规划。
T	定立意 （theme）	结合以上四步分析，本题可以确定立意为：拥抱人工智能、人工智能的危与机、让人工智能在"红线"内发展等。

结构

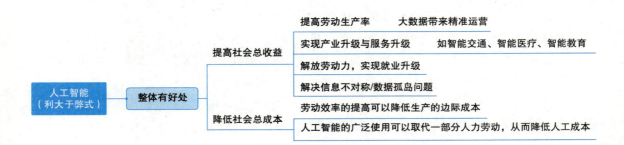

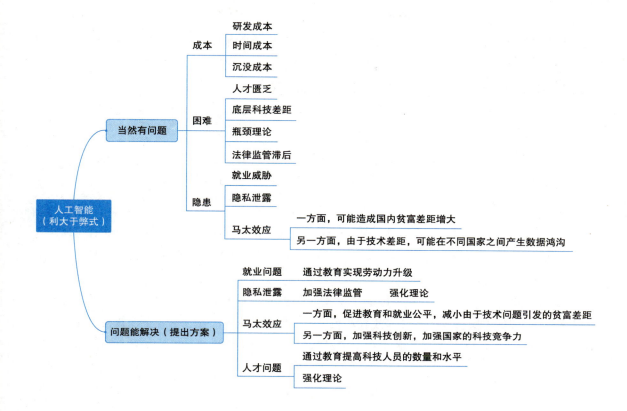

素材

1. 典型事例

（1）人工智能促进医疗技术发展

人工智能在医学上发挥了重要作用。一方面，是在感知环节应用机器视觉技术识别医疗图像，帮助影像医生减少读片时间，提升工作效率，降低误诊的概率；另一方面，人工智能通过大量的影像数据和诊断数据，不断对神经元网络进行深度学习训练，形成了超强的"诊断"的能力。

——中投顾问《2018—2022年中国人工智能行业深度调研及投资前景预测报告》

（2）无人驾驶基于人工智能

人工智能和汽车研究领域的交叉发展给目前的交通行业带来了革命性的变化，自动驾驶可以基于感知的信息作出应变，一边担任驾驶员的角色，一边提供车内管家的服务，还能应对其他各方面的需求和任务。

——中投顾问《2018—2022年中国人工智能行业深度调研及投资前景预测报告》

（3）人工智能精准营销

通过分析用户的购买、浏览、点击等行为，结合各类静态数据得出用户的全方位画像，搭建机器学习模型去预测用户何时会购买什么样的产品，并进行相应的产品推荐。新一代人工智能技术精准营销，带来的不只是机器模型效果的提升，通过机器视觉技术收集消费者在线下门店内的数据、通过自然语言处理技术分析客户在与客服沟通时的语料数据，用于构建消费者画像的数据维度与数据量得到了极大的提升与丰富，提高了精准营销的效果。

——中投顾问《2018—2022年中国人工智能行业深度调研及投资前景预测报告》

2. 引用句

①新一代人工智能正在全球范围内蓬勃兴起，为经济社会发展注入了新动能，正在深刻改变人们的生产、生活方式。（习近平）

②当今世界，信息技术创新日新月异，数字化、网络化、智能化深入发展，在推动经济社会发展、促进国家治理体系和治理能力现代化、满足人民日益增长的美好生活需要方面发挥着越来越重要的作用。（习近平）

③未来10年，将是世界经济新旧动能转换的关键10年。人工智能、大数据、量子信息、生物技术等新一轮科技革命和产业变革正在积聚力量，催生大量新产业、新业态、新模式，给全球发展和人类生产生活带来翻天覆地的变化。我们要抓住这个重大机遇，推动新兴市场国家和发展中国家实现跨越式发展。（习近平）

④科学技术从来没有像今天这样深刻影响着国家前途命运，从来没有像今天这样深刻影响着人民生活福祉。（习近平）

⑤如果人工智能发展到一定程度，绝大部分人将成为无用的群体。尤其是在强人工智能时代，机器人有了人类的心理能力之后，能够被替代的工作种类将更多。（尤瓦尔·赫拉利《未来简史》）

⑥全面化人工智能可能意味着人类的终结。机器可以自行启动，并且自动对自身进行重新设计，速率也会越来越快。受到漫长的生物进化历程的限制，人类无法与之竞争，终将被取代。（霍金）

段落

结构	段落	母理或要点
发展人工智能有好处	发展人工智能，能够促进经济发展，改善人民福利。这是因为，经济发展归根到底是由劳动生产率决定的，而人工智能可以帮助我们实现大数据分析、精准运营、自动化运营等，从而由智能化劳动代替传统的机器劳动或人工劳动，提高劳动生产率，最终实现社会生产力的跃升和经济可持续发展。	劳动生产率

续表

结构	段落	母理或要点
发展人工智能有好处	习近平指出："发展人工智能，有助于实现产业升级和服务升级。放眼当今世界，谁牵住了科技创新这个'牛鼻子'，谁走好了科技创新这步先手棋，谁就能占领先机、赢得优势。"而由人工智能引导的智能制造、智能交通、智能医疗、智能教育等领域，就是当前科技创新的重要体现，可以促进我国产业由劳动密集型向技术密集型的跨越。 　　人工智能与医院、物流、安防、教育、交通、金融等领域的结合，正推动行业发展模式和经济结构的转型。工信部副部长陈肇雄说，人工智能正全面创造新市场、新机会，全面重塑传统行业发展模式和格局，加速"赋能"产业变革，在推动经济繁荣、民生改善、保障国家安全等方面发挥着越来越重要的作用。	产业升级
	发展人工智能，有助于实现就业升级。人工智能的运用和逐步普及，代替了许多可以被代替的行业劳动，使人们可以从笨重的、重复的、机械的劳动中解放出来，转到更富智慧、更人性化、更高端的工作中去，有利于进一步提升人们的综合能力和生活品质。 　　"人工智能对就业市场的影响，既有替代与互补的作用，也产生了创造效应。"北京师范大学劳动力市场研究中心主任赖德胜表示，随着互联网的发展和技术进步，每一个市场环节、产业链条都会被分解成多个部分，分工更加细化，从而催生出更多新的产业、产品和服务，创造出更多的工作岗位。	就业升级
	发展人工智能，有助于解决信息孤岛问题。由于政府部门之间、企业之间、政府和企业之间信息不对称，缺乏公共平台和共享渠道等多重因素，使得大量数据存在"不愿公开、不敢公开、不能公开、不会公开"的问题，而已开放的数据也因为这些情况的存在，无法进行关联融合，最终形成数据孤岛。而人工智能对大数据有较强的处理能力，有助于解决这一问题。 　　——改编自中国经济网《信息孤岛等三大问题亟待解决》记者王轶辰	信息孤岛/信息不对称
发展人工智能有问题	人工智能确实对就业存在一定的威胁。因为，人工智能在各行业的普遍应用，极有可能引起大量现存的工作岗位的消失，尤其是一些简单、重复性的工作岗位，相应的员工也会失业。即使会有新的工种产生，这部分员工也可能因为无法胜任而失业。 　　——《我们该如何应对人工智能崛起而引发的担忧？》工程师青青	就业威胁
	人工智能的使用，有可能剥夺一部分劳动者的就业机会，进一步扩大收入差距，造成人与人、企业与企业，甚至国与国之间的快速分化，使强者愈强、弱者愈弱。	马太效应

续表

结构	段落	母理或要点
发展人工智能有问题	人工智能在研发、安装、维护等各方面，都需要大量的资金投入，这对于绝大多数企业来说，无疑是沉重且巨大的负担。没有充足的资金储备，人工智能技术就无法实现深入的基础研发和产业的快速发展，也就难以实现技术研发的突破和市场份额的提高，人工智能技术的应用和发展将面临巨大阻力。	成本投入
	随着人工智能技术的愈发成熟，人类隐私、安全、数据等风险也将出现。例如人脸识别技术，如果人脸图像等数据没有被妥善保管和合理使用，就会侵犯用户的隐私。再比如，用户在网站上的浏览行为也都会变成数据被沉淀下来，而这些数据的汇集都可能导致个人隐私的泄露。 ——《人工智能崛起时代所面临的法律问题》刘吉颖、刘华	隐私泄露
	人工智能技术的滥用，可能会产生物理风险、数字风险和政治风险。 物理风险：不法分子可以入侵网络系统，将无人机或者其他无人设备变成攻击的武器。 数字风险：人工智能可以被用来自动执行网络攻击，它也能合成人类的指纹或声纹骗过识别系统。 政治风险：人工智能可以用来进行监视、煽动和欺骗，引发公众恐慌和社会动荡。 ——人工智能快报《人工智能的恶意使用：预测、预防和缓解》	技术滥用
发展人工智能有困难	人工智能的发展需要大量的高科技人才。但是，我国目前的人才储备还不能完全满足人工智能的发展需求。浙江大学人工智能研究所所长吴飞教授指出，在培养人工智能人才方面，还存在空心化、碎片化等种种不足。	人才匮乏
	在硬件和底层技术方面，我国的人工智能整体发展水平与世界先进国家相比仍有差距，数据处理、分析、呈现能力有待进一步加强，同时也存在智能技术应用领域不广、应用程度不深等问题。	底层技术差距
	人工智能应用落地还需解决多个瓶颈。现在的人工智能系统相对比较低级、原始，人工智能的效率、可扩展性、应用场景、计算资源等都是其现在的发展瓶颈。为了让人工智能应用变得更加先进、高级，需要有更多的相关背景信息以及逻辑算法。 ——《人工智能的应用落地还需要解决很多问题》FQJ	瓶颈理论
	相对于蓬勃发展的人工智能技术开发与应用，与之相配套的法律制度严重滞后，适应智能化发展需要的信息安全监管体系也尚未形成，智慧赋能后的信息安全监管处于"无法可依"状态，这将对信息安全监管的长久发展带来极大的不确定性和不稳定性。 ——企鹅号-中国信息安全《人工智能时代信息安全监管面临的挑战及对策》	法律监管滞后

结构	段落	母理或要点
问题能解决	企业要牢固确立人才引领发展的战略地位，激发科技人才的创新活力；国家要继续推动为科技人才"松绑""减负"的政策落地，形成更加灵活的人才管理体制，让更多的科技人才通过创新得到合理回报，为创新引领高质量发展、建设世界科技强国打下坚实的人才基础。	强化理论
	发展人工智能离不开教育。一方面，教育对就业造成的威胁，其实不是让人失业，而是让人"转业"，也就是说，让就业人群从低端、重复性劳动转移到高端、创新性劳动中，从劳动密集型产业转移到技术密集型产业中来。但这种转移背后必然要伴随着劳动者素质的提高，因此，发展教育至关重要。另一方面，人工智能造成的贫富差距增大问题，需要通过继续推进教育公平来进行缓解。要让不同家庭背景的人有通过自己的努力得到高端就业岗位的可能。	教育
	人工智能造成的隐私泄露等问题，不能期待企业自行解决，因为企业是逐利的，如果用户隐私对企业有利，就会有人铤而走险。因此，要迅速完善这方面的立法并提高法律执行的力度，让守法企业有利可图，让不法企业无所遁形。	法律监管

范文

发展人工智能势在必行

吕建刚

　　关于人工智能是福还是祸，它们是否会让很多人失业，甚至它们是否会取代人类，众说纷纭。而我认为，我们应该拥抱人工智能，走技术创新之路。

　　首先，发展人工智能，有助于提高劳动生产率。经济发展归根到底是由劳动生产率决定的，而人工智能可以帮助我们实现大数据分析、精准运营、自动化运营等，从而由智能化劳动代替传统的机器劳动或人工劳动，提高劳动生产率，最终实现社会生产力的跃升和经济可持续发展。

　　其次，发展人工智能，有助于实现产业升级。由于人口红利，我国在劳动密集型产业具备全球竞争优势。但劳动密集型产业的问题是产业附加值不够高、利润率不够大，还往往伴随环境污染。我们的工人付出了更多的劳动，但最大的那块利润却被品牌拥有方、技术拥有方拿走。因此，从劳动密集型产业向技术密集型产业转型，是我国经济发展的必由之路。而人工智能与制造、医疗、物流、安防、教育、交通、金融等领域的结合，正在推动行业发展模式和经济结构的转型，有助于重塑产业结构。

当然，人工智能的发展过程中，不可避免地会带来种种阵痛。比如材料中提到的就业威胁问题。的确，人工智能取代了一些人的劳动岗位，尤其是一些简单、重复性的工作岗位，造成一部分人的失业。

但是，人工智能造成的就业问题，更准确地说并不是让人"失业"，而是让人"转业"。人工智能和其他的发明创造一样，节省了人类的劳动，让人类从繁重的劳动，尤其是低质量、重复性劳动中解脱出来，让人类有更多的时间从事更擅长的、更有价值的工作。

当然，也有一部分人并不能很好地适应社会的变革和新的劳动岗位，但这不应该成为科技创新和发展人工智能的阻力。而是要通过知识教育、职业技能教育来实现劳动者素质的提高，从而解决这一问题。

总之，科技是第一生产力，人工智能则是重大科技突破。拥抱人工智能、发展人工智能，势在必行！

（全文共753字）

学员习作

1. 习作一

善用人工智能

老吕弟子班学员　景

> 回扣材料，点明主题。

随着技术的发展，人工智能一步一步走入了人类的生活，许多人对此褒贬不一。我认为，应该要善用人工智能。

> 人工智能是什么。

首先，什么是人工智能？人工智能并不是指它们具有了真正的"智能"，而是人类运用算法，赋予了它们一部分的"能力"，使得它们在遇见同类问题时，能够很快地做出计算、得出答案。人工智能的运用，能够将人类从大量重复而又繁杂的事物中脱离开，从事更多"高、精、尖"的工作，创造更大的财富。这可以提高社会总效益，所以我们要善用人工智能。

> 正：人工智能的作用。

其次，每一次技术的大变革，都会促进人类社会的发展。第一次工业革命，工厂出现了，许多商品都更便宜了，让大家都获得了实惠；第二次工业革命，电进入了千家万户，使大家都获得了便利。我认为，人工智能也是如此，大家应该善于利用人工智能的力量。

但是，为何许多人对人工智能的发展感到担忧，甚至不满呢？因为，他们害怕人工智能夺去他们的工作。就像铁路的出现，夺去了许多挑夫的工作；纺织机的出现，夺去了许多手工纺织工人的工作一样。

反：人工智能的问题。

然而，这点是无须担心的。<u>技术变革在夺取一些人低端烦琐的工作岗位时，也会创造更高端、更人性化的就业机会。而且，技术的发展也不是一蹴而就的。挑夫转身成了铁路工人，手工业者走进了工厂。善用人工智能，人们有足够的时间来适应大环境的转变，为自己找到一份更好的工作。</u>

驳：不必担忧人工智能的问题。
画线句子的逻辑有问题。

⊙画线句子建议改为：技术变革在夺取一些人低端烦琐的工作岗位时，也会创造更高端、更人性化的就业机会。挑夫转身成了铁路工人，手工业者走进了工厂。而且，技术的发展也不是一蹴而就的，人工智能的发展也需要时间，人们有足够的时间来适应大环境的转变，为自己找到一份更好的工作。

怕的就是那些坐井观天的"青蛙"们！一味地缩在"乌龟壳"里、不想进步的人，只能被时代所淘汰。在这个社会日益发展、技术不断变革的大时代，我们不能故步自封地当一只"青蛙"，要不断了解新资讯，跟随时代的脚步，利用人工智能的力量来服务自己。

反驳材料中的"反方"。

人工智能的发展已是大势所趋，我们不能做阻拦大势的"螳螂"，要善用人工智能，使自己不断地进步，避免被时代所淘汰。

总评

本文立意准确，中心明确，语言也较为通顺。文章多次点到材料，紧扣主题。可评为二类卷，分数区间为24~29分。

2. 习作二

珍视人工智能，展望美好未来
老吕弟子班学员　燕翔宇

　　面对人工智能的发展，有人抱乐观态度，有人持反对观点。技术变革的确会影响到人类生活的方方面面。是好是坏，难以定论。

　　而我认为，历史上每一次技术变革都会使人类社会向前发展，面对当下的人工智能，我们不妨以积极的态度对待它、珍视它①。

①用两段才提出自己的论点不可取，不利于阅卷人阅卷。首段必须要用简洁明了的语言提出论点。

　　⊙问题①建议改为：面对人工智能的发展，有人抱乐观态度，有人持反对观点。我认为，我们应该展望美好未来，拥抱人工智能。

　　每一场技术变革必将带来某些有利的方面，人工智能的到来也是如此。在过去，电话客服的工作只能由人承担，因为在那时只有人能够理解客户的需求，从而为客户提供服务。而如今随着人工智能的发展，智能AI语音已经取代人工电话客服，我们甚至已经无法分辨电话那端的声音究竟是人传来的还是人工智能传来的。不仅是电话客服，还有一些前台人员和餐厅服务员都变为AI机器人，甚至一些财务核算工作也通过人工智能完成②。这些转变都大大节约了成本，提高了效率，使生活更便捷。

②例子过长，应简化。

　　人工智能的发展不仅方便了人们的生活与工作，还可以解决一些人脑无法解决的难题。面对海量的数据，人工智能能够匹配到最优的数据、最佳的方法，并能在极短的时间内完成运算。在备受瞩目的围棋人机大战中，人工智能就战胜了人类冠军，可见其运算能力的优势。借助人工智能，人类也能够解决某些更复杂的问题③。

③什么更复杂的问题？在文章中并没有提及，显得没头没尾。

　　⊙问题③建议改为：随着技术的不断完善，借助人工智能，人类甚至能够解决某些更复杂的问题，如医疗保健、能源供应等。

　　然而，人工智能的发展也确实带来了一些问题。人工智能毕竟有异于人类，无法理解人类的情感并提供相应的需求，有时也会曲解人类的真实意图。并且人工智能的出现剥夺了许多人的工作，造成失业问题。这些问题虽然对社会不利，但也会促使人往更高层次的方向发展。伴随着这些问题，我们依旧无法否认发展人工智能是利大于弊的④。

④让步句的连词使用不当，应该是"即使存在这些问题……"。

　　"科学技术是第一生产力"，面对人工智能的发展，我们应当珍视它。这样的技术变革一定会带我们走向更好的未来。

> **总评**
>
> 全文从正反两个方面分析人工智能的影响。但存在几个问题，一是例证过多，说理过少；二是对于人工智能的负面影响方面，要么你有切实的论据说明发展人工智能利大于弊，要么你提出解决人工智能负面影响的方法，但本文没有做到。文章可评为三类卷，分数区间为 18~23 分。

2019 年管理类联考论说文母题思路详解

真题原题

论说文：根据下述材料，写一篇 700 字左右的论说文，题目自拟。（35 分）

知识的真理性只有经过检验才能得到证明。论辩是纠正错误的重要途径之一，不同观点的冲突会暴露错误而发现真理。

审题立意

1. 命题背景

2019 年的这道题目，考的话题是"论辩与真理"。材料话题源于以胡福明为主要作者的《实践是检验真理的唯一标准》一文。

1978 年 5 月 11 日，《光明日报》发表该报特约评论员文章《实践是检验真理的唯一标准》，由此引发了一场关于真理标准问题的大讨论。文章指出，检验真理的标准只能是社会实践，理论与实践的统一是基本原则，任何理论都要不断接受实践的检验。2018 年是中国改革开放 40 周年，而 2019 年的考题也贴近了改革开放 40 周年的热点，回溯改革开放前夕的真理标准问题大讨论。

在实践的过程中，把个人观点放置于公共空间以接受他人的检验，让不同见解进行思想的碰撞与交锋，可以纠正错误、辨明方向。换句话说，"论辩"可以摆脱个人观点的片面性、局限性，让人的认识由片面到全面、由浅显到深刻，让人发现偏见、揭示错误，从而获得真理。真理不是一蹴而就的，是在论辩的过程中逐步获得的。

熟悉历年管理类联考论说文试题的同学不难发现，"真理"是论说文常考的话题之一。例如，在 2010 年的真题中：

一个真正的学者，其崇高使命是追求真理。学者个人的名利乃至生命与之相比都微不足道，但因为其献身于真理就会变得无限伟大。一些著名大学的校训中都含有追求真理的内容。然而，近年学术界的一些状况与追求真理这一使命相去甚远，部分学者的功利化倾向越来越严重，抄袭剽窃、学术造假、自我炒作、沽名钓誉等现象时有所闻。

另外，2016年的真题与"论辩"也存在一定的相关性：

亚里士多德说："城邦的本质在于多样性，而不在于一致性。……无论是家庭还是城邦，它们的内部都有着一定的一致性。不然的话，它们是不可能组建起来的。但这种一致性是有一定限度的。……同一种声音无法实现和谐，同一个音阶也无法组成旋律。城邦也是如此，它是一个多面体。人们只能通过教育使存在着各种差异的公民，统一起来组成一个共同体。"

之所以说"多样性"与"论辩"存在相关性，是因为论辩的发生是由于大家的观点存在多样性或差异性。

2. 审题立意（"克罗特"审题立意法）

步骤	内容	分析
K	抓关键 （key words）	关键词：论辩、真理。 关键句：论辩是纠正错误的重要途径之一。
R	析原因 找寓意 （reasons）	2019年考题材料比较简短，只有两句话。第一句表明真理需要检验；第二句说明论辩是检验真理的重要途径之一，不同观点的冲突和碰撞可以暴露错误、破谬存真。材料前后两句有递进的关系，侧重说明后一句的"论辩"，而非前一句的"检验"，核心逻辑是"论辩"与"真理"的关系，所以，大家不能主写"实践和检验"，而应该着重去写"论辩"，最佳立意方向为：论辩有助于发现真理。 　　论辩与真理，材料看似给出的可用信息不多，但是仔细读题、认真分析，大家依然可以找到很多有价值的点作为切入角度，例如"真理的检验""错误的纠正""真理的发现"等。充分利用好材料中给出的信息，就可以大致列出文章的提纲了。
O	定对象 （objects）	材料说明了"论辩"可以发现真理，未出现带有寓意的对象，故此部分无须考虑。
A	辨态度 （attitude）	材料说明了"论辩"可以让人发现偏见、揭示错误，从而发现真理，突出了"论辩"的重要意义。此题宜认同材料的观点，不宜反驳材料的观点。
T	定立意 （theme）	结合以上四步分析，本题可以确定立意为——真理越辩越明、论辩是发现真理的重要途径。 　　注意，"实践是检验真理的唯一标准"这个立意是偏题的。因为，第一，材料的前一句话说的是真理需要"检验"而非"实践"；第二，这一立意忽略了材料的第二句话。

结构

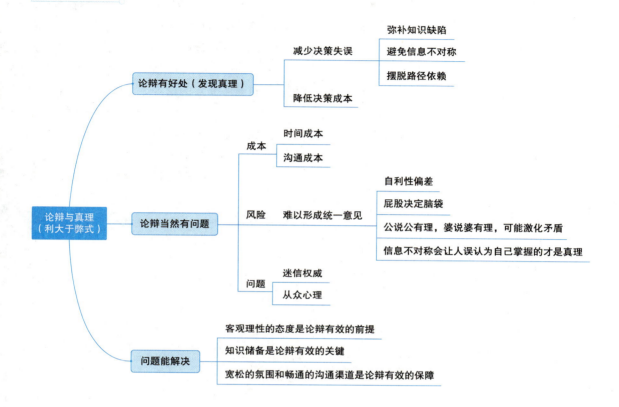

素材

1. 典型事例

（1）《光明日报》文章《实践是检验真理的唯一标准》

1978年5月，《光明日报》发表特约评论员文章《实践是检验真理的唯一标准》，由此引发了一场关于真理标准问题的大讨论，暴露了国家在前进过程中的缺点和错误。正是这场"论辩"，为我国重新确立马克思主义思想路线、政治路线和组织路线奠定了理论基础，开启了改革开放的伟大实践。由此可见，知识的真理性只有经过检验才能得到证明，论辩作为实践的途径之一，也会是检验真理的必由之路。

（2）鹅湖之会

"鹅湖之会"是中国古代思想史上的第一次著名的哲学辩论会。陆九渊属于主观唯心论，他认为人们心中先天存在着善良，主张"发明本心"；而朱熹强调"格物致知"，认为格物就是穷尽事物之理。双方到鹅湖寺，就各自的哲学观点展开了激烈的辩论，这就是"理学"与"心学"之争。"鹅湖之会"对后世产生了巨大而深远的影响。

——百度百科《鹅湖之会》

（3）春秋战国时期的论辩

春秋战国时期，各种思想流派的成就，与同期古希腊文明交相辉映。孔子、墨子、韩非子"群星璀璨"，儒家、墨家、法家"各成一家之言"。不同学派的"论辩"，铸就了春秋时期思想文化空前繁荣的景象。在学术自由的环境中，他们敢于不断论辩、探求和创新，冲破旧传统的思想束缚，极大地促进了学术的发展。论辩，可以让思想活跃、真理显现。

（4）定比定律

法国科学家普鲁斯特，为了探索定比定律，同贝索勒进行了9年的论辩。在这期间，贝索勒向普鲁斯特提出了种种质疑，迫使他潜心研究，终于发现了定比定律。当人们为普鲁斯特庆功时，他执意要将一半的功劳归于贝索勒，因为他知道，正是贝索勒的质疑和这9年的论辩才使他获得了成功。

——第三届国际大专辩论赛决赛辩词

2. 引用句

①真理常常藏在事物的深底。（席勒）
②论如析薪，贵能破理。（刘勰《文心雕龙》）
③事莫明于有效，论莫定于有证。（王充《论衡》）
④真理越辩越明，道理越讲越清。（黎汝清）
⑤真理之川从它的错误之沟渠中流过。（泰戈尔）
⑥没有思想自由，就没有科学，没有真理。（勒南）
⑦如果你想独占真理，真理就要嘲笑你了。（罗曼·罗兰）
⑧说服是一只摊开的手掌，而不是一个攥紧的拳头。（希腊哲学家芝诺）

段落

结构	段落	母理或要点
论辩有好处	论辩，是发现真理和解决问题的有效途径。一方面，任何人都不可能掌握全部知识，最多可能在某些方面有所专长，通过论辩，我们就可以取别人之所长补自己之所短。另一方面，信息不对称普遍存在，但通过论辩，我们可以打开"上帝视角"，发现从前"看不见的背面"，让信息由不对称到对称，从不完善到逐渐完善，从而发现真理、解决问题。	减少信息不对称
	论辩，能帮助我们摆脱对过往路径的依赖。现实生活中，很多人对于"未来"的决策会受到"历史"经验的影响，从而影响决策的正确性。论辩给了我们用不同的眼睛看世界的机会，让我们从关注自身到留心环境，从沉浸历史到展望未来。这样便丰富了我们的"时空观"，提高了决策的有效性。	摆脱路径依赖

续表

结构	段落	母理或要点
论辩有好处	论辩可以减少决策失误。因为，不同思想的碰撞，为决策提供了更广阔的视角和思路。在论辩过程中，相左的意见是难得的警醒，使管理者能够主动地避开前路上未曾预料的风险。包容"争鸣"，可以使决策更加科学合理、符合实际。	减少决策失误
论辩有问题	由"争鸣"到"共鸣"需要时间，这使得追寻真理、产生决策的速度也会"慢"下来。论辩，需要调查研究、公开讨论，以求谋定而后动。然而，想所有人同等、同时获益很难，只有少数人获益又令人无法接受，只有绝大多数人获益才行。这就需要管理者在争鸣中协调各方利益，无疑增加了时间成本。	时间成本
	论辩有时候很难达成共识，这是因为，在信息不对称的情况下，各方掌握的信息不同，思想往往会产生巨大分歧，甚至误认为自己掌握的才是真理。如果各方都固执己见，或者坚持"沉默是金"，那么信息无法顺畅地沟通和互换，错误和偏差也就无法避免。	信息不对称
	很多时候论辩失去其原意，由理性讨论到大肆争吵，再由破口大骂走向拳脚相向，都是因为我们难以站在客观的立场上去衡量他人的观点。而"屁股决定脑袋"式的思维常常使我们为了维护自己的立场和脸面而拒绝论辩；"一言堂"的盛行，也是组织领导不愿其权威受到挑战、拒绝接受他人观点的结果。	自利性偏差
	如果领导比较独断专行，论辩就很难发生。因为，人们会觉得自己的观点"说了也白说"，搞不好还被"穿小鞋"。一些领导者在决策之前，虽然也会征求各方意见，但实际情况往往是：要么提意见的人范围有限、代表性不足；要么对"不同意见"舍大取小乃至充耳不闻。更有甚者，把提出异议的人视为不听话的"刺儿头"，要么"封杀"，要么"设障"。如此一来，又有谁敢踊跃发声？	权威的影响
	人们有时候不敢论辩。一是因为迷信权威，误认为权威的观点就是对的，即使自己与权威的观点不同，也会产生自我怀疑，不敢发声质疑权威；二是出于盲从心理，尤其是当一种观点成为多数人的选择时，自己的"异见"就难免被视为异端邪说。	迷信权威与盲从心理
问题能解决（提建议）	客观理性的态度是论辩有效的前提。如果论辩时只是维护自己的面子或利益，不能做到中立客观，那么论辩就不可能让我们发现真理。因此，如果论辩中发生冲突，要及时调整思考策略，从而找到知识的真理性，切勿让"摊开手掌"的相互论辩，成为"攥紧拳头"的相互攻击。	保持客观理性
	知识储备是论辩有效的关键。真理是人们对客观事物及其规律的正确认识，而论辩则是以一定的逻辑基础为规则，这就要求双方有一定的知识储备、思想水平，有理有据、合规合法，才能让论辩发挥更大的价值。	增加知识储备

结构	段落	母理或要点
问题能解决（提建议）	宽松的氛围和畅通的沟通渠道是论辩有效的保障。一方面，对企业来说，管理者要做到"兼听则明"，允许不同声音的存在，听取各种不同的建议和意见，才能比较全面、客观地了解和掌握各方面情况，做出理性的判断和正确的决策。另一方面，对社会而言，尊重不同的观念和声音，既是尊重公民的言论表达自由，也是为公民提供了一条释放情绪的渠道。	维护宽松的氛围

范文

敢于论辩，发现真理

老吕口述　母题特训营学员花爷整理

诚如材料所言，知识的真理性只有经过检验才能得到证明。我认为，在不同的观点产生时，应鼓励它们之间的碰撞与交流，敢于论辩，方能发现真理。

论辩，是发现真理和解决问题的有效途径。在信息不对称、信息不完整的当今社会，信息优势方往往会凭借自身的有利条件来蒙蔽他人。但通过论辩，我们可以打开"上帝视角"，发现从前"看不见的背面"，让信息由不对称到对称，从不完善到逐渐完善，通过集思广益来丰富自己的思想，用一场又一场的头脑风暴探寻真理，以"大局观"来解决问题。

论辩，能帮助我们摆脱对过往路径的依赖。现实生活中，很多人对于"未来"的决策会受到"历史"经验的影响，从而影响决策的正确性。论辩给了我们用不同的眼睛看世界的机会，让我们从关注自身到留心环境，从沉浸历史到展望未来。这样便丰富了我们的"时空观"，提高了决策的有效性。

想让论辩发挥其最大效用，就要谨防"自利性偏差"的陷阱。很多时候论辩失去其原意，由理性讨论到大肆争吵，再由破口大骂走向拳脚相向，都是因为我们难以站在客观的立场上去衡量他人的观点。而"屁股决定脑袋"式的思维常常使我们为了维护自己的立场和脸面而拒绝论辩；"一言堂"的盛行，也是组织领导不愿其权威受到挑战、拒绝接受他人观点的结果。

因此，想要看到"百家争鸣"的景象，我们就要怀着一颗容纳异见的心。创造宽松愉悦的舆论环境，不仅是管理者的责任，还是每一个参与者的义务，如此方能让人人敢于论辩、乐于论辩、善于论辩，才能人皆尽其才、事必尽其智，才能真正让思想的碰撞擦出真理的火花。

"一花独放不是春，百花齐放春满园。"敢于论辩，不惧于异见的挑战，方能暴露错误，发现真理！

（全文共 686 字）

学员习作

1. 习作一

容许论辩，方见真理
弟子班学员　李珍

正如材料所言，论辩是纠正错误的有效途径之一，不同观点的冲突会暴露错误而发现真理。所以，在观点出现分歧和碰撞的时候，要容许论辩，宽于争鸣，方见真理。

凡事都用"正确答案"判断、"统一标准"衡量，只会使社会发展停滞，甚至"拉历史的倒车"。"八股文""样板戏"难道不是最好的例证吗？《四书》当然是经典，《五经》当然是巨著，但以此为标杆、以此为准绳，断然不可取。凡事追求统一、讲求定式就可以获得功名利禄，谁还去创新？凡事都有样板、都有"规定"，谁还敢去创新？历史证明，没有人！所以，"唯标准是瞻"要不得，用唯一标准衡量更是要不得。

容许论辩、喜见争鸣，让不同的思想发声，才会发现真理。《论语》中有："知者乐水，仁者乐山；知者动，仁者静；知者乐，仁者寿。""山水、动静、快乐长寿"不分伯仲、不较高低，方能彰显"智者""仁者"不同的品格。先秦诸子"百家争鸣"亦是如此，孔子、墨子、韩非子……"群星璀璨"，儒家、墨家、法家……"各成一家之言"。不同学派的"争奇斗艳"、相互学习，铸就了春秋时期思想文化空前繁荣的景象。因此，要听见不同的声音，首先要有一颗想听到不同声音的心。

反观今天，很多管理者大搞"一言堂"，只要下属与自己的观点相悖，就怨之、怒之、孤立之甚至打压之。这种行为表面上看起来颇有魄力，实则独断专行，给下属以压迫感。久而久之，真正的人才难以施展才华，愤然离去；而"顺毛驴"们却凭着溜须拍马青云直上。管理者孤立了自己，成了孤家寡人，组织运营自然也每况愈下。

所以，管理者要允许不同观点的论辩，乐见不同声音的争鸣，从而暴露错误、发现真理！

标题优秀。

引材料，提出论点。

反面论证：统一标准不可取。

正面论证：容许论辩可以发现真理。

联系现实，指出问题。

总结全文。

> **总评**
> 本文立意准确，中心明确，结构完整。可评为一类卷，分数区间为30~35分。

2. 习作二

论辩方能见真理

老吕弟子班学员 黄静

正如"一千个人心中有一千个哈姆雷特"所言，人们的思想各异，现实中，论辩不可避免，但经论辩之后，真理才能浮现①。

⊙问题①建议修改为：

常言道，"一千个人心中有一千个哈姆雷特"，人们思想各异，论辩便不可避免。经过论辩之后，真理才能浮现。

"理不辩不明"，许多真理的发现都来源于论辩。内有春秋战国时期，百家争鸣，诸子百家各抒己见，多角度思维得以相互碰撞、相互影响，从而成就多部著作，流传百世。外则有"地心说"和"日心说"之争、"神创论"与"进化论"的冲突，才能得知太阳系和"适者生存"的真理。

然而，"理非越辩越明"②，争辩的发生往往来源于人们自身的利益冲突。即使是诸子百家，他们也曾是站在春秋各国的利益下，想要助各国统一天下。"神创论"和"进化论"的冲突，更是代表了宗教利益群体和追求新思想、解脱束缚的人们的利益分歧。激化的争辩更会演变成人身攻击，脱离了寻求真理的本质。正像当下的"键盘侠"，躲在键盘之后，相互指责，不容他人观点的差异。

况且，辩明真理后的纠错成本是真实存在的。越是知名的专家学者和有头有脸的公众人物，其认错的成本也随名声威望而增大了。除了之前错误的观点为他们带来了名利，让他们难以放弃这些名利之外，还让人否定曾经的自己，更是难以做到。一旦权威们不肯纠错，普通民众更是难以发现真理，抑或是人微言轻，即便发现真理了，也无法传扬，进而埋没了真理。

因此，论辩在客观和冷静的条件下③，才能使得真理浮现。面对他人观点时，学会包容与接纳，杜绝自利性偏差——有利于自己的观点，百般维护；不利于自己的观点，我视而不见。

所谓博百家之长，在理性的争辩中，思维的多样性带来的真理，方能使得社会进步。

① 行文可优化。

② 此处语气不当，应该是：真理未必能"越辩越明"。

③ 语序不对，建议改为：在客观和冷静的条件下论辩。

结尾没有问题。

> **总评**
>
> 文章立意准确,层次分明,说理有力。个别语句不够通畅。可评为二类卷,分数区间为 24~29 分。

2020 年管理类联考论说文母题思路详解

真题原题

论说文:根据下述材料,写一篇 700 字左右的论说文,题目自拟。(35 分)

据报道,美国航天飞机"挑战者"号采用了斯沃克公司的零配件。该公司的密封圈技术专家博易斯乔利多次向公司高层提醒:低温会导致橡胶密封圈脆裂而引发重大事故,但是,这一意见一直没有受到重视。1986 年 1 月 27 日,佛罗里达州卡纳维拉尔角发射场的气温降到零度以下,美国国家航空航天局再次打电话给斯沃克公司,询问其对航天飞机的发射还有没有疑虑之处。为此,斯沃克公司召开会议,博易斯乔利坚持认为不能发射,但公司高层认为他所持理由还不够充分,于是同意美国国家航空航天局发射。1 月 28 日上午,航天飞机离开发射平台。仅过了 73 秒,悲剧就发生了。

审题立意

1. 命题背景

2020 年的这道题目,材料源于 1986 年美国"挑战者"号航天飞机失事爆炸的真实事件。

1986 年 1 月 28 日,美国"挑战者"号航天飞机升空后,因其右侧固体火箭助推器的密封圈失效导致火焰泄露,毗邻的外部燃料舱在高温烧灼下结构失效,使高速飞行中的航天飞机在空气阻力的作用下于发射后的第 73 秒解体,机上 7 名宇航员全部罹难。

事实上,在"挑战者"号发射前一天的夜里,工作人员已经发现了这个问题,并向美国国家航空航天局提出了紧急建议,要求推迟或者取消这次发射任务,然而建议并未被采纳。此外,之前也有专家认为,发射当天的气温在零度以下,低温会导致橡胶材料失去弹性,而密封圈从未在如此低的温度环境中进行过测试,如果坚持发射,可能导致密封圈在低温中破裂,从而发生不可预知的后果。但因为种种原因,火箭承包商和美国国家航空航天局高层最终没有将其作为推迟发射的理由,坚持认为发射可以如期进行。随后,惨剧发生了。

其实,该年度考试考这么一个话题,与国家的方针政策有关。在 2019 年,国家提出要"防范化解重大风险"。另外,《人民日报》2019 年 6 月 25 日第 7 版"思想纵横"栏目上刊载了署名"曹平"的文章《防范危机好过应对危机》。文章的开头第一段是这样写的:

1986年，美国"挑战者"号航天飞机爆炸，这是人类航天史上的一次重大灾难。据事后调查，灾难的主要原因与航天飞机上的O型密封圈有关。这种密封圈存在一个缺陷，即在低温环境下密封性会变差，导致危险气体漏出，从而威胁整个航天飞机的安全。"挑战者"号发射之前，有几个工程师已经发现这个问题并提出警告，可是美国国家航空航天局忽视了这些警告，仍然在一个寒冷的早晨强行发射，结果酿成机毁人亡的惨剧。"挑战者"号灾难事故发生的原因令人深思，它提醒我们既要高度警惕"黑天鹅"事件，也要防范"灰犀牛"事件。

2. 审题立意（"克罗特"审题立意法）

步骤	内容	分析
K	抓关键 (key words)	关键词：零配件、多次提醒、没有受到重视、重大事故。 关键句：……多次向公司高层提醒：低温会导致橡胶密封圈脆裂而引发重大事故，但是，这一意见一直没有受到重视……悲剧就发生了。
R	析原因 找寓意 (reasons)	材料中，公司高层多次忽略了密封圈技术专家的提醒，执意认为"一个小小的的橡胶圈"并不能成为推迟发射的理由，"挑战者"号也因为高层的疏忽大意，最终酿成惨剧。 大家在分析材料的过程中，要特别注意材料中出现的转折词。一般来说，转折词都是为了突出后半句的内容。在这道题目中，出现了两次转折词，第一次是"……但是，这一建议一直没有受到重视"；第二次是"……但公司高层认为他所持理由还不够充分，于是同意美国国家航空航天局发射。……悲剧发生了。"这两处转折，都突出强调了正是由于公司高层的专断独行、不愿听取专家意见，最终导致了悲剧的发生。所以，整篇材料可以简略地概括成一句话："公司高层不顾技术专家多次反对，执意同意发射，最终导致悲剧的发生。"
O	定对象 (objects)	材料引用了1986年"挑战者"号航天飞机失事爆炸的案例，未出现带有寓意的对象，故此部分无须考虑。 但同时，材料中也出现了多个角色，大家需要准确地定位到底谁才是这个故事的主角。是美国国家航空航天局？专家博易斯乔利？还是斯沃克公司的高层？如果没有准确地找到"主角"，文章的立意就会出现偏差。大家需要分析出来，"公司高层"才是故事的主角，因为他们才是导致这场悲剧的真正原因，并且，材料中出现了两次转折词"但"，转折词后面主要说的都是公司高层。所以，立意只有立在主角"斯沃克公司的高层"上，才是最扣题的。
A	辨态度 (attitude)	材料讲述了"挑战者"号失事爆炸的案例，从不同角度体现出"善于听取异见""注重细节""具有危机意识"的重要性和必要性。本材料没有限定单一明确的立意，考生可切入的角度比较多，考生在话题范围内立意均可。
T	定立意 (theme)	结合以上四步分析，可以确定本题的立意可以为：管理者做决策时要听取异见或意见、危机意识、重视细节。

结构

结构（1）：

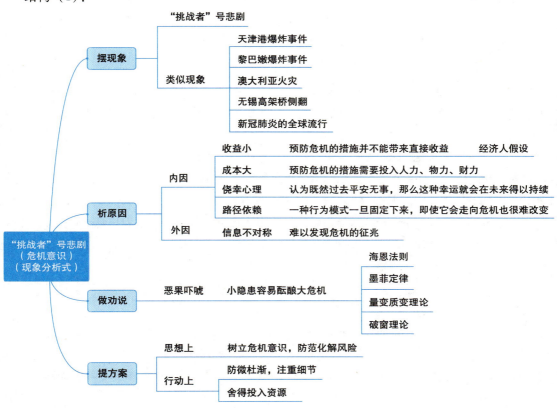

结构（2）：

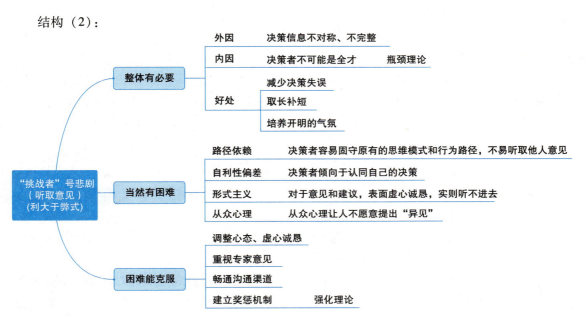

素材

1. 危机意识方向的素材

1.1 典型事例

（1）天津港爆炸事件

2015年8月12日，位于天津市滨海新区天津港的瑞海公司危险品仓库发生火灾爆炸事故，本次事故中爆炸总能量约为450吨TNT当量，造成165人遇难，核定的直接经济损失68.66亿元。

调查组查明，事故直接原因是：瑞海公司无视安全生产主体责任，严重违反天津市城市总体规划和滨海新区控制性详细规划，违法建设危险货物堆场，在现代物流和普通仓储区域违法违规从2012年11月至2015年6月多次变更资质经营和储存危险货物，安全管理极其混乱，安全隐患长期存在，导致危险品仓库运抵区南侧集装箱内的硝化棉由于湿润剂散失而出现局部干燥。在高温（天气）等因素的作用下加速分解放热，积热自燃，引起相邻集装箱内的硝化棉和其他危险化学品长时间大面积燃烧，导致堆放于运抵区的硝酸铵等危险化学品发生爆炸。

——百度百科《8·12天津滨海新区爆炸事故》

（2）黎巴嫩爆炸事件

2020年8月4日，黎巴嫩首都贝鲁特港口区发生巨大爆炸。此次爆炸造成至少190人死亡、6 500多人受伤。调查结果显示，贝鲁特港口12号仓库的管理存在严重疏忽，因为仓库内除了发生爆炸的2 750吨硝酸铵，还存放了大量的烟花和爆竹，爆炸是由于化学物质的自燃而导致的。

——《8·4黎巴嫩首都爆炸事故》

（3）澳大利亚丛林火灾

2019年，澳大利亚经历了史上最严重的火灾季，造成至少15人丧生，数百所房屋被摧毁，数万平方千米的土地过火。由于丛林大火包围了社区并夷平了数十座建筑物，澳大利亚东南部成千上万的居民和度假者被迫撤离到海岸线。

澳洲夏季干燥，丛林着火几乎是常规事件。很长时间内，澳大利亚总理莫里森似乎把这场大火也看成了常规事件。12月份，火还在狂烧，总理莫里森却悠哉游哉带着全家去了夏威夷度假。事实上，9月份火势刚开始蔓延的时候，就已经露出了异常的苗头：昆士兰州历史悠久的度假胜地宾纳布拉旅馆被烧毁。这座旅馆身处郁郁葱葱的山区，周围通常阴凉潮湿，这样的火灾让科学家倍感惊讶。更别提，这次大火的伤亡损失空前惨重。在汹涌的民意下，莫里森才回过神来积极救灾、补偿消防志愿者，然而却为时已晚。

——《纽约时报中文版》

（4）无锡高架桥侧翻

2019年10月10日傍晚18：10左右，江苏省无锡市锡山区312国道上海方向K135处、锡港路上跨桥出现桥面侧翻。事故共造成3人死亡，2人受伤。出事的312国道路段，不仅货车多，而且超载现象猖獗。据调查，无锡所有的高架桥都限制货车行驶，但是唯独312国道的那段是允许货车开上去的。一来因为那是一段老路，二来因为附近有很多物流企业和大型钢材城。这条路就成为运货车辆不得不走的一段。

——界面新闻《无锡高架桥侧翻事件：命陨"必经之路"》

（5）新冠肺炎的全球流行

新冠肺炎疫情，几乎对所有的政府部门、社会组织、企业，乃至每个人，都是一次前所未有的危机大考验，包括综合能力、专业态度、价值取向、行为准则等诸多方面。此前，联合国秘书长安东尼奥·古特雷斯称，新冠肺炎大流行是第二次世界大战以来最严重的全球危机。应对全球大流行病的出现，各国皆责无旁贷。环球同此凉热，无人可以在病毒面前独善其身。

——龙源期刊网《新传奇》

1.2 引用句

①夫祸患常积于忽微，而智勇多困于所溺。（欧阳修《伶官传序》）

②备豫不虞，为国常道。（吴兢《贞观政要·纳谏》）

③居安思危，戒奢以俭。（魏徵《谏太宗十思疏》）

④安不忘危，盛必虑衰。（班固《汉书》）

⑤祸兮福之所倚，福兮祸之所伏。（老子《道德经》）

⑥生于忧患，死于安乐。（孟子《孟子·告子下》）

⑦天下难事，必作于易；天下大事，必作于细。（老子《道德经》）

⑧千里之堤，以蝼蚁之穴溃；百尺之室，以突隙之烟焚。（《韩非子·喻老》）

⑨无视细节的企业，它的发展必定在粗糙的砾石中停滞。（松下幸之助）

2. 听取意见方向的素材

2.1 典型事例

（1）任正非

任正非斥资40亿学费师从IBM、悉心接纳专业团队的经营建议，这也正是华为登上世界通讯科技巅峰的关键因素之一。华为的例子告诉我们，企业想要发展，管理者必须要虚心听取意见、接纳多方思想、积极做出改变。

（2）比尔·盖茨

微软公司的一名技术员，在公司会议上指出公司的网络浏览器严重滞后，微软总裁比尔·盖茨非常自责，并诚恳地向与会者道歉。由此，"微软"的经营方向也发生了转型。后来盖茨谈起这件事时说："我不想在面子问题上浪费时间，那是没有意义的。特权会使人腐化，但我想保持前进的动力。"盖茨从当年的毛头小伙跃为世界首富，这样的成功在于学会听取他人意见、不被权利与赞扬塞住耳朵。

——来自网络

（3）古代的例子

刘邦听张良之谋，最终成就帝业；而项羽不听范增之言，最终自刎乌江；曹操善于听谋臣的意见，最终统一北方；而袁绍不听田丰、沮授之言，兵败官渡；唐太宗能听魏征之言，成就贞观之治；苻坚不听王猛之言，结果兵败淝水。

——来自网络

2.2 引用句

①兼听则明，偏信则暗。（魏征）

②聆听他人之意见，但保留自己之判断。（威廉·莎士比亚）

③多见者博，多闻者智，拒谏者塞，专己者孤。（桓宽《盐铁论》）

④有则改之，无则加勉。（朱熹）

⑤木受绳则直，人受谏则圣。（《孔子家语·子路初见》）

⑥能够听到别人给自己讲实话，使自己少走或不走弯路，少犯错误或不犯大的错误，这实在是福气和造化。（培根）

段落

1. 危机意识

结构	段落	母理或要点
摆现象	世人皆知危机预防优于危机处理，然而，一枚小小的橡胶密封圈居然造成"挑战者"号航天飞机爆炸的严重后果，不禁让人扼腕叹息！ 无独有偶，现实生活中也有很多类似的故事上演。黎巴嫩爆炸、澳大利亚大火、巴黎圣母院火灾、新冠肺炎爆发，都是从小事故起，以大灾难终。	例子
析原因	"防患于未然"的标语嘴上说说、纸上写写、墙上挂挂，预防危机的实际行动却不见踪影。这是为何？一方面，未雨绸缪最大的成功不过是平安无事，既无赫赫之战功，亦无煌煌之美名；另一方面，在很多人眼中，所谓未雨绸缪，不过是徒增成本而已。侥幸心理让他们认为，反正危机不一定发生，我为什么要付出这么多时间、精力、金钱去做一件根本不会产生利润的事呢？因此，对于防范危机，他们往往"说起来重要、做起来次要、忙起来不要"。	内因：经济人假设
	很多危机之所以发生，与管理者的"路径依赖"有关。管理者的决策模式和行为路径存在某种惯性，一旦做出某种决策，惯性的力量会使他不断自我强化，轻易走不出去。因此，即使管理者的决策存在问题和隐患，在这些问题和隐患没有酿成大灾难之前，这一决策往往会沿着既定的路线执行下去，难以改弦更张。	内因：路径依赖

结构	段落	母理或要点
析原因	危机之所以发生，一方面是因为，一些小的隐患难以被发现或者因为问题太小即使发现了也容易被忽略；另一方面是因为，发现小隐患小问题的人，往往是底层工作人员或者一线员工，由于信息不对称的存在，他们发现的这些问题，很难传递到决策者耳朵里，即使被决策者听到，也往往难以引起重视。"挑战者"号灾难的发生也是如此。	外因：信息不对称
谈危害	"祸患常积于忽微"。任何危机的发生都有一个从产生隐患、酝酿发展，再到偶然触发的过程，也都有一个从量变到质变、从微疵到大错的经过。所以，危机意识的匮乏、事前控制的缺失往往会引发难以控制的恶性后果。无论是"挑战者"号航天飞机爆炸事件，还是无锡高架桥侧翻事件，抑或是厦门地铁塌陷事件，皆是如此。这也正是海恩法则告诉我们的：每一起严重事故的背后，必然有29次轻微事故和300起未遂先兆以及1 000起事故隐患。	量变质变规律/海恩法则
提方案	要想预防危机，首先要树立防范危机的意识。这听起好像是老生常谈，可实际上，思想是指导行动的依据，如果连思想上的重视都做不到，就更不可能有防范危机的行动。其次，要把危机预防落到实处，一是要建立危机预警和防范机制，二是要舍得为防范危机投入资源。	树立防范意识
	要想做好危机防范工作，一是危机防范工作要有责任人、要有监督人，责任明确，监督到位，才有利于执行；二是建立危机处理的事后追责机制，危机一旦发生，对相关责任人要严惩不贷，坚决杜绝"高高举起、轻轻落下""罚酒三杯式"的处罚，否则只会让更多人的心生懈怠。	强化理论

2. 听取意见

结构	段落	母理或要点
整体有必要	集思广益是科学决策的客观要求。很多决策都是在"信息不完整""信息不对称"的情况下做出的。由于位置不同、视角不同，管理者可能很难站在其他角度想问题，更不可能掌握所有决策相关信息。这个时候，多听听别人的意见和建议，就可以打开"上帝视角"，发现从前"看不见的背面"，让信息由不对称到对称，从不完善到逐渐完善，通过集思广益来丰富自己的思想，从而做出科学决策。	外因：信息不对称
	集思广益是决策者的内在需要。"尺有所短，寸有所长"，管理者不可能是全才，多数管理者仅仅是某一领域或某个方面的行家里手，在其他方面一定有其短处。在自己不擅长的领域，多听听别人的建议和意见，就显得尤为重要。"挑战者"号航天飞机爆炸事故中，那几位发现问题的工程师就掌握了决策者不具备的知识和技能，发现了决策者没发现的问题。可见，集思广益能提高决策的科学性。	内因：木桶理论/瓶颈理论

续表

结构	段落	母理或要点
整体有必要	管理者之所以要善于听取和接纳他人意见，是因为，任何人都不可能是"百事通"，都有知识盲区和能力短板。在信息大爆炸的当下，管理者更不可能穷尽所有信息、洞察所有情况。因此，听取和接纳他人意见，更利于做出科学决策、避免重大损失。	内因：木桶理论/瓶颈理论
	管理者善于听取异见、虚心接纳异见，有益于增强决策透明度和员工参与度，形成从谏如流的良好企业氛围，真正地调动员工积极性。而且，即使最终不能采纳所有意见，管理者也能从中了解员工的具体需求、真实想法。	形成良好企业氛围
当然也有困难	管理者有时候很难听得进去别人的意见，这是因为，任何人都存在一定的路径依赖，管理者也不例外。一旦管理者做出某种决策，他就会倾向于认为这种决策是正确的，惯性的力量会使得这种决策不断强化。而且，改弦更张有时候会让之前的投入变成沉没成本，因此，管理者往往抗拒和抵触他人意见。	路径依赖/沉没成本
	很多管理者对于员工意见，奉行的是形式主义、官僚主义。或是表面虚心诚恳，实则听不进去；或是左耳进右耳出，敷衍了事不以为然；或是尖锐意见被过滤、刺耳之言就反弹。那么，即便花了大量时间精力去听意见，也不会汲取到多少有效意见。	形式主义
	人们常把功归于自己，过推于他人。出于自利性偏差，管理者听取了他人意见，若是取得了效益，往往容易把功劳归于自己；若是听取意见后的决策结果产生了不利影响，则容易把错误归咎于他人。如此一来，也就没有人敢于、愿意提出意见了。	自利性偏差
	从众心理的影响，使很多人不愿意提出"异见"。实验表明，只有极少的人能够保持独立性，所以从众心理是个体普遍所有的心理现象，通俗地说，就是"随大流"。由于从众心理，即使自己不同意管理者的决策，不同意多数人的意见，也会出于"多一事不如少一事"的心理，把真相埋在心里。	从众心理
但是困难可以克服（提出方案）	管理者要练就广阔的胸襟，包容不同意见，要允许各种不同声音的存在。只有听取各种不同的声音，才能全面、客观地了解和掌握各方面情况，做出理性的判断和正确的决策。所以，管理者要"知而慎行"，畅通沟通渠道、善于听取异见。	无
	企业要制定相关管理规定和激励机制，建立和完善多重形式的意见反馈渠道，培养"鼓励多方意见"的宽容氛围。管理者需深知，"一言堂"看上去威风凛凛，实际上是自我孤立。壅蔽言路、闭目塞听，常常是企业衰败的前兆；见贤思齐、择善而从，才能真正使企业立于不败之地。	强化理论

范文

范文 1. 危机意识

预防危机胜过处理危机

吕建刚

世人皆知危机预防优于危机处理，然而，一枚小小的橡胶密封圈居然造成"挑战者"号航天飞机爆炸的严重后果，不禁让人扼腕叹息！

无独有偶，《汉书·霍光传》也记载了一个同样的故事：有位客人发现主人家的烟囱是直的，旁边又有很多木材，就建议烟囱要改曲，木材须移去，否则将来可能会有火灾。主人却不以为然，不久后主人家里果然失火。这就是成语"曲突徙薪"的由来。

现实生活中，类似的故事更是不断上演。"防患于未然"的标语嘴上说说、纸上写写、墙上挂挂，预防危机的实际行动却不见踪影。这是为何？一方面，未雨绸缪最大的成功不过是平安无事，既无赫赫之战功，亦无煌煌之美名；另一方面，在很多人眼中，所谓未雨绸缪，不过是徒增成本而已。侥幸心理让他们认为，反正危机不一定发生，我为什么要付出这么多时间、精力、金钱去做一件根本不会产生利润的事呢？因此，他们往往对表面文章乐此不疲，而对预防式的事前控制和事中控制敬而远之。

然而，"祸患常积于忽微"。任何危机的发生都有一个从产生隐患、酝酿发展，再到偶然触发的过程，也都有一个从量变到质变、从微疵到大错的经过。所以，危机意识的匮乏、事前控制的缺失往往会引发难以控制的恶性后果。无论是"挑战者"号航天飞机爆炸事件，还是无锡高架桥侧翻事件，抑或是厦门地铁塌陷事件，皆是如此。这也正是海恩法则告诉我们的：每一起严重事故的背后，必然有 29 次轻微事故和 300 起未遂先兆以及 1 000 起事故隐患。

因此，事后补救不如事中控制，事中控制不如事前预防。试想，如果"挑战者"号的管理者们多一点危机意识，多一些事前预防，认真思考专家的忠告，也许就不会有航天飞机爆炸的恶性后果了。

"明者远见于未萌，而智者避危于无形。"记住，处理危机不如预防危机，亡羊补牢难比未雨绸缪！

（全文共 728 字）

范文 2. 听取意见

管理决策应集思广益

吕建刚

"挑战者"号航天飞机爆炸事故,让笔者扼腕叹息!叹息之余,不禁设想一个问题:如果美国国家航空航天局能够重视和采纳专家的意见,是否就可以避免这一事故发生呢?可见,管理者应集思广益、科学决策。

首先,集思广益是科学决策的客观要求。很多决策都是在"信息不完整""信息不对称"的情况下做出的。由于位置不同、视角不同,管理者可能很难站在其他角度想问题,更不可能掌握所有决策相关信息。这个时候,多听听别人的意见和建议,就可以打开"上帝视角",发现从前"看不见的背面",让信息由不对称到对称,从不完善到逐渐完善,通过集思广益来丰富自己的思想,从而做出科学决策。

其次,集思广益是决策者的内在需要。"尺有所短,寸有所长",管理者不可能是全才,多数管理者仅仅是某一领域或某个方面的行家里手,在其他方面一定有其短处。在自己不擅长的领域,多听听别人的建议和意见,就显得尤为重要。"挑战者"号航天飞机爆炸事故中,那几位发现问题的工程师就掌握了决策者不具备的知识和技能,发现了决策者没发现的问题。可见,集思广益能提高决策的科学性。

要做到集思广益,一方面要重视专家意见。专家之所以成为专家,是因为他们是相关领域的特定人才,对其研究领域有一定的发言权,因此,对他们的意见应该给予一定的重视。另一方面,要广开言路,让普通人也有发言权。普通员工,尤其是一线员工,往往比高高在上的管理者更容易发现一些问题,因此,他们的意见也值得重视。

总而言之,管理者不能独断专行,搞"一言堂",而应该营造人人勇于提意见、人人乐于提建议的轻松氛围,这样才能集思广益、科学决策。

(全文共 667 字)

范文 3. 听取意见

善于听取异见

老吕助教　张英俊

古语有云："多见者博，多闻者智，拒谏者塞，专己者孤"。斯沃克高层不顾技术专家的多次反对，执意发射航天飞机，最终酿成惨剧。这个悲剧告诉我们：管理者要善于听取异见。

首先，听取异见可以使管理者"取长补短"。任何人都不可能是"百事通"，都有知识盲区和能力短板。在信息大爆炸的当下，管理者更不可能穷尽所有信息、洞察所有情况。不同的意见可以为决策者提供更广阔的视角和思路。所以，管理者在企业经营的过程中，要善于听取和接纳他人意见，做出科学决策，避免重大损失。

其次，听取异见可以减少走弯路。英国哲学家培根曾言："能够听到别人给自己讲实话，使自己少走或不走弯路，少犯错误或不犯大的错误，这是福气和造化。"管理者个人的时间和精力有限，很难做到事必躬亲。管理者认真听取他人想法、广泛了解真实情况，在进行比较、综合、分析后，可以很大程度上摆脱局限性、片面性，在很多情况下也就能够实现"躬行"的目的，甚至达到事半功倍的效果。即使种种意见最终不能采纳，管理者也能从中了解员工的具体需求、真实想法，有益于增强决策透明度和员工参与度，形成从谏如流的良好组织氛围，真正能调动组织成员的积极性。

如何做到"接纳异见、广开言路"呢？一方面，管理者要练就广阔的胸襟，包容不同意见，要允许各种不同声音的存在。只有听取各种不同的声音，才能全面、客观地了解和掌握各方面情况，做出理性的判断和正确的决策。另一方面，管理者在广开言路、接纳异见的同时，也要准确分析市场，结合自身优势和事件发展状况，寻找到合理定位，在全盘考虑的基础上进行决策，不能刚愎自用，也不能人云亦云。

兼听则明，偏信则暗。管理者要从斯沃克高层身上吸取教训，别再让类似本可避免的悲剧重演！

（全文共 708 字）

学员习作

1. 习作一

织牢"临事而惧"的防护网

老吕助教　张英俊

"挑战者"号失事的惨剧，留给世人的不应只是震惊和心痛，更应是警戒和醒悟。企业要时刻保持"临事而惧"的危机意识，才能"临危不乱"。

企业具备"见于未萌"的洞察力，才能更好地生存。当前，我国发展形势严峻，"黑天鹅"频发、"灰犀牛"不断，风险的表现形式愈发复杂。①企业若做不到谨小慎微，安全必不能长久，危险随时可能袭来。只有保持如履薄冰的谨慎、检视细枝末节的隐患，才能更加从容地应对危机，在厮杀激烈的红海竞争中得以立足。

然而，在小事、小节面前，很多企业说起来头头是道，做起来缩头缩脑，这是为何？②无非是"利益诱惑"和"心怀侥幸"。有的企业为了节省成本、提高收益，在细节建设上能省则省，在安全检查前百般应付；有的企业始终存有侥幸心理，只要事故的重锤没砸到自己，就万事大吉，继续"走钢丝"。出于短视心理③，企业难免会落入"说起来重要、做起来次要、忙起来不要"的怪圈。

但是，企业应该意识到，这样的行为并非长久之计。海恩法则④告诉我们，任何危机的发生，都有一个从产生隐患、酝酿发生再到偶然触发的过程，也都有一个从量变到质变、从微疵到大错的经过。不注重细节处的隐患，危机一定会发生，只是时间早晚而已。从无锡高架桥侧翻，到泉州酒店坍塌，⑤企业做不到"万无一失"，迟早会"一失万无"。

"聪者听于无声，明者见于无形。"只有做好防范的"雨伞"，才能避免"被拍打入深海"的命运。

【侧栏批注】

标题没问题。

材料引入+明确观点，立意基本是扣题的。
正面论证，段首简短地点明观点。
①运用了万能句式。

②再次运用万能句式。

③母理：短视心理。

④母理：海恩法则。海恩法则在很多文章中都适用，大家需要熟练使用。
⑤在行文过程中举例子，也尽量使用类似的精简案例，切勿把案例展开来长篇大论。简明扼要，点明主题。

【总评】

本文使用了较为经典的"正反折驳"的逻辑结构，分析较为深刻，从主观、客观、风险特性等各方面做了较为全面的分析，有理有据，表达较为严谨，母理的使用也较为自然。但文章的问题在于，字数不达标，还不到 600 字，会对最终分数有所影响。可以在结尾前一段补充"该如何做（提出方案）"的相关内容。本文可评为二类卷，分数区间为 24~29 分。

2. 习作二

胜败诞于乎微之间，成事必重以巨细
老吕弟子班学员　王勤俊

1986年1月28日上午，短短的73秒，一架航天飞机失事，一个小小的橡胶密封圈带来了如此严重的后果。可见，胜败诞于乎微之间，成事必重以巨细。 | 标题过长。

材料引入+明确观点。

夫祸患常积于乎微，细节影响成败。我们国家在本次疫情中，从教育百姓戴口罩的小事到整个城市的封城行动，事无巨细，大事小事一起抓，因此"新冠肺炎"的防控战斗不断取得胜利。常言道："欲速则不达。"只有踏踏实实走好每一步，方能远致千里；<u>用心接好每一滴原酿，方能蒸得一缸美酒。</u>① | 正面论证。

①本句放在段末略显冗余，可以删掉。

<u>然而如今，有许多人只注重大事，也只愿做大事，享受大事带来的无限风光，却不屑埋头苦干做好手头小事，认为拘泥于烦琐小事枯燥无味，既不能带来赫赫功名，又难成丰功伟业，此类观点着实欠妥。</u>②殊不知宏宏大事是由一件件小事构成的，<u>没有一簇簇细枝绿叶、一团团嫩草鲜花，哪里来的满园春色山头红？</u>③ | 反+析：反面论证+析原因。

②本段没有明显的论点。在行文过程中，把每段论点放在段首，更有利于阅卷。
③比喻过多，没有必要。

⊙问题②建议改为：谈到细节，许多人说起来头头是道，做起来缩头缩脑，为何？无非是"短视心理"在作祟。"做大事者"往往因为解决了问题而赢得"拯斯民于水火、挽狂澜于既倒"的美誉，而"拘泥于小事者"最大的成功，不过是平安无事。既无赫赫之战功，又无煌煌之美名。因此，管理者往往对"做大事"乐此不疲，而对细枝末节的改变避而远之。

<u>大多数人不注重细节，他们或许不是故意为之，而是未能发现细节在成功中的重要作用。</u>④如材料中的美国航天飞机"挑战者"号的惨案，仅仅是由于没有重视橡胶密封圈的脆裂。<u>同样，瑞幸咖啡也是如此，如果投资者留意一点中国百姓不习惯喝咖啡的关键的生活细节，便能轻易发现瑞幸"让咖啡成为中国人的刚需"根本就是难以实现的。</u>⑤ | ④本段段首依然无法明确归纳出论点，且整段行文逻辑性不够。
⑤可以考虑更换一个更能体现"细节决定成败"的例子，瑞幸的例子不够有说服力。

⊙本段建议改为：
但是，我们应该意识到，这样的行为并非长久之计。细节意识的匮乏、事前预防的缺失，往往会引发难以控制的恶果。"祸患常积于忽微"，危机往往由小细节起，以大事故终。海恩法则有言："每一起严重事故的背后，必然有29次轻微事故、300次未遂先兆以及1000起事故隐患。"任何危机的发生，

都有一个从产生隐患、酝酿发生再到偶然触发的过程，也都有一个从量变到质变、从微疵到大错的经过。不注重细节、不防微杜渐，危机一定会发生，只是时间早晚而已。

所以，细节决定成败，是由它对成功的关键作用决定的。许多不是关键的小事被忽视，可能当前显示不出影响来，也或者产生了影响却未能被人们发现，但有些关键的地方被忽视了，就能立即引发剧烈的后果。

只有把每件小事都做好了，才能成就大事。胜败诞于乎微之间，成事者必定巨细兼顾。

驳：本段可改为提出方案。

结尾简短、首尾呼应，没有问题。

总评

本文试图使用"正反析驳"结构，但文字功底有所欠缺，文章缺乏逻辑性，并且"驳"的力度不够，使得文章论据难以支撑论点。另外，段落内部也有啰唆之处。本文立意基本扣题，尽管有许多小缺陷，但总体没有大的失误，文章可评为三类卷，分数区间为18~23分。

拓展阅读

防范危机好过应对危机（节选）

作者：曹平　来源：《人民日报》，2019年6月25日

1986年，美国"挑战者"号航天飞机爆炸，这是人类航天史上的一次重大灾难。据事后调查，灾难的主要原因与航天飞机上的O型密封圈有关。这种密封圈存在一个缺陷，即在低温环境下密封性会变差，导致危险气体漏出，从而威胁整个航天飞机的安全。"挑战者"号发射之前，有几个工程师已经发现这个问题并提出警告，可是美国国家航空航天局忽视了这些警告，仍然在一个寒冷的早晨强行发射，结果酿成机毁人亡的惨剧。这种由人们习以为常、不加防范的小风险引发的大事故就是"灰犀牛"事件。

"灰犀牛"事件不是随机突发的事件，而是在出现一系列警示信号和危险迹象之后，如果不加处置，就会出现的大概率事件。一般来说，它有三个特征：一是可预见性；二是发生概率高，具有一定的确定性；三是波及范围广、破坏力强。很多从表象上看是让人猝不及防的偶发事件，如果顺着事件的导火索仔细分析就会发现，其实是众多小因素集聚的必然结果。例如，2008年国际金融危机给世界经济带来的创伤至今难以痊愈。在很多人看来，这次危机的爆发无法预料。然而现在有很多证据表明，危机之前，金融泡沫即将破裂的信号早已频频预警，却被多数人忽视。

人们为什么会忽视危机前的征兆？从主观上说，是因为心存侥幸、麻痹大意、急功近利、不顾长远，认为"灰犀牛"还远，即使跑过来，也不一定能撞到自己。这造成人们认知上的偏差，对风险出现误判。从客观上说，体制机制的惯性、管理结构的盲点、决策程序的低效等也会拖延人们行动的脚步，从而贻误处理和控制风险的最佳时机。

防范"灰犀牛"事件，前提是正视"灰犀牛"的存在。增强风险意识、坚持问题导向至关重要。我们要居安思危，高度警惕成功背后的隐忧、平静之下的暗流，科学预见形势发展走向，采取果断有效的行动筑起"防火墙"，将"灰犀牛"隔离在特定区域，铲除危机的根源。我们要善于在不确定性中寻找确定性、在不稳定性中增强稳定性，建立起一套完善的风险防控机制，打好有准备之战，防范"灰犀牛"事件。未雨绸缪好过亡羊补牢，防范危机好过应对危机，这是"灰犀牛"事件带给我们的重要启示。

2021年管理类联考论说文母题思路详解

真题原题

论说文：根据下述材料，写一篇700字左右的论说文，题目自拟。（35分）

我国著名实业家穆藕初在《实业与教育之关系》中指出，教育最重要之点在道德教育（如责任心和公共心之养成、机械心之拔除）和科学教育（如观察力、推论力、判断力之养成）。完全受此两种教育，实业中坚者人物可成。

审题立意

1. 命题背景

穆藕初（1876—1943），近代上海工商界名流，"棉纱大王"。

穆藕初于宣统元年（1909年）夏赴美国，先后在威斯康星大学、伊利诺斯大学、得克萨斯农工专修学校学习农科、纺织和企业管理等。民国3年（1914年），获农学硕士，学成归国。民国4年，与胞兄穆湘瑶共建德大纱厂，自任经理。他曾几次拜访过被后人尊称为"科学管理之父"的弗雷德里克·温斯洛·泰罗，是唯一跟这位伟大的管理学家有过切磋的中国人。1916年11月，上海中华书局出版了他翻译泰罗的名为《工厂适用学理的管理法》的著作，并将该管理法在厂内推行。此后，创办了上海厚生纱厂、郑州豫丰纱厂，分别任总经理及董事长兼总经理职。其间，还办植棉试验场，著《植棉浅说》，致力于改良棉种和推广植棉事业。民国6年，参与发起成立中华职业教育社，任中华职业学校校董会主席。民国7年，当选上海总商会会董，2年后连任。

穆藕初是最早将西方管理学著作翻译介绍到中国的人之一。翻译有《科学管理法原理》（泰罗）、《中国花纱布业指南》（克拉克）。论文有《植棉改良浅说》《美棉消毒之方法》《游美国塔虎脱农场记》《中国商务与太平洋》《发展中国天产与商务》《纱厂组织法》《日本纺织托拉斯之大计划》等。

作为20世纪的著名实业家，穆藕初认为，实业是科学的应用过程，科学是教育的重要内容，实业的多样性决定了实业人才的多样化，并决定了多路径的教育发展模式。由此，穆藕初阐述了他独特的实业教育思想并积极付诸实践。穆先生认为，想要振兴实业，必须要将"道德教育"与"科学教育"作为"两翼"，也唯有如此，才能真正实现教育繁荣、实业振兴、国家富强和民族繁荣。

正是基于自己的成长经历，穆藕初先生才提出了"道德教育"与"科学教育"相结合的观点。1917年，他创办学校，明确提出教育不能仅"教导诸生能制出诸种物件"，还要培养学生"耐劳习惯、持久性质、克己复礼工夫、斩除一切取巧幸获之观念"，强调将二者紧密融合。这也为我们当下的实业教育、职业教育提供了前所未有的借鉴意义。

2. 审题立意（"克罗特"审题立意法）

步骤	内容	分析
K	抓关键 （key words）	关键词：实业、道德教育、科学教育。 关键句：教育最重要之点在道德教育（如责任心和公共心之养成、机械心之拔除）和科学教育（如观察力、推论力、判断力之养成）。
R	析原因 找寓意 （reasons）	教育最重要之点在"道德教育"和"科学教育"。道德教育即培养企业家的德行，科学教育即培养企业家的才能。
O	定对象 （objects）	根据材料中"完全受此两种教育，实业中坚者人物可成"，说明文中所提的两种教育的对象应该是"实业家（企业家）"或"实业中坚者人物（企业中的人才）"。
A	辨态度 （attitude）	支持"道德教育和科学教育相结合"。
T	定立意 （theme）	结合以上四步分析，我们可以发现，本题立意比较明确，参考立意方向有： ①实业人才需要德育与科育； ②道德教育和科学教育相辅相成、缺一不可； ③以教育促进实业发展； ④培养德才兼备的实业家势在必行。

结 构

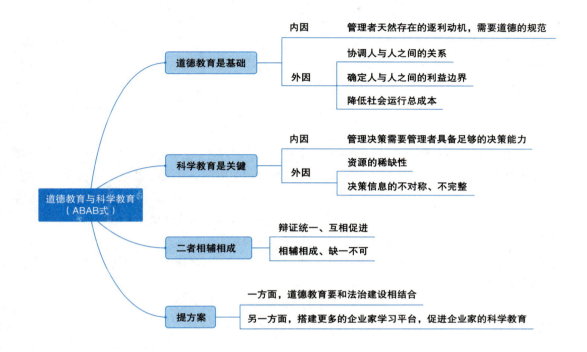

素 材

1. 典型事例

（1）穆藕初与科学教育

所谓"科学教育"，也就是观察力、推论力、判断力等具体的管理能力和管理素质的体现。抗战时期，为了改善后方棉布极缺的情况，他发明了"七七纺棉机"，生产效率超过旧式手摇纺织机数倍，极大提高了生产效率。这种发明创造，正是来自穆先生敏锐的观察力、强大的推论力和精准的判断力。

（2）穆藕初与道德教育

作为一名企业家，穆藕初先后集资创办德大纱厂、厚生纱厂、豫丰纱厂，力主推行"实业救国"，更为难能可贵的是，在"一二八事变"发生后，他和史量才、黄炎培等人，在国破家亡的危急时刻，组织地方维持会，支持抗日，为保卫家国贡献出了自己应有的责任。这种家国担当，就是来自穆先生的责任心与公共心。

（3）张謇与科学教育

张謇，清末状元，中国近代实业家、政治家、教育家，主张"实业救国"，中国棉纺织领域早期的开拓者。但他深知科学对企业发展的重要性，先后创办复旦公学（复旦大学的前身）、河海工程专门学校（河海大学前身），并创办了医学专门学校和纺织专门学校，培养了一大批纺织人才。

（4）荣德生与教育

荣德生，是中国著名的民族实业家、民族资本家、慈善家。荣德生从事于纺织、面粉、机器等工业，享有"面粉大王""棉纱大王"的美誉。但荣德生之所以将事业做得风生水起，除了个人能力之外，还与他的教育事业分不开。荣德生创办的公益工商学校，是培养荣氏企业集团员工的摇篮，为企业发展提供了坚实保障。

（5）道德缺失导致的悲剧

三鹿奶粉事件、地沟油事件、长春长生疫苗事件等。

2. 引用句

①德者才之主，才者德之奴。（《菜根谭》）

②才德全尽谓之圣人，才德兼亡谓之愚人，德胜才谓之君子，才胜德谓之小人。（司马光《资治通鉴》）

③内不欺己，外不欺人，上不欺天，君子所以慎独。（金缨《格言联璧》）

④大道以多歧亡羊，学者以多方丧生。（《列子·说符》）

⑤富与贵，人之所欲也，不以道取，其不处也，贫与贱，人之所恶也，不以道取，其不去也。（孔子）

段落

结构	段落	母理或要点
道德教育是基础	追求财富是企业的天然动机；亚当·斯密也告诉我们，人是天然的利己者，企业家当然也不例外。但是，如果企业家不具备足够的德行，其追求财富的行为就容易误入歧途。从前几年的毒奶粉、地沟油、瘦肉精、苏丹红，到今年的糖水燕窝事件，无一不是见利忘义的产物。可见，企业家有足够的德行，企业才会行稳致远，此所谓厚德载物也。	内因：经济人假设
	道德之所以重要，是因为它是人的行为规范，它协调人与人的关系，确定利益的边界。与法律不同的是，道德的执行主靠人的自觉，因此，道德执行的社会总成本远低于法律，因此，与单纯依靠法律的强制作用相比，道德教育的成本低效果好。	外因：社会总成本
科学教育是关键	一个管理者能否成为优秀的企业家，关键在于决策水平。而决策水平依赖于管理者的观察力、推论力、判断力等基本能力，因此，对管理者进行科学教育，是培养实业界中坚人物的关键。	内因：决策要求
	一方面，企业的资源是有限的，管理者必须利用有限的资源创造出最大的收益；另一方面，市场中的信息是无穷的，管理者必须短时间内快速识别信息，做出正确决策。这就需要企业家具有敏锐的观察力、严谨的推论力、正确的判断力，而这些能力的培养和提升，正是来自科学教育。	外因：资源稀缺性、信息不对称

续表

结构	段落	母理或要点
二者相辅相成、缺一不可	如果社会只注重科学精神，那么人类将变得没有感情，失去道德的约束，每个人都会为了利益想要得到更多。面对不断增加的需求，有限的资源只会走向枯竭，社会也将变成人人争抢、野蛮发展的丛林社会。 　　而社会只注重道德精神，那么人类将变得没有理性思维，没有科学的发展推动，人类社会难以快速发展，经济市场也将陷入停滞。所以，我们既要推动科学教育，又要推动道德教育，如此才会推动推动社会的健康、快速发展。	科学与道德缺一不可
	道德教育和科学教育是相辅相成、辩证统一的关系。想成为出众的实业家、行业中的顶尖人才，离不开道德教育和科学教育。离开了道德一味追求技能，很有可能法律道德意识薄弱、缺乏社会责任感，给社会带来难以估量、不可逆转的损失；反之，离开了科学教育只讲道德，只会使自己故步自封，难以实现稳定、持续的利润，最终会被市场所淘汰。	科学与道德相辅相成
提方案	一方面，我们要以道德教育为基础，推动人文精神的发展，用人文精神引导科学精神，让科学发展以道德为准则，让实业家自发自觉地诚信经营、承担社会责任；另一方面，我们要以科学教育为根本，推动科学精神的发展，并把科学意识纳入实业发展的轨道，让实业家的终身学习成为可能。	科育德育相结合
	企业要建立完备的人事制度，在招聘人才时，需要考量科学精神与道德操守，并且在企业内部同时加强道德教育和科学教育，培养德才兼备的实业人才。	建立制度

范文

以教育促进实业发展

吕建刚

　　发展实业关键在人才，而要想育人，关键在于教育。

　　首先，道德教育是基础。我们都知道，追求财富是企业的天然动机；亚当·斯密也告诉我们，人是天然的利己者，企业家当然也不例外。但是，如果企业家不具备足够的德行，其追求财富的行为就容易误入歧途。从前几年的毒奶粉、地沟油、瘦肉精、苏丹红，到今年的糖水燕窝事件，无一不是见利忘义的产物。可见，企业家有足够的德行，企业才会行稳致远，此所谓厚德载物也。因此，要做好企业家的道德教育。

其次，科学教育是关键。这是因为，对任何一个企业来讲，其人力、物力、财力以及其他资源，都具备稀缺性，如何将这些有限的资源用到刀刃上，产生最好的效果，需要企业家科学的判断力。而且，几乎所有决策都是在信息不对称、信息不完整的情况下做出的，这就特别考验企业家的观察力、推论力和判断力。因此，要做好企业家的科学教育。

可见，道德教育是企业家的精神保障，它决定了企业家走向何方，是合理合法，还是见利忘义；科学教育是企业家的长远动力，它决定了企业家能走多远，是近在咫尺，还是远在天涯。因此，两种教育对于企业家来说十分重要。

那么，如何做好两种教育呢？我认为以下两点非常重要。

第一，道德教育要和法治建设相结合。一方面，加强对企业家的道德教育和法治教育，让企业家自发自觉地诚信经营、承担社会责任；另一方面，对于一些违法乱纪的企业家，应该重拳出击，不能姑息。

第二，要搭建更多的企业家学习平台，加强对企业家的科学教育。一方面，可以发展诸如MBA、EMBA、DBA等学历教育，引导更多企业家接受管理学的科学理论；另一方面，规范非学历教育的发展，让企业家的终身学习成为可能。

总之，国家发展在于实业，实业发展基于人才，人才发展寄于教育。以教育促进实业发展势在必行。

（全文共722字）

学员习作

1. 习作一

既要重视科学教育，也要重视道德教育
老吕学员小潘

只重视"科学教育"，忽略"道德教育"现象引人愤慨，但此类现象并非孤例，而是层出不穷①。在我看来，凡是欲成大事的管理者，都应该既重视科学教育，也要重视道德教育②。

⊙首段可以改为：

有的人认为培养人才应该注重"科学教育"，有的人认为培养人才应该注重"道德教育"。而在我看来，凡是欲成大事的管理者，都应该既重视科学教育，也重视道德教育。

标题鲜明。

① 引用材料过于生硬。
② 观点明确，不拖泥带水，值得肯定。

首先，科学教育既是立人之本，更是经营之道③。陈薇，清华大学硕士毕业后穿上军装，30 年来"与毒共舞"。她率队开展新冠疫苗研制科研攻关，如今疫苗已在海外开展三期临床试验④。正是因为她重视科学教育，使她成为守护人民岁月静好的人。再以华为手机为例⑤，最近几年突飞猛进、风生水起，2018 年产销过亿部，仿佛一夜之间就成了手机市场的领头羊，但其背后却是对科学教育的坚定不移。

然而，只重视科学教育而忽略道德教育并非企业的长久之计⑥。管理者应该清楚，几乎所有的决策都是在信息不对称、不完整的情况下做出的，再加上决策者能力不同，风险偏好不同，这有可能会使得很多决策只为了获得最大的利益，而忽略道德，再加上企业的外部经营环境是不断变化的，比如政治法律环境、人文科技环境、市场竞争环境、消费者的需求等都在变化，⑦所以，只重视科学教育，忽略道德教育的决策对于企业的经营来说往往是致命的。因此，优秀的企业与管理者懂得既重视科学教育，也要重视道德教育，将问题扼杀在萌芽阶段。

那么，企业如何做到既重视科学教育，也重视道德教育呢？首先需要将科学教育和道德教育的意识融入企业文化建设中，将其纳入企业文化的核心理念中，并通过多种方式，对员工进行宣传教育。其次，企业要以"科学教育与道德教育同样重要"的意识为引领，将其融入生产和经营的每一个环节，要真正投入人、财、物，让企业的生产、研发、技术、工艺等各方面的软硬件环境都能得到提升，不断吸纳前沿技术，创造优良产品，创造品牌。

所以，唯有既重视科学教育，也重视道德教育，每个企业才能越走越好。唯有如此，方能复我民族之兴，创我中华之盛世。

③正面论证，段首简短地点明观点。
④例子不妥，分论点指向的是经营之道，疫苗这个例子明显不能匹配"经营"二字。
④⑤都是例子，使得本段有例无析。

⑥万能句式写出另一个分论点。
⑦"信息不对称""外部环境变化"与管理者的决策是"为了获得最大利益""道德教育"之间没有关系。母理并非百分百万能，不能机械套用。

提建议。从企业文化和生产经营两个方面进行分析，层次不错。

总结全文。

总评

　　本文段落层次还可以，但段落内部的问题较多。其中第 2 段只有例子，没有分析和议论，而且例子与材料中的"实业"没有关系，应该选取企业界的例子。第 3 段机械套用"信息不对称"等母理，但这些理论与论点的关系不大。

　　综上所述，本文可评为三类卷，分数区间为 18~23 分。

2. 习作二

实业家之筋骨

学生　喵姐儿

一副健全的身躯需要一身完整的筋骨来支撑，一个成功的实业家，支撑其内在的基础是什么呢？我国著名实业家穆藕初在《实业与教育之关系》中指出教育中重要之点在道德教育和科学教育。完全受此两种教育，实业中坚者人物可成也。对此，我甚为认同。

习近平主席说，国无德不兴，人无德不立。作为一名普通人，尚需以道德为本作为生活之道①，无论是对自己、子女、家庭、社会，存在道德之心，便一切井然有序，和平有爱。道德心乃责任心和公共心，身为一名实业家②，肩负着对千百上万名员工乃至全社会的影响。一个群体，人人都养成一颗对己对人都着想的心，这个群体就能形成巨大的凝聚力，从而散发出惊人的潜力克服更多的困难。2020年这一年的冠状病毒疫情中，我们国家的领导和全体的民众就是体现了全国人民为人为己的全社会的责任心和公共心，才让我们在这一役中打了漂亮的一战。③

反之，道德缺失，自私自利，也是作茧自缚，害人害己。三鹿奶粉事件，企业寻利弃义，藐视民安，乃不道德之大忌，最终遭受全民众之唾弃，辛苦建立的企业从此毁于一旦④。

只有道德，就能兵行千里，所向无敌吗⑤？那也不然。道德教育与科学教育并存前驱，才是硬道理。正如人的身躯，筋与骨，缺一不可。一个实业家，仅仅拥有一颗仁义道德之心，缺乏对企业运作的观察力，市场判断力，那也只是空中楼阁，岌岌可危⑥。科学教育犹如实业家用于支撑其实业运作的精神之骨，在这充满硝烟的商业战场上，不管是企业内部管理还是外部竞争，都在要求实业家拥有一颗玲珑剔透，坚决勇敢的心，用这颗心去看问题，去判断形势，去做出决策。不然，整个企业将软绵绵，失去魄力。

道德教育、科学教育，同时建设，是成功实业家立家之根本，也是企业振兴之灵魂，正如人之筋骨，只有拥有了，才能正常行走，才存在走遍天下的可能。

左侧批注：
- 标题虽有文采，但并不能直接点明论点。
- 引材料，提出论点。
- ①②句之间的逻辑不强，本意想形成递进关系，但缺乏联系词。可以用"普通人尚需……，企业家就更需要……"。
- ③例子不当，与实业家无关。
- ④本段试图与上一段形成正反对比，但两段的篇幅差距太大，让人感觉不适。另外，本段有点不文不白，不够通顺。
- ⑤缺乏主语，首句加上"对实业家来说，"。
- ⑥句式杂糅，全句的主语是"一个实业家"，但"空中楼阁，岌岌可危"的主语是谁？
- 总结全文。

总评

本文结构过于松散，既然想强调道德和科学都很重要，那为什么不直接去写二者的重要性？本文第3段的反面分析打乱了整篇文章的结构，如果用ABAB式结构（参见《老吕写作要点精编》）可能会更加简单明了。

文中多次偷换一个句子的主语，用语文知识来讲，这叫出现句式杂糅的病句，用逻辑术语来讲，这就是偷换论证对象。

本文立意基本扣题，文章可评为三类卷，分数区间为18~23分。

第4章 经济类联考论说文真题超精解

2011年经济类联考论说文母题思路详解

真题原题

论说文：根据下述材料，写一篇600字左右的论说文，题目自拟。（20分）

自2007年以来，青年学者廉思组织的课题组对蚁族进行了持续跟踪调查。廉思和他的团队撰写的有关蚁族问题的报告多次得到中央领导的批示和高度重视。在2008年、2009年对北京蚁族进行调查的基础上，课题组今年在蚁族数量较多的北京、上海、广州、武汉、西安、重庆、南京等大城市同时展开调查，历时半年有余，发放问卷5 000余份，回收有效问卷4 807份，形成了第一份全国范围的蚁族生存报告。此次调查有一些新发现，主要有：随着高校毕业生就业形势的日趋严峻，蚁族的学历层次上升；蚁族向上流动困难，"三十而离"；五成蚁族否认自己属于弱势群体等。

（摘自《调查显示蚁族学历层次上升　五成人否认自己弱势》，中国青年报，2010年12月10日）

审题立意

1. 命题背景

"蚁族"这个称呼源于青年学者廉思撰写的专著《蚁族——大学毕业生聚居村实录》。这个词本来形容拥挤状态及工作任劳任怨、劳动时间长、工作忠良、有团队精神的日本居群，现在也形容中国低收入聚居群体。包括城市拥挤聚居的普通市民、农民工、高校毕业生、技校毕业生，并不单纯指某个年龄学业群体。其中，大学毕业知青蚁族是"大学毕业生低收入聚居群体"。

据《中国人才蓝皮书（2010）》统计显示，仅北京地区保守估计"蚁族"就有10万人以上，此外，上海、武汉、广州、西安、重庆、太原、郑州、南京等大城市也都大规模存在这一群体。

2. 审题立意（"克罗特"审题立意法）

步骤	内容	分析
K	抓关键（key words）	关键句：此次调查有一些新发现，主要有：随着高校毕业生就业形势的日趋严峻，蚁族的学历层次上升；蚁族向上流动困难，"三十而离"；五成蚁族否认自己属于弱势群体等。
R	析原因 找寓意（reasons）	这则材料不是寓言故事，故不存在寓意，可直接分析"蚁族"现象出现的原因。
O	定对象（objects）	"蚁族"。
A	辨态度（attitude）	材料仅描述了"蚁族"现象，指出"蚁族的学历层次上升、向上流动困难"的生存现状，命题人没表现出明确的态度。建议大家从现象出发，深入分析这一现象出现的原因并提出相应的措施，这样行文会更有深度和内涵。
T	定立意（theme）	结合以上四步分析，本题可以确定立意为："'蚁族'问题之我见"。

结构

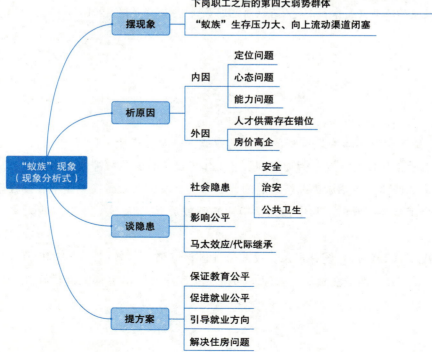

素材

1. 典型事例

（1）应届毕业生求职受挫

一位名叫周伟伟的大四毕业生希望能够在上海找到一份和设计有关的工作，可到了招聘会现场才发现，来应聘的人超过 5 万人。即便只是想进入会场，也需要等待三个小时。最终在面试一家公司时，只用 5 分钟就结束了，因为应届毕业生的身份而被拒。对方企业的负责人也直言不讳：″学生从学校里学习的东西并非企业在用的，企业不可能做培训机构做的事情，需要的是来就能用的人才。″也因此，很多企业招聘都不愿意选择应届毕业生。

——搜狗网《我们这个时代年轻人的悲哀，又被岛国揭穿了》

（2）蚁族的居住环境

上海这样的大都市的城乡结合部居民区或者破败的城中村里，隐匿着一种便宜的小旅馆，叫求职旅馆。这些求职旅馆大多都是套房经过改建之后，将原有的房间隔成几个小单间。每个单间只有 20 平方米，上下铺，再加上几张破旧的桌子便是全部家具，这样狭小的空间里却往往要住上 6~8 个人。住客大多都是怀才不遇的大学生和年轻务工者。他们大多都因为求职不顺，或是刚刚辞职打算重新找工作，所以只能蜗居在这里。这里环境拥堵脏乱，违章建筑比较多。为了节省开支，吃饭基本就是方便面，或是最便宜的盒饭套餐，每天只吃两顿的人，不在少数。

——豆瓣网《上海十年漂泊故事：蚁族之歌》

（3）蚁族的工作状态

经记者采访，″蚁族″受访者当中有将近 20% 是没有工作的，也就是说五分之一在失业状态。另外五分之四的状态更多却是实习、兼职。″蚁族″的工作状态非常不稳定，平均换工作频率非常高，有的一年换好几个，来回地摆动，经常做实习、做兼职，中间有很长的空闲期，几个月以上找不到工作的比率也是很高的。

至于为什么不回家乡找工作？受访者表示，他们的专业都是诸如″国际关系″″国际贸易″″电子编程″″企业管理″等，回农村连做农民的能力都没有。″蚁族″有 50% 以上来自农村，20% 多来自县级市，也就是说，近八成的″蚁族″来自农村和县城，来自省会和直辖市的不到 8%。″蚁族″基本上可以断定为″穷二代″这么一个群体。

——网易新闻访谈《对话廉思》

（4）蚁族的数量

根据教育部公布的数字统计，2018 年中国普通高校毕业生人数达到 820 万人，再创历年新高。加上一些仍旧漂泊在一线城市底层的年轻人，日益增加的中国蚁族，早已超过 1 000 万人。

随之而来的，是更为庞大的求职就业压力。对于大多数蜗居底层的年轻人来说，辛辛苦苦挣来的微薄收入，甚至不够应对日渐疯长的房租压力。

（5）就业歧视现象

目前，城市就业存在一定的隐性歧视现象。一方面，各城市都在推行产业升级，造成高端产业吸纳大学生数量有限、低端产业工资不高的状况。绝大多数农村大学生毕业后难以进入高端行业，只能在收入不高的低端产业工作。另一方面，快速城镇化拉高了城市生活成本，许多刚毕业的大学生只能处于"蚁族"生存状况，对于那些家庭经济不宽裕的农村大学生来说，生存现状更为艰难。

——人民网《看清农村大学生"失业"的两面性》

2. 引用句

①我们应该坚持社会公平正义，着力促进人人平等获得发展机会，逐步建立社会公平保障体系。（胡锦涛）

②"十二五"时期，中国的就业形势依然严峻，主要矛盾仍然是供大于求。最近几年中国一些地区出现的招工难，主要发生在制造业、服务业的一线，这主要是结构性矛盾造成的。（原人力资源和社会保障部部长　尹蔚民）

③对"蚁族"问题要正确看待，这是社会发展、城市化进程中必然出现的。（全国政协委员、原团上海市委副书记　陈凯）

④虽是"蚁族"，但最难能可贵的是这些年轻大学生们具有乐观、自信、奋发向上的心态。另外，"蚁族"现象也一定程度上反映出当前我国大学生就业难和就业结构失衡问题。（全国人大代表、原上海交通大学党委书记　马德秀）

⑤"蚁族"现象不能说完全反常，但是仍然有很多需要做的工作，应该尽可能改变这个群体的生存状态。（全国政协委员、中国青少年研究中心主任　郗杰英）

⑥在就业问题上不能只关注数字，更应该看到数字下面毕业生真实的生存状况和他们渴望教育体制改变的无力挣扎。（微软中国终身荣誉总裁、新华都集团总裁兼CEO　唐骏）

段落

结构	段落	母理或要点
摆现象	"蚁族"这个称呼源于青年学者廉思撰写的专著《蚁族——大学毕业生聚居村实录》。在调研的两年间，他率领的团队发放了5 000份调查问卷，对"蚁族"的工作、学习、婚恋、业余生活、网络行为等进行了基本分析。最后得出的调查结论为：大学毕业生低收入群体的生活条件差、缺乏社会保障、思想情绪波动大、主要靠互联网宣泄。	无
	"蚁族"是一个巨大的群体，包括城市拥挤聚居的普通市民、农民工、高校毕业生、技校毕业生，并不单纯指某个年龄学业群体。其中，大学生一毕业就沦为"蚁族"的现象尤其引人深思。	无

续表

结构	段落	母理或要点
析原因	"蚁族"现象的出现，有内因也有外因。 "蚁族"现象出现的内因之一是一些人缺少准确的定位。社会分工精细化的结果，就是工作的专业化程度越来越高，但一些"蚁族"所学的知识是通用知识，技能是通用技能，可替代性较强，自然难以找到高薪工作。	内因：定位问题
	"蚁族"现象出现的内因之二是就业心态问题。很多人向往大城市的生活，觉得大城市机会多，一窝蜂地涌入大城市，"宁要北京一张床，不要外地一套房"，宁愿选择在大都市租房"蜗居"，也不愿意到基层就业。	内因：就业心态
	"蚁族"现象出现的内因之三是能力差异。"蚁族"现象并不可怕，它是社会分工的必然。每个人能力有大小、学识有高低，有人混得好，也有人混得差，甚至成为"蚁族"。但也正因如此，"蚁族"现象才成为激励人勤奋好学、追求上进的有效举措，这和适当的收入分配差异能催人进取是一个道理。	内因：能力差异
	"蚁族"现象出现的外因之一，是我国人口规模和劳动力市场总量极大，很容易出现供需不对接的矛盾。一边是"有人没事干"，一边是"有事没人干"；一边是"有事不会做"，一边是"有事不愿做"。这样，一些人不能找到合适的工作，当然只能"蜗居"，成为"蚁族"。	外因：供需有错位
	"蚁族"现象出现的外因之二，是大中型城市房价高企。北上广深等一线城市动辄几万元一平方米的房价，别说是刚毕业的小年轻买不起房，哪怕是一些工作了十年二十年的"老江湖"，买完房后也得勒紧腰带过日子。没有自己的房子，总不能住大马路吧？合租、群租，就成了降低生活成本的重要方式。	外因：房价高企
谈隐患	"蚁族"现象会给社会造成一些隐患。一是安全隐患，几个人甚至十几个人密集居住，一旦发生火灾，后果难以设想；二是治安隐患，人口密集、灯光昏暗的区域往往成为治安管理的死角；三是公共卫生隐患，社区环境的脏乱加上高密度的人口，极易成为流行病的温床。	社会隐患
	"蚁族"现象并不可怕，实际上任何社会都存在低收入人群。但是如果社会阶层之间不能正常流动，有着强大社会资源的富有家庭的孩子，可以轻松获得体面的工作、较高的收入以及更广阔的发展空间，低收入人群的子女难以进入社会上升通道，这样，"蚁族"形成代际继承，就会形成严重的社会问题。	马太效应/代际继承

续表

结构	段落	母理或要点
提方案	要解决"蚁族"问题，一是要实现教育公平。教育公平是实现阶层流动的重要保障，能让穷人的孩子也有书读，也能进好的大学接受教育。我国现行的"大学生支教计划""特岗教师计划"就是好的尝试。	教育公平
	要解决"蚁族"问题，二是要争取就业公平。政府要引导企业招聘时杜绝年龄、性别、地域、家庭等各种就业歧视。对于出现类似行为的企业要重拳出击，予以制裁。	就业公平
	要解决"蚁族"问题，三是要引导就业方向。鼓励年轻人到基层去，到西部去。一方面是加强对年轻人到基层或西部去就业的支持，出台一些激励计划；另一方面，要依托当地的优势自然资源、独特人文风貌、特色优势项目，形成当地优势产业，这样才能有足够的平台去吸纳人才。	就业方向
	要解决"蚁族"问题，四是要解决大城市"蚁族"的实际问题，尤其是住房问题。一方面发挥中介机构作用，整合市场上的适用房源，推出符合青年需求的租赁项目；另一方面，鼓励和支持房地产企业兴建、运营青年公寓，为年收入较低的单身青年提供"公租房"，并建立合理的退出机制，使"公租房"真正成为低收入青年的"中转房"。	住房问题

范文

"蚁族"问题应解决

吕建刚

用"蚁族"来形容城市里蜗居的大学毕业生可谓惟妙惟肖。"蚁族"们的积极向上固然令人敬佩，但"蚁族"们所面临的问题也应该予以解决。

首先，"蚁族"现象并不可怕，它是社会分工和社会分层的必然。每个人能力有大小、学识有高低，有人混得好，也有人混得差，甚至成为"蚁族"。但也正因如此，"蚁族"现象才成为激励人勤奋好学、追求上进的有效举措，这和适当的收入分配差异能催人进取是一个道理。

但是，"蚁族"的存在也容易产生种种隐患。一是安全隐患，几个人甚至十几个人密集居住，一旦发生火灾，后果难以设想；二是治安隐患，人口密集、灯光昏暗的区域往往成为治安管理的死角；三是公共卫生隐患，社区环境的脏乱加上高密度的人口，极易成为流行病的温床。

另外，值得注意的是，我们不能让"蚁族"形成代际继承。实际上任何社会都存在低收入人群。但是如果社会阶层之间不能正常流动，有着强大社会资源的富有家庭的孩子，可以轻松获得体面的工作、较高的收入以及更广阔的发展空间，低收入人群的子女难以进入社会上升通道，就会形成严重的社会问题。

要解决"蚁族"问题，需要做好以下方面：

一是要实现教育公平。教育公平是实现阶层流动的重要保障，能让穷人的孩子也有书读，也能进好的大学接受教育。我国现行的"大学生支教计划""特岗教师计划"就是好的尝试。

二是要引导就业方向。鼓励年轻人到基层去，到西部去。一方面，加强对年轻人到基层或西部就业的支持，出台一些激励计划；另一方面，要依托当地的优势自然资源、独特人文风貌、特色优势项目，形成当地优势产业，这样才能有足够的平台去吸纳人才。

三是要解决大城市"蚁族"的实际问题，尤其是住房问题。鼓励和支持"廉租房""公租房""限价房"，让低收入青年有个安身之地。

总之，"蚁族"现象反映的一些问题，应该尽快予以解决。

（全文共749字）

2012年经济类联考论说文母题思路详解

真题原题

论说文：根据下述材料，写一篇600字左右的论说文，题目自拟。（20分）

中国大陆500毫升茅台价格升至1 200元，纽约华人聚居区法拉盛，1 000毫升装的同度数茅台价格为220至230美元，500毫升约合670元人民币。因海外茅台便宜、质量有保证，华人竞相购买，回国送人。

这些年，中国游客在海外抢购"MADE IN CHINA"商品的消息已不是什么新鲜事了。服装、百货、日用品，中国造的东西，去了美国反而更便宜。有媒体报道Levi's 505牛仔裤，广东东莞生产，在中国商场的价格是899元人民币，在美国的亚马逊网站的价格是24.42美元，合人民币166元，价格相差5.4倍。

（摘自《茅台酒为何美国更便宜？》，新京报，2011年1月7日）

审题立意

1. 命题背景

2011年，茅台酒同样处于牛市，价格高、货源紧缺。500毫升茅台在国内的官方价格达到了1 299元，而在纽约华人区的价格仅为110美元左右，在日本的价格也仅仅是8 200日元，换算成人民币大约是670元，其中的差价达到了600多元，国内茅台的价格几乎是国外的2倍。

事实上，不仅仅是茅台酒，很多同样品牌的衣服、鞋帽、笔记本电脑等，国外价格都要比中国低得多。让许多人感到惊讶的是，一些商品上还都有一个标签"MADE IN CHINA（中国制造）"。

中国的部分同等商品价格超欧赶美，尤其是"中国制造"的价格更是国内高于国外，税收调节是一个不容忽视的因素。对于一些奢侈品，自然有较高的奢侈品税。但即使剔除这些税收，也不至于有这么大的价格落差。"中国制造"在国内价格比国外的高，还应该从根本上寻找原因，比如，商品流通渠道不畅、消费者的消费心理等；另外，一些行业存在着某种垄断和暴利，自然更倾向于盈利的最大化……但可以肯定的是，"中国制造"的国内外价格差不是一种因素可以决定的，要解决这个问题，需要多管齐下、综合治理。

2. 审题立意（"克罗特"审题立意法）

步骤	内容	分析
K	抓关键 （key words）	关键句：服装、百货、日用品，中国造的东西，去了美国反而更便宜。
R	析原因 找寓意 （reasons）	材料描述了"同种商品内贵外贱"的现象，大家可以采取以下方式进行论证： （1）分析型：分析材料中现象出现的原因。如：消费心理、企业定位、市场状况、制度状况等。 （2）评论型：评论材料中的现象会带来什么样的结果，对社会发展有何利弊。 （3）建议型：认为应该反对或发扬材料中的现象，并给出理由和解决措施。
O	定对象 （objects）	材料仅描述了"同种商品内贵外贱"的现象，未出现带有寓意的对象，故此部分无须考虑。
A	辨态度 （attitude）	材料描述了"'中国制造'在国内反而更贵"这样一个现象，命题人没表现出明确的态度。相比一味去抨击或支持此类现象，更建议大家从现象出发，分析现象出现的原因并提出相应的措施，这样行文会更有深度和内涵。
T	定立意 （theme）	结合以上四步分析，本题可以确定立意为："'内贵外贱'为哪般？""同类商品，国内为何贵于国外"等。

结构

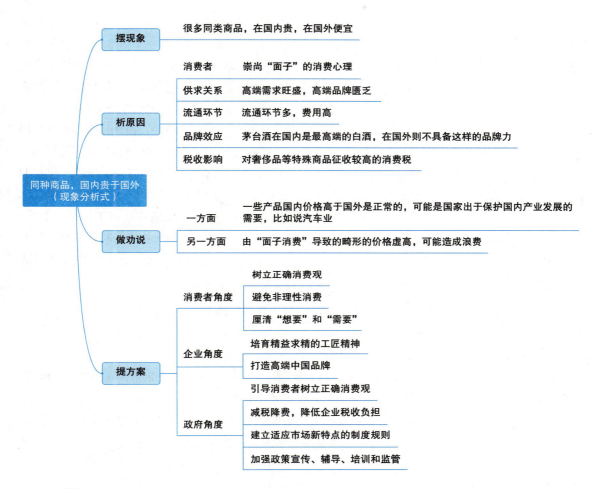

素材

1. 典型事例

（1）"海淘"现象

对于同样的物品来说，由于其在国外的价格要比国内的低很多，而且样式也比较齐全，所以海淘、出国购、海外代购似乎在悄然间成了很多中国家庭购买海外商品的主要手段。

美国《华盛顿邮报》曾刊文指出，2012年中国人海外消费额高达850亿美元，相当于5 000多亿元人民币。财富品质研究院发布的《2013中国奢侈品报告》显示，2013年中国人买走了全球近一半的奢侈品，消费总额达1 020亿美元，成为世界奢侈品消费第一大户。

——专业论文文献《关于"海淘"现象的分析及启示》

（2）去日本买马桶盖

最近，《去日本买只马桶盖》的帖子在网上热转，该文引发了对中国制造与日本产品的思考。消费者是最务实、最功利的，如果国货足够好，谁还会劳神费力地购买价格更高的洋货？如果我们拿出了足够过硬的产品，也许就该有洋人来抢购中国货了。中国在航空航天方面的技术世界领先，难道还造不出受欢迎的马桶盖？技术落后恐怕不是唯一因素，我们的体制如何更能激活国人创造欲，本土产品如何最大限度地在智能化、精细化上下功夫，这些都需要深思。

——中青报《赴日抢购马桶盖说明"抵制日货"行不通》王石川

（3）"中国造"的优质产品，不在中国销售

有些商品在国内生产却不在国内卖，是企业出于"以需定供"的权衡。中国游客涌向日本抢购智能马桶盖之前，国内很少有人使用甚至知道智能马桶盖，商场里的智能马桶盖不太容易卖，国外品牌马桶盖没有在国内大范围供货的基础。"赴日抢购潮"被报道后，国人对于智能马桶盖的需求猛地从隐性变为显性，国内智能马桶盖产品和种类才逐渐丰富。

——人民日报《为何高质量中国制造不在中国卖》

（4）"面子消费"相当普遍

据中国青年报社会调查中心调查显示，84.2%的人认为，身边年轻人的"面子消费"现象普遍。为什么青年喜欢"面子消费"？调查中，72.2%的人认为是"社会盲目崇富、炫富"；59.2%的人认为是"拜金主义影响"；58.4%的人认为"我国文化传统就是'好面子'"。

——中国青年报《84.2%的人确认身边年轻人"面子消费"普遍》黄冲

（5）拜金主义、享乐主义、攀比之风

在社会转型的大背景下，我国传统价值观念受到冲击，部分年轻人受到"拜金主义""享乐主义"、攀比之风的侵袭，意气风发不再。无论是"校园贷"还是"拼单名媛"，抑或是"95后离职闪电军"，这些新名词的走红，都为我们敲响了警钟。

——《奋斗的姿态——从疫情阻击战中的奋斗谈起》崔佩佩

（6）国人对国货信心满满

"新国货崛起"这个逐渐升温的词汇印证了"中国制造"向"中国质造"的转变。十几年前，提到国产品牌，人们往往想到"价廉质差"，甚至山寨横行，即便"MADE IN CHINA"风靡全球，很多人仍然迷信外国货。最近几年，这种观念发生了很大变化，在科技创新上，中国品牌在不少领域已具有领先优势，如高铁、网络通信等高技术领域和移动支付等全新业态；而在质量提升上，"新国货"的成就也有目共睹，据统计，我国产品质量国家监督抽查合格率已连续4年保持在90%以上，更多人对新国货信心满满。

——人民日报《"新国货"靠品质赢得青年》扶青

2. 引用句

①倡导简约适度、绿色低碳的生活方式，反对奢侈浪费和不合理消费。（习近平）

②在不少消费领域，国内目前确实处于品质洼地的状态。（中国贸促会研究院研究员　赵萍）

③一些消费者在攀比心理的驱动下，往往消费会超过甚至大大超过自己的购买或支付能力，

其后果一方面会给家庭带来沉重的经济负担，另一方面会导致铺张浪费，不利于社会的健康发展。（光明日报《积极倡导理性消费》王岩、邹兵）

④适度消费又称合理消费，是指资源约束下的最优化消费，追求消费必须与国情及家庭收入相适应，其精髓是量入为出，把握限度，不赶时髦。（光明日报《积极倡导理性消费》王岩、邹兵）

⑤国内消费者对品质的关注度越来越高，但高品质供给相对不足。商品和服务品质"内外有别"的现象，进一步加剧了国内消费市场供需错配的矛盾。（中国贸促会研究院研究员 赵萍）

段落

结构	段落	母理或要点
摆现象	近几年，"海淘"成为热门词汇。采购的商品名单有所变化，从高档奢侈品扩大到普通日用品，电饭锅、保温杯、双立人厨具，到奶粉、巧克力、护肤品、感冒药，乃至牙刷、牙膏、香皂、洗衣粉和日本大米。最为著名的，是经济评论家吴晓波鼓动起来的"马桶盖"采购狂潮。 ——中国纱线网《老王漫谈：为什么"中国制造"在国外卖得更便宜》	无
	手机、电饭煲、服装、鞋类、食品、智能马桶盖……国际市场上销售的众多产品都是"中国造"，然而，大量在中国"出生"的优质产品，却不在中国销售，而是直接被运往国外市场。中国消费者想要买到这些产品，不得不"追随"商品到国外兜一圈，花费更高的成本。	无
析原因	"同种商品，国内贵于国外"的现象之所以出现，是消费者的"面子"心理在作怪。一方面，国人一边在痛骂"恶毒"的商家，一边又互相攀比，"只买贵的，不买对的"，竞相购买奢侈品，这种消费心理，推动了一些高端产品价格的不断上涨。另一方面，国内不断暴发的"毒奶粉""地沟油""瘦肉精"事件，又加剧了国人对国货的不信任，再加上"崇洋媚外"的心理，使得"中国制造"穿上一身"洋装"，就能卖个好价钱。	"面子"消费
	"同种商品，国内贵于国外"的现象之所以出现，归根到底是由市场供求关系决定的。一方面，我国人口基数和市场规模大，其中，高端消费者的数量也相当庞大，从而产生大量的高端消费需求。另一方面，尽管我国已成为世界第一制造大国，但"大而不强"的问题仍然存在，尤其是高端品牌数量极少。巨大的需求、较少的供应，高端产品的价格自然水涨船高。	供求关系

结构	段落	母理或要点
析原因	茅台酒国外的售价低于国内的一个原因，是出口茅台酒的流通环节更少。国外只有一个专营店，厂家跟专营店中间并没有多余的经销商。简单来说，国内的茅台酒都是经过了好多个人的手，通常是"四手"甚至"五手"的，其中每一层分一点利益，导致价格上涨一点，所以国内的茅台酒终端价格高。 ——酒业资讯《茅台酒在国外卖得便宜？有这4个原因！》	流通环节
	我国为鼓励高端白酒出口，让世界更了解中国，对出口企业实施15%的退税优惠政策；而在国内销售时，按照国家相关规定，高端白酒需要缴纳20%消费税。 ——《茅台"内贵外贱"越南售价与国内相差千元》李杰	税收影响
	在国内，茅台市场目前状况是"一茅难求"，甚至假酒居多。茅台作为中国高档白酒典型代表，在某些高端场合，茅台酒已经是一种高端白酒的象征。而且，从收藏及投资角度考虑，茅台酒也不失为一种极佳的投资对象。每年都会有茅台老酒拍卖，喜爱收藏及消费白酒的人们因此会去追逐购买茅台酒，茅台酒因此供不应求、价格攀升。 ——酒业资讯《茅台酒在国外卖得便宜？有这4个原因！》	品牌影响
	外国人的饮酒习惯，与我们有非常大的差异，可以说，大多数的外国人是喝不惯中国白酒的，茅台酒在国外多以调配鸡尾酒为主，因此茅台在国外的销量远不如国内，所以售价较低。 ——酒业资讯《茅台酒在国外卖得便宜？有这4个原因！》	市场环境差异
做劝说	"面子"消费，本质是为了炫耀和显示自我而进行的过度消费，比如片面追求高消费、挥霍型消费、攀比型消费等，这些消费行为会给一些消费者带来不必要的经济压力，也会加大资源消耗和环境污染。	对健康和外部环境造成伤害
	适度消费又称合理消费，是指资源约束下的最优化消费，追求消费必须与国情及家庭收入相适应，其精髓是量入为出，把握限度，不赶时髦。适度消费并不是要降低生活标准，它要求追求中道，避免"过"犹"不及"，既满足人们合理需求，又不损害自然生态的平衡。这样既有利于节约自然资源，也有利于约束贪欲和培育高尚情操。 ——光明日报《积极倡导理性消费》王岩、邹兵	节约资源
	当前，我国的生产力已有长足发展，过于节俭不利于刺激消费、发展生产；但过于奢侈则造成不必要的浪费，也会破坏生态环境，导致资源大量消耗乃至枯竭，最终影响经济的发展。因此，我们应树立适度消费观念，秉承节俭美德，立足当前生产力发展水平，把消费控制在合理、恰当的范围内，以构建和谐社会。 ——光明日报《积极倡导理性消费》王岩、邹兵	适度消费

结构	段落	母理或要点
提方案	消费者不应对新鲜事物过分沉迷,切勿跟风和攀比。要结合自身经济能力、消费需求和兴趣爱好等,理性消费、量力而行,多一分理智和冷静,少一分盲目与冲动。特别是年轻消费者,应主动培养理性消费的习惯,对自身的经济承受能力要有正确评估,杜绝不计后果、盲目消费的行为。	理性消费
	消费不仅仅是简单的比较、购买、使用,在扫码付款的背后,很多环节都凝结着人们对生活的认知与态度。面对物质日益充盈、消费更加便捷的趋势,能否准确把握消费的"度",怎样厘清"想要"和"需要",直接关系着个人的消费选择、生活质量。 ——人民日报人民论坛《花钱不一定能买到快乐》吕晓勋	适度消费
	国内企业要继续打造更强的品牌力,不仅要有"中国制造",还要有"中国质造",更要打造"中国品牌",让更多的强势国货走进大街小巷,走出国门。	品牌升级
	国人海外抢购"茅台""马桶盖"背后,是他们对中国制造的信心不足。这一定程度上跟一些企业的不诚信行为、一些假冒伪劣商品混迹市场有关,要以最严的制度和法治,狠狠打击盗版、假冒等行为,提升质量安全水平。企业创品牌很不容易,建议政府大力扶持品牌建设,更好地保护企业创新积极性,这样才能重塑消费者对中国制造的信心。 ——张华明(浙江华之毅时尚集团总裁)	提升产品品质

范文

"内贵外贱"为哪般?

吕建刚

国货内贵外贱,已经不是新闻,茅台酒、牛仔裤也并不是个案,众多的"中国制造"和更多的"洋货"都出现了相同的现象。让人感叹"钱多、人傻、快来"的同时,不得不思考:"内贵外贱"为哪般?

首先,是消费者的"面子"心理在作怪。一方面,国人一边在痛骂"恶毒"的商家,一边又互相攀比,"只买贵的,不买对的",竞相购买奢侈品,这种消费心理,推动了一些高端产品价格的不断上涨。另一方面,国内不断暴发的"毒奶粉""地沟油""瘦肉精"事件,又加剧了国人对国货的不信任,再加上"崇洋媚外"的心理,使得"中国制造"穿上一身"洋装",就能卖个好价钱。

其次，市场供求关系的不平衡，是造成这种现象的另外一个推手。一方面，我国人口基数和市场规模大，其中，高端消费者的数量也相当庞大，从而产生大量的高端消费需求。另一方面，尽管我国已成为世界第一制造大国，但"大而不强"的问题仍然存在，尤其是高端品牌数量极少。巨大的需求、较少的供应，高端产品的价格自然水涨船高。

想解决这一现象，要从三个方面入手：

第一，要引导消费者理性消费。要厘清"想要"和"需要"，从自己的实际需求出发，结合自身经济能力，选购真正适合自己的商品。不能活在"面子"上，而是要活在"里子"里。

第二，国内企业要继续打造更强的品牌力，不仅要有"中国制造"，还要有"中国质造"，更要打造"中国品牌"，让更多的强势国货走进大街小巷，走出国门。

第三，要减税降费，减轻企业负担，从制度设计上来降低交易成本，从而降低国内商品的价格。

总之，一些商品在国外便宜而在国内贵的原因是多样化的，需要综合治理。

（全文共 664 字）

2013 年经济类联考论说文母题思路详解

真题原题

论说文：根据下述材料，写一篇 600 字左右的论说文，题目自拟。（20 分）

被誉为清代"中兴名臣"的曾国藩，其人生哲学很独特，就是"尚拙"。他曾说："天下之至拙，能胜天下之至巧，拙者自知不如他人，自便会更虚心。"

审题立意

1. 命题背景

被誉为清代"中兴名臣"的曾国藩，其人生哲学就是"尚拙"。"拙"，字面义有"笨、不灵巧"之义，引申义用于自谦辞，比如"拙作、拙见、拙笔"等，表示踏实、勤奋、谦虚之意。在中国文化中，"尚拙"的确是一大特点。"文以拙进，道以拙成""天下之至拙，能胜天下之至巧"，讲的都是对守拙的推崇。的确，做人守拙，以拙求进，往往是一个人有所成就的基础。

守拙，归根结底是要当老实人、做本分事，遵循客观规律、信守天地良心，以拙立身、以拙创业、以拙求进。有志者总是凭着自己的心力去做事，不浮不躁，最终总是熟能生巧、厚积薄发、取得成功。

2. 审题立意（"克罗特"审题立意法）

步骤	内容	分析
K	抓关键 （key words）	关键词：尚拙、虚心。 关键句：天下之至拙，能胜天下之至巧，拙者自知不如他人，自便会更虚心。
R	析原因 找寓意 （reasons）	材料引用了"中兴名臣"曾国藩的话，重点在最后一句话的最后一个词，即"虚心"。因此，大家在立意时，只要反映"谦虚""以拙求进"等类似题意即可。
O	定对象 （objects）	材料引用了曾国藩先生的话，未出现带有寓意的对象，从个人出发写文章即可。
A	辨态度 （attitude）	此题宜认同材料的观点，不宜反驳材料的观点。
T	定立意 （theme）	结合以上四步分析，本题可以确定立意为："谦虚使人进步""以拙求进"等。

结构

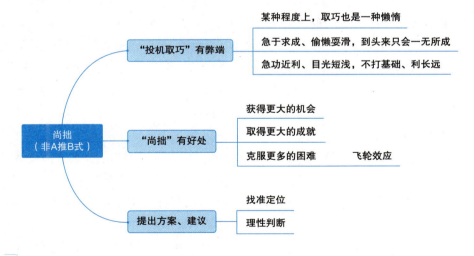

素材

1. 典型事例

（1）闵乃本教授从事介电体超晶格研究

南京大学闵乃本教授带领的课题组从 1986 年开始从事介电体超晶格研究，当时，这是一个冷门学科，但他们耐得住寂寞，一研究就是19年，直到2005年才取得突出成果。人生没有几个19年，为了一项研究，坚持19年不放弃，真可谓"拙"劲十足。但是，如果没有这种"拙"劲，这一成果就不可能荣获2006年度国家自然科学奖一等奖，冷门学科就不会发展成为热门领域，他们也就不可能成为这一领域的世界领跑者。

——百度文库《论巧与拙》

（2）京剧大师梅兰芳

京剧大师梅兰芳自小不被看作唱戏的好苗子；数学专家华罗庚幼时经常考试不及格；发明大王爱迪生曾被老师嫌笨而退学。这些曾被视为"拙"的人，因为自知不如他人，反倒更加刻苦勤奋，用后天的努力成为各自领域中最"巧"的人。而反观一些常人眼中的天才，因为自视甚高而疏于勤学，最终却变得和普通人没什么两样。小时候能提笔成诗，长大后却沦为平凡之人的神童方仲永便是由"巧"变"拙"的鲜明一例。

（3）《史记》与《红楼梦》

纵观那些从古至今的卓越者，无一不拥有"拙"的表现和"拙"的劲头。汉代司马迁著就《史记》这一不朽之作，就是通过博览、遍访、收集、整理的"笨"功夫，花了18年的"拙"劲才写成。被誉为中国古典小说高峰的《红楼梦》，是曹雪芹"披阅十载，增删五次""字字看来皆是血，十年辛苦不寻常"的产物。这些事例无不说明，建功需要"拙"功夫，卓越皆从笨拙始。

——光明日报《"拙"与"卓"》肖凌之

（4）一生只做一件事

一些人之所以能够成为让世人尊敬的大师专家，就是因为他们能够不为名利所绊，不为声色所累，不为喧嚣所动，在自己擅长的领域踏踏实实干事业、兢兢业业做学问。国际著名的数学大师陈省身说过，自己一生只会做一件事，就是数学。"两弹一星"元勋朱光亚也讲过："我这一辈子主要做的就这一件事——搞中国的核武器。"袁隆平、吴孟超、吴大观、林俊德等人，也都把"板凳要坐十年冷""一生只做一件事"当作人生追求，在各自的领域里都取得了出色的成就。

——人民日报人民论坛《"拙于交往"与精于事业》

（5）反面例证：急功近利、目光短浅

反观当今的一些专家学者，稍有些成绩、有点名望，就热衷于报纸上有名、广播里有声、电视上有影、网络上有形。他们不但想当"专家"，还想当"杂家"，哪怕与自己专业无关的事，只要有利可图，即使违反规定也去做。于是，整天忙于应酬各种会议、庆典、访谈等"露脸"活动。如此热衷于名利，看似获得了一些实惠，实则荒了专业、丢了事业。

——《朱光亚等：坚守理想，钟情事业》人民日报记者：桑林峰

2. 引用句

①文以拙进，道以拙成。（《菜根谭》）

②水满则溢，人满则忌。谦逊是一种修养，更是一种智慧。（《曾国藩：笨，是一种天赋》洞见·一默）

③重剑无锋,大巧不工。愚笨的人不会取巧,一步一个脚印,路反而走得比别人更稳、更远。(《曾国藩:笨,是一种天赋》洞见·一默)

④大巧若拙,这是老子写下的智慧。风口上从来就不曾有过偷懒的人,想要乘风而起,需要的是守拙用劲的大智慧。(人民论坛张璁《风口上没有"偷懒的人"》)

⑤山脊分流是因为高耸,山谷蓄水则缘于深沉。人生又何尝不是如此?骄傲自满者,最易折戟沉沙;谦虚恭谨之人,常能如有神助。(人民论坛《以谦卑之心蓄进取之志》李慧勇)

⑥一个骄傲的人,结果总是在骄傲里毁灭了自己。(莎士比亚)

⑦谦虚是人们所赞扬的美德,却也为人们所忽略。(莫洛亚)

⑧谦逊是最高的克己功夫。(莎士比亚)

段落

结构	段落	母理或要点
"取巧"有弊端	社会生活中,不少人总是习惯于投机取巧,不想脚踏实地,不愿下笨功夫、用实劲,而是自觉不自觉地把人生寄望于形形色色的机会,希望"兔子撞到自己的树桩上"。实践中,有的喜欢"抄近道",耍小聪明,见事有利可图便"一窝蜂",听说有一本万利之事,便趋之若鹜,其结果往往是弄巧成拙。 ——人民日报《风口上没有"偷懒的人"》程永高	投机取巧
	练武之人常说"入门先站三年桩",如果不能打牢站桩的功底,到头来学到的不过是花拳绣腿。做人做事莫不如此,稳扎稳打、耐心付出,成功才会有可能。如果急于求成、偷懒耍滑,到头来只会一无所成。 ——人民论坛《非凡皆自"愚处"起》尉承栋	偷懒耍滑
	为人处世,有的人偷奸耍滑、投机钻营,不琢磨事、只琢磨人,寄望攀上某个高枝、"跟对人"以平步青云。工作中,有的人急功近利,热衷于"短平快"项目,不做打基础、利长远的文章。凡此,或得一时之利,或逞一时之势,终究经不起检验,沦为反面教材。 ——人民日报《风口上没有"偷懒的人"》程永高	急功近利
	这个世界不乏一些天生愚笨却自命不凡的人,也不乏那些天资聪颖却恃宠而骄的人,这两种人都不值得借鉴。他们用"巧"的态度行事,自认为聪明精明,不愿意从最基础的小事做起,甚者更是急于求成而选择捷径,铤而走险。生产毒奶粉、瘦肉精猪肉、漂白粉面粉的黑心商家,制造有毒塑胶跑道的不良厂商,还有那些粗制滥造的豆腐渣工程,无不是因为丢失了一颗尚拙的心!他们用自认为"巧"妙的手段蒙骗大众,牟取暴利,最终还不是落得一个最"拙"笨的下场?	急功近利

结构	段落	母理或要点
"尚拙"有好处	在日常相处中，谦虚努力的态度往往会给人留下良好的印象，坚持不懈的拙者往往也更容易获得机会。而在职场中，相比起桀骜不驯的天才，勤奋努力的拙者更可能赢得领导的信任。因此，尽管付出的时间成本很多，但拙者的"慢"只是暂时的，其未来的收益是十分可观的。	经济人假设
	放眼历史长河，成大事者多"尚拙"。因为"尚拙"，大师们把自己"普通化"，他们看淡名利，始终以拙自知，才能够不被成就的光环桎梏，不止步于当前的成绩。也正是因为"尚拙"，他们在掌声中才能够静心钻研，不骄不躁，一次次突破极限，不断取得更大的成就。	取得更大成就
	笨功夫有笨功夫的好处。因为笨拙的人不懂取巧、不走捷径，遇到问题只知硬钻过去，因此做事不留死角，基础打得好。相反，那些有小聪明的人不愿意下笨功夫，遇到困难绕着走，基础打得松松垮垮。所以，"笨拙"看起来慢，其实到后来越走越比别人快，夯实的基础，带给他的是更快的提升。	飞轮效应
提方案/建议	我们要分析自身优势和劣势，结合客观的实际情况，明确自己的定位，凡事都要脚踏实地去做，不驰于空想、不骛于虚声，切勿因为丰厚的利润而迷失自我、朝三暮四。	找准定位
	个人需要培养理性的判断能力，架起自己与投机取巧、浮躁跟风之间的一道过滤网，做到踏实认真、目标专一，不能"好高骛远"、只想着成就"大事业"，却不愿意脚踏实地落到实处。	理性判断

范文

"拙"而不凡

老吕学员 翟唯一

曾国藩"尚拙"，认为"拙者自知不如他人，自便会更虚心"。诚然，飞得高的鸟往往蹲得低，自知不足，虚心求教，方能"拙"而不凡，一生受用。

人人都拙。不仅普通人如此，即便是天生聪颖之人，也有不及他人之处。由此可见，"拙"是一个普遍现象，而并非个例。在这个人人都"趋巧诟拙"的社会环境下，我们应该认清自己，天才毕竟是少数，对于大众而言，拙并不可怕，可怕的是穷尽一生却拙而不补。像方仲永那般只靠天资，最终只能泯然众人矣。

知拙而补拙。既然没有完美无缺的人，人人都有所"拙"，那么"补拙"便是很必要的。人的一生应该是不断学习、不断完善自我的过程，也正是因为拙，我们才有了需要努力的地方。许多优秀之人的成功，并非天生就高人一等，在成长与成功之间，人们往往只重视成功，却忽视了成长。恰如曾国藩的人生哲学：拙者自知不如他人，自便会更虚心。虚心使人清醒，使人求教，使人成长，因而虚心之人更能通过努力而取得成功。

华罗庚曾经说过："天才在于积累，聪明在于勤奋。"勤能补拙是良训，一分辛苦一分才。抱有虚心的态度，以勤补拙，才是成功的正确打开方式。史泰龙在遭受 1886 次拒绝之后才得到了人生中的第一个男主角；爱因斯坦小时候成绩不好，被父母认为是低能儿，但却凭着努力成了史上最厉害的物理学家之一；铁凝曾"希望自己有耐心笨下来"，在创作上的永不满足，使得其作品一直独具芳妍。这些事例无一不在说明：天下之至拙，能胜天下之至巧。

出于对成功的渴望，人人都希望自己卓尔不凡。我们拥有不同的资质与生活环境，却拥有同样的努力机会，因此，"拙"并非失败的借口，认识到自己的不足之处，虚心求教，以勤补拙，定会"拙"而不凡。

（全文共 688 字）

2014 年经济类联考论说文母题思路详解

真题原题

论说文：根据下述材料，写一篇 600 字左右的论说文，题目自拟。（20 分）

我懂得了，勇气不是没有恐惧，而是战胜恐惧。勇者不是感觉不到害怕的人，而是克服自身恐惧的人。——南非前总统纳尔逊·曼德拉

审题立意

1. 命题背景

纳尔逊·罗利赫拉赫拉·曼德拉（1918 年 7 月 18 日—2013 年 12 月 5 日），出生于南非特兰斯凯，曾任非国大青年联盟全国书记、主席。纳尔逊·曼德拉于 1994—1999 年间任南非总统，是首位黑人总统，被尊称为"南非国父"。2013 年 12 月 5 日，纳尔逊·曼德拉因病逝世，享年 95 岁。

曼德拉曾入狱 27 年，但仍然矢志不渝，为民族独立事业而奋斗。他敢于直面漫漫狱中岁月的恐惧，执笔写下《漫漫自由路》，后来，他成为南非第一任黑人总统，被称为南非国父。这位

南非"壮士"几乎以自己整个青春和壮年为代价，为抗争不公平的种族隔离奉献了全部力量，并最终获得国际社会的支持与敬意，成功推动南非种族隔离制度的废除。

由此可以看出，敢于面对并克服困难的人，最终定能够战胜恐惧、走向未来。而对于管理者来说，"风险"是所有的企业在经营过程中都会遇到的问题。企业家需要的，不仅仅是对市场的洞悉、对风险的科学评估，更重要的是敢于挑战的勇气，厚植"直面恐惧、迎难而上"的精神。

2. 审题立意（"克罗特"审题立意法）

步骤	内容	分析
K	抓关键（key words）	关键句：勇气不是没有恐惧，而是战胜恐惧。
R	析原因 找寓意（reasons）	材料引用了南非前总统曼德拉的话，立意比较简单，就是需要有克服和战胜恐惧的勇气。材料更侧重的意思是"真正的勇者需要有对恐惧无所畏惧的态度，无所畏惧才能勇往无前"，所以大家要把"勇气"和"克服恐惧"联系起来。
O	定对象（objects）	材料引用了南非前总统曼德拉说过的话，曼德拉仅定义了"勇者"，并未把勇者细分为什么样的人，所以大家从个人出发即可。
A	辨态度（attitude）	材料中，曼德拉的话已经表达出鲜明的态度，表明真正的勇者，是敢于面对并勇于克服恐惧的人。材料观点倾向性较为明确，此题宜认同材料的观点，不宜反驳材料的观点。
T	定立意（theme）	结合以上四步分析，本题可以确定立意为："真正的勇气""勇者无惧"等。

结构

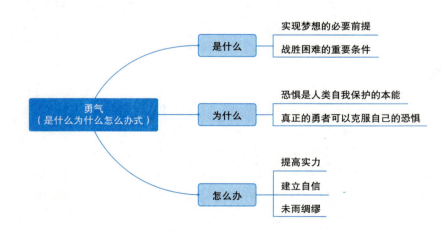

素材

1. 典型事例

（1）疫情的应对

2020年，一场新冠肺炎疫情突袭荆楚大地，蔓延波及全国。在以习近平同志为核心的党中央坚强领导下，14亿中国人民众志成城、团结一心，打响疫情防控的人民战争、总体战、阻击战。从白衣战士冲锋在前的身影里，人们看到了"苟利国家生死以"的英勇无畏；从无数普通人坚守岗位的执着中，人们看到了"天下兴亡，匹夫有责"的责任感。抗疫时期的一幕幕感人场景，积淀着中华优秀传统文化的厚重底色，诠释着社会主义核心价值观，展现了新时代中国人民面对未知依然充满勇气的精神品格。

——新华网《钟华论：在民族复兴的历史丰碑上——2020中国抗疫记》

（2）贝多芬拼搏成长

大作曲家贝多芬小时候由于家庭贫困没能上学，十七岁时患了伤寒和天花之后，肺病、关节炎、黄热病、结膜炎等又接踵而至，二十六岁不幸失去了听觉，爱情上也屡遭挫折，在这种境遇下，贝多芬发誓要"扼住命运的咽喉"。在与生命的顽强拼搏中，他的意志占了上风，在乐曲创作事业上，他的生命之火燃烧得越来越旺盛。

——来源于网络

（3）不肯放弃的林肯

生下来就一贫如洗的林肯，终其一生都在面对挫败，八次竞选八次落败，两次经商失败，甚至还精神崩溃过一次。好多次，他本可以放弃，但他并没有如此，也正因为他有勇气面对失败，屡败屡战，才成为美国历史上最伟大的总统之一。

——来源于网络

（4）詹天佑修铁路

詹天佑是我国杰出的爱国工程师。从北京到张家口这一段铁路，最早是在他的主持下修筑成功的。在这之前，清政府刚提出修筑的计划，一些帝国主义国家就出来阻挠，他们都想进一步控制我国的北部。詹天佑不怕困难，也不怕嘲笑，毅然接受了任务。白天，他攀山越岭勘测线路。晚上，就在油灯下绘图、计算。无论是在多么恶劣的环境下，他都是奋不顾身，勇往直前。他还用自己的智慧打通了居庸关和八达岭两条隧道，并且设计了"人"字型线路。在詹天佑的努力下，京张铁路比计划提早了两年竣工。这件事给了藐视中国的帝国主义者一个有力的回击。

——《詹天佑》

（5）从"林一轮"到超级丹

在许多人看来，林丹简直就是命运的宠儿，无论是事业还是爱情，都获得了丰收，在风华正茂的时候就拥有许多人梦寐以求的东西。但事实上，林丹的执拍岁月绝不可以用顺风顺水来形容，而是充满了坎坷与伤痛。十几年间，他曾经被开除过、被雪藏过、住过地下室，也受到过无数人的谩骂与嘲讽。但是林丹凭借自己的勇气和坚持把一切都扛了过去，终于将自身的潜能发挥到了极致，一次又一次地超越了自我。

——来源于网络

2. 引用句

①虽然危险并未临近，但迎头邀击比长久注视危险前来的好。（培根）

②任何时候，没有一股子闯劲和勇气是抓不住机遇的。（天津产权交易中心主任 孔晓艳）

③在经济转型升级的过程中，部分企业和劳动者会经历"阵痛"不适应，但难走的是上坡路，只有迎难而上、爬坡过坎，更加焕发改革的决心与勇气，才能柳暗花明、风光无限。（云南家乐福公司 陈科含）

④中华民族成长的道路上，充满各种可以预见和难以预见的风险挑战。但总有不惧风雨的勇气、不畏艰险的力量，汇聚成推动中华民族不断发展壮大的历史潮流。（任仲平《人民日报》）

⑤真的猛士，敢于直面惨淡的人生，敢于正视淋漓的鲜血。（鲁迅）

⑥面对大是大非敢于亮剑，面对矛盾敢于迎难而上，面对危机敢于挺身而出，面对失误敢于承担责任，面对歪风邪气敢于坚决斗争。（习近平）

⑦承担风险、无可指责，但同时记住千万不能孤注一掷。（索罗斯）

⑧恐惧是生活唯一真正的对手，因为只有恐惧才能打败生活。恐惧永远都源自你的内心。（电影《少年派的奇幻漂流》）

段落

结构	段落	母理或要点
是什么	勇气不是没有恐惧，而是战胜恐惧。	无
为什么	首先，勇者也有会有恐惧之心。进化心理学告诉我们，恐惧是人类自我保护的本能。比如我们会害怕凶恶的动物，会害怕陌生的事物，也会害怕死亡。这种恐惧之心能让我们远离危险，减少被伤害的可能。一些心智失常者丧失了正常思考的能力，但他们仍然会保有恐惧之心，这也恰好说明了恐惧是人的本能，再有勇气的人也会有恐惧。 而且，在人的成长和发展过程中，风险无处不在。"天有不测风云，人有旦夕祸福"说的就是这种情况。这种意外的突发事件，往往会使人陷入困境，甚至会改变人的命运。因此，对风险的畏惧可以让我们多一些未雨绸缪，少一些飞来横祸，这当然也是好事。	勇者也有会有恐惧之心
	其次，真正的勇者可以克服自己的恐惧。以曼德拉为例，他曾入狱27年，但仍然矢志不渝，为民族独立事业而奋斗。他敢于直面漫漫狱中岁月的恐惧，执笔写下《漫漫自由路》，后来，他成为南非第一任黑人总统，被称为南非国父。可见，他是真正的勇者。	真正的勇者可以克服自己的恐惧

续表

结构	段落	母理或要点
是什么	勇气是实现梦想的必要前提。只有敢梦敢想，才能不断挑战新的高度，走上更广阔的舞台。总是待在舒适区，如泡在一池温水中，虽然温暖安全，但人生也失去了很多可能。跳出温水可能会感到短暂的痛苦，但那些奇伟壮丽之观、柳暗花明之景，也会在更宽广的地方等待我们。 ——人民日报民生观《朝着梦想　勇往直前》周春媚	实现梦想的必要前提
	勇气是战胜困难的重要条件。逐梦路上并不总是一帆风顺，难免会有坎坷、荆棘。如果遇到困难畏缩逃避，就无法抵达终点。不畏困难才能直面困难，进而打败困难。有了"自信人生二百年，会当水击三千里"的勇气，我们就能毫无畏惧地面对一切困难和挑战，就能坚定不移地开辟新天地、创造新奇迹。 ——人民日报民生观《朝着梦想　勇往直前》周春媚	战胜困难的重要条件
怎么办	要有实力。当你有了绝对的实力和把握时，当然也就有勇气了。正所谓"有屠狼之技者不会害怕恶狼"，就是这个道理。因此，不论你从事什么事业，经过千百次的训练和学习，从而积累足够的实力，是必不可少的。	提高实力
	要有自信。如果没有自信，实力就会打折。要建立战胜困难的信心，敢于迎难而上，正如培根所说："虽然危险并未临近，但迎头邀击比长久注视危险前来的好。"	建立自信
	要学会未雨绸缪。在任何人的成长中，风险都是客观存在的。但有风险，不代表我们要盲目冒险，而是要学会未雨绸缪，做好风险预案，这样心里有了底，才能减少对未知风险的恐惧。	未雨绸缪
	风险常常伴生希望，挑战往往蕴含机遇。从一定意义上甚至可以说，风险即希望，挑战即机遇。管理者要能够在风险中看到希望、在挑战中抓住机遇、在危机中找到出路。险中方可求胜，绝地才能逢生。 ——人民日报思想纵横《辩证看机遇》岳凤兰	风险与机遇并存
	当然，我们说干事创业要有胆子，并非"人有多大胆，地有多大产"的蛮干，也不能有"脚踩西瓜皮，滑到哪里算哪里"的随意行为。"胆子大，步子稳"，这是35年改革开放的一条珍贵经验。如果不能做到步子稳，则往往有冒进之忧、栽倒之困、折腾之险。稳而有方、稳中突破、稳进取胜，方为成功之道。正如老子《道德经》所言"天下难事必作于易，天下大事必作于细"，作于易、作于细，才能最终成其大。 ——人民论坛《胆子与步子》马祖云	稳中突破、稳进取胜

范文

浅谈"真正的勇气"

吕建刚

什么是真正的勇气？诚如曼德拉所言，真正的勇气"不是没有恐惧，而是战胜恐惧"。

首先，勇者也有会有恐惧之心。进化心理学告诉我们，恐惧是人类自我保护的本能。比如我们会害怕凶恶的动物，会害怕陌生的事物，也会害怕死亡。这种恐惧之心能让我们远离危险，减少被伤害的可能。一些心智失常者丧失了正常思考的能力，但他们仍然会保有恐惧之心，这也恰好说明了恐惧是人的本能，再有勇气的人也会有恐惧。

而且，在人的成长和发展过程中，风险无处不在。"天有不测风云，人有旦夕祸福"说的就是这种情况。这种意外的突发事件，往往会使人陷入困境，甚至会改变人的命运。因此，对风险的畏惧可以让我们多一些未雨绸缪，少一些飞来横祸，这当然也是好事。

其次，真正的勇者可以克服自己的恐惧。以曼德拉为例，他曾入狱27年，但仍然矢志不渝，为民族独立事业而奋斗。他敢于直面漫漫狱中岁月的恐惧，执笔写下《漫漫自由路》，后来，他成为南非第一任黑人总统，被称为南非国父。可见，他是真正的勇者。

那么，真正的勇气从何而来呢？我认为要做好以下三点：

一是，要有实力。当你有了绝对的实力和把握时，当然也就有勇气了。正所谓有屠狼之技者不会害怕恶狼，就是这个道理。因此，不论你从事什么事业，经过千百次的训练和学习，从而积累足够的实力，是必不可少的。

二是，要有自信。如果没有自信，实力就会打折。要建立战胜困难的信心，敢于迎难而上，正如培根所说："虽然危险并未临近，但迎头邀击比长久注视危险前来的好。"

三是，要学会未雨绸缪。在任何人的成长中，风险都是客观存在的。但有风险，不代表我们要盲目冒险，而是要学会未雨绸缪，做好风险预案，这样心里有了底，才能减少对未知风险的恐惧。

《曹刿论战》中说："夫战，勇气也。"愿你充满勇气，战胜一切困难。

（全文共734字）

2015 年经济类联考论说文母题思路详解

真题原题

论说文：根据下述材料，写一篇 600 字左右的论说文，题目自拟。（20 分）

孔子云："求其上者得其中，求其中者得其下，求其下者无所得"。由此，如何确定你的人生目标？

审题立意

1. 命题背景

材料典出《论语》："取乎其上，得乎其中；取乎其中，得乎其下；取乎其下，则无所得矣。"此句的含义为："一个人立上等的目标，最后可能只达到中等成绩；而如果立下一个中等的目标，最后有可能只能达到下等成绩；如果立下一个下等的目标，就可能什么目的也达不到。"

这句话含有劝导的意思，即告诫人一定要放高自己的眼界、设立高标准并且严格要求自己，才会取得成功。除了孔子的话，古语中还有许多类似的古训——《孙子兵法》有云："求其上，得其中；求其中，得其下；求其下，必败。"唐太宗《帝范》卷四："取法于上，仅得为中；取法于中，故为其下。"宋末元初时期的诗词评论家严羽在其《沧浪诗话》中曰："学其上，仅得其中；学其中，斯为下矣。"

2. 审题立意（"克罗特"审题立意法）

步骤	内容	分析
K	抓关键 （key words）	关键词：求其上者得其中。 关键句：由此，如何确定你的人生目标？
R	析原因 找寓意 （reasons）	材料引用了孔子的话，意思是说：一个人制订了高目标，最后仍然有可能只达到中等水平；而如果制订了一个中等的目标，最后有可能只达到下等水平；如果立下一个下等的目标，就可能什么目的也达不到。简单来说，就是做任何事情，一定要以高标准来严格要求自己，这样即使遇到一些意外，也会取得一定的成绩。如果凡事只是追求"过得去"，则稍微遇到一些意外，就很有可能"竹篮打水一场空"。 所以，在树立自身的人生目标时，一定要志存高远，并为之努力奋斗，不能怀有"凡事得过且过"的中游心态。唯有如此，才有可能成就一番事业。

续表

步骤	内容	分析
O	定对象（objects）	材料引用了孔子说过的话，未出现带有寓意的对象，故此部分无须考虑。此外，题目问的是"如何确立你的人生目标"，所以大家应该从个人角度出发，不需要延伸至管理者、企业和社会等其他对象。
A	辨态度（attitude）	材料中，孔子的话已经表达出鲜明的态度，表明无论是为学还是做人，都要"志存高远"。人只有目标高起来，行动才能跟着高起来。材料观点倾向性较为明确，此题宜认同材料的观点，不宜反驳材料的观点。
T	定立意（theme）	结合以上四步分析，本题可以确定立意为："树立远大目标""志当存高远"。

结构

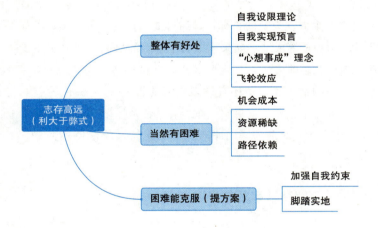

素材

1. 典型事例

（1）周恩来在少年时期离开故乡江苏淮安，来到东关模范学校读书。这一天，魏校长亲自为学生上修身课，题目是"立命"。当时正是中国社会发生剧烈变动的时期。校长讲"立命"，就是给学生讲怎样立志。魏校长讲到精彩处突然停顿下来，问道："诸生为何读书啊？"当时，有人回答"为名利而读书"，还有人回答"为做官而读书"。而当时的学生周恩来却响亮地回答"为中华之崛起而读书！"魏校长赞叹道："有志者，当效周生啊！"当时，周恩来年仅12岁。

——来源于网络

（2）牛顿7岁时就立定志向要成为"打开自然之谜的人"，对于各种物理现象都认真观察。在10岁时，牛顿就能观测天象和探索天体物理规律，16岁就用实验的方法测量风速等物理量，

23 岁发现万有引力定律，24 岁开始数学微积分的创造，26 岁就成了著名科学家，对物理学做出了巨大贡献。

——来源于网络

（3）茅以升在 11 岁那年看到文德桥坍塌的悲惨情景，就立下了远大志向："要为人们造一座结实的桥"。为了实现愿望，他刻苦学习，考上了桥梁建筑专业。后来他实现了自小的理想，设计建造了著名的钱塘江大桥、武汉长江大桥，为国家做出了重大贡献。

——来源于网络

（4）1978 年，年少的李安报考美国伊利诺伊大学戏剧导演专业，遭到了父亲的强烈反对。但李安为圆电影梦，依然一意孤行。大学毕业后，他才明白父亲为何如此反对。在美国电影界，一个没有任何背景的华人要想混出名堂来，谈何容易。

从 1983 年起，他经过了 6 年多漫长而无望的等待。现实虽然残酷，但李安仍旧怀着一个质朴而真实的电影梦。他不停地寻找剧场，却一次又一次遭到现实的无情打击，困顿窘迫无时无刻不缠绕着他，可他内心的梦想从未破灭，内心的色彩从未黯淡。很长一段时间，家里只靠妻子的收入维持。后来，李安想，要不学个计算机班转行吧。这时他的妻子对他说："安，你要记得你的梦想。"最终，李安坚持了下来，《断背山》的成功上映，让他一举成名，成功立足于美国电影界。梦想是一个人坚定信念的有力支柱，心怀梦想能激发人的潜能，而远大理想很可能因潜能的释放而变得不再遥远。只要心中有梦，无论多难都一定要坚持，坚持你的梦想永远不要放弃，梦想终有一天会成为现实。

——来源于网络

2. 引用句

①求其上，得其中；求其中，得其下；求其下，必败。（《孙子兵法》）

②取法于上，仅得为中；取法于中，故为其下。（唐太宗《帝范》卷四）

③学其上，仅得其中；学其中，斯为下矣。（严羽《沧浪诗话》）

④志不立，天下无可成之事。（王阳明）

⑤目标有着极大的鼓舞力量，谁要是没有强烈的志向，也不能够热烈地把这个志向体现于事业中。（凯洛夫）

⑥一个人如果不到最高峰，他就没有片刻的安宁，他也就不会感到生命的恬静和光荣。（萧伯纳）

⑦人，只要有一种信念，有所追求，就什么艰苦都能忍受，什么环境也都能适应。（中国现代女作家　丁玲）

⑧历史和现实都告诉我们，青年一代有理想、有担当，国家就有前途，民族就有希望，实现中华民族伟大复兴就有源源不断的强大力量。（习近平）

段落

结构	段落	母理或要点
目标太低有恶果	一个人没有什么人生目标，或者虽然有目标，但目标过小，那么他就很难创立丰功伟业。因为目标就像你人生的天花板，如果我们轻轻一伸手就能够着这个天花板的话，就很容易失去努力的动力。心理学上的"自我设限"说的就是这个道理。	自我设限
目标远大有好处	树立远大目标的人，往往能有更大的成就。心理学上有一种理论，叫自我实现预言，也叫俄狄浦斯效应。这个理论说的是如果你对自己的未来有一个预言，不论这个预言是好的还是坏的，都会在不经意间影响你的行为，并可能让这个预言最终成真。因此，有远大目标的人往往会对自己有更高的要求，会激发出更多的自身潜力，从而实现目标。	自我实现预言
	树立远大目标的人，往往能有更大的成就。著名的管理学家稻盛和夫有一个著名的理念，叫"心想事成"。他的这个理论当然不是什么唯心主义，而是他认为，如果你有一个远大的梦想，并为这个梦想想办法、做努力，它就很容易实现。	"心想事成"理念
	有远大目标的人，在前期努力的过程中，可能会遭遇困难和阻力，但随着不断坚持和投入，内部经验不断积累、外部条件逐渐完备，后期将会越来越轻松；相反，若是凡事浅尝辄止、得过且过，前期看起来可能比较轻松，但长此以往，便会丧失专注力和核心竞争力，后期发展的阻力会越来越大。	飞轮效应
当然有困难	当然，"求其上者得其中"，这说明远大目标的实现也不是容易的事。这有两方面的原因，一是个人的能力和精力是有限的，超出自己能力的事往往很难做到。二是个人所掌握资源也是稀缺的，可能会因为外部资源的有限影响了目标的实现。	资源稀缺
	出于惯性思维，个人往往难以克服路径依赖，"懒得"跳出舒适圈、寻找人生更多的可能。得过且过、甘居中游的心态，对个人发展的影响是渐近的、隐蔽的，却也可能是致命的。犹如温水之于青蛙、蚁穴之于大堤，常常能使人在不知不觉中丧失了核心竞争力，最终陷于困境。	路径依赖
困难能克服（提方案）	首先，要提升自己的格局，通过不断地自省，让自己主动自觉地真正"眼高起来"；其次，在实现远大理想的过程中，也要时刻保持理性，不能为了实现目标而盲目冒进、不择手段。在实现远大理想的过程中，若是发现目标与自身实力差距过于悬殊，要懂得及时止步、分析现状，针对实际情况再做出新的行动。	自我约束/及时止损
	在"仰望星空"的同时也要"脚踏实地"。理想好比草药，只有把行动作为"药引子"，才能真正发挥其价值。没有落在实际行动上的远大理想，终究是黄粱一梦的空谈。	脚踏实地

范文

1. 范文一

山高才有"攀头"

吕兵兵

经常登山的人，往往都有这样的感觉，征服了一座高山后，往往就会瞄准另一座更高的山，因为山高才有"攀头"。人生的征程也一样，世上无难事，只要肯登攀，一个人，只有有了更高的目标，才可能取得更大的成就。

首先要有目标，有每天的目标，有阶段性的目标，有长远的目标。车尔尼雪夫斯基曾说过："没有目标，哪来的劲头？"每天都要有目标，要知道自己今天要完成什么，这样才会有干劲，才会过得充实，否则，就是浑浑噩噩、得过且过的一天。人生的每个阶段都要有目标，考哪所大学要有目标，上大学后找什么工作要有目标，工作到一年要有目标……每实现一步都像登上了一座山峰，进而瞄准更高的山峰。人生要有长远的目标，这是所有目标的"总纲"，是前进道路上的"指明灯"，指引我们前进的方向。

更关键的是，要为自己设置更高的目标，并且为之努力奋斗。为什么我们要设置更高的目标？因为"瞄准天空的箭永远比瞄准树梢的箭射得高"。当然，这并不是不切实际，不是好高骛远，而是在科学分析自己的能力、所选择的职业、特长和未来发展空间的基础上，尽可能地瞄准更高的山峰。足球场上的小个子梅西，现在是公认的全球最出色的运动员之一，但又有几人知道，他小时候是一个侏儒症患者，被普遍认为成不了一名职业球员。相信在那个时候他要告诉别人自己要成为"球星"，会被当成一个笑话。但是梅西没有放弃理想，他靠着对足球的热爱、惊人的毅力和出色的足球智商，克服了难以克服的困难，最终成为真正的"世界巨星"，实现了常人难以实现的人生目标。

孔子说："求其上者得其中，求其中者得其下，求其下者无所得。"这就是山高才有"攀头"的道理。

（全文共676字）

2. 范文二

志当存高远

老吕团队　张英俊

孔子云："求其上者得其中，求其中者得其下，求其下者无所得。"是的，一个人有远大理想、鸿鹄志向，才能在发展的过程中保持向上的力量。

个人成功需要"眼高"。"眼高"，意味着有雄伟抱负。为了实现远大目标，往往需要制定更严格的标准及要求，这有利于个人加强自我驱动、提升自身能力，获得更多成长和进步。此外，具有雄伟愿景的人，可以更好地通过目标带动行动，凝聚全身的力量去实现有价值的追求，在完成目标的过程中，也会激发出自身潜力、具备更高的做事效率。

诚然，一个人要做到"眼高"，并非易事。为了实现远大目标，往往需要投入巨大的时间和精力，而这些成本，本可以投入到个人发展的其他方面。同时，一个人的精力是有限的，而要实现远大目标，需要持之以恒的艰辛努力，这使得个人即使"志存高远"，有时也会因为精力有限，无法付诸行动。

所以，想要"眼高手高"，需要讲究方式方法。首先，要提升自身的格局，通过不断地自省，让自己主动自觉地真正"眼高起来"。其次，在"仰望星空"的同时也要"脚踏实地"。理想好比草药，只有把行动作为"药引子"，才能真正发挥其价值。没有落在实际行动上的远大理想，终究是黄粱一梦的空谈。当然，在实现远大理想的过程中，也要时刻保持理性，不能为了实现目标而盲目冒进、不择手段。最后，个人想要实现雄伟理想，可以通过合作的方式破解发展难题、为实现远大目标赋能。

水激石则鸣，人激志则宏。世界正经历百年未有之大变局，经济全球化大潮滚滚向前。如此形势之下，个人"志当存高远"，只有以远大理想确立发展航向，才能真正地谋民族之复兴，创中华之盛世。

（全文共 662 字）

2016年经济类联考论说文母题思路详解

真题原题

论说文：根据下述材料，以"延长退休年龄之我见"为题，写一篇不少于600字的论说文。（20分）

自从国家拟推出延迟退休政策以来，就受到了社会各界的广泛关注，同时也引起激烈的争论。为什么要延长退休年龄？赞成者说，如果不延长退休年龄，养老金就会出现巨大缺口；另外，中国已经步入老年社会，如果不延长退休年龄，就会出现劳动力紧缺的现象。反对者说，延长退休年龄就是剥夺劳动者应该享受的退休福利，退休年龄的延长意味着领取养老金时间的缩短；另外，退休年龄的延长也会给年轻人就业造成巨大压力。

审题立意

1. 命题背景

延迟退休年龄，指"国家结合国外有些国家在讨论或者已经决定要提高退休年龄的政策，综合考虑中国人口结构变化的情况、就业的情况而逐步提高退休年龄来延迟退休"的制度。

2013年6月，由于就业压力等多重原因，人社部已经搁置延迟退休的思路，仅仅从研究着手，进行学术探讨。

到2013年11月12日，中国共产党第十八届中央委员会第三次全体会议通过《中共中央关于全面深化改革若干重大问题的决定》指出：研究制定渐进式延迟退休年龄政策。明确了顶层设计中，延迟退休政策渐行渐进。

人社部部长尹蔚民曾表示，延迟退休政策最根本的原则，是"小步慢走，渐进到位"，为了给公众做好心理准备的时间，政策会渐进式实施。

所以，改善民生需要处理好"尽力而为"与"量力而行"的辩证关系。既要尽力而为，在经济发展可承受的范围内最大限度改善民生；也要量力而行，尊重民生改善和经济发展自身的规律。

2. 审题立意（"克罗特"审题立意法）

步骤	内容	分析
K	抓关键 （key words）	关键词：延长退休年龄、引起激烈的争论。 关键句：延长退休政策引起了激烈的争论。赞成者说……；反对者说……。
R	析原因 找寓意 （reasons）	材料给出了一个社会热点问题——国家延迟退休年龄，这个政策引发了社会各界的激烈讨论。这是典型的"二选一"命题类型，材料给出了各方对于"延长退休年龄"的正反态度，要求以"延长退休年龄之我见"为题，考查的是大家对于"延长退休年龄"这一政策的观点及分析。大家可根据个人主观态度，自行选择赞成或反对，两者皆可。 需要注意的是，大家切忌脱离"延长退休年龄"这一观点而空谈"凡事皆有利弊"或"多个角度看问题"等观点，这种立意属于偏题。

续表

步骤	内容	分析
O	定对象（objects）	材料要求以"延长退休年龄之我见"为题，是一个命题作文，大家不能另行拟题或是更换对象。
A	辨态度（attitude）	材料中，命题人未给出明确的态度偏向，大家支持或反对均可，但是切忌观点"两边倒"，又支持又反对。大家要鲜明地阐述自己的观点和立场，并针对自己的观点给出解决问题的措施。 另外，大家需要了解，目前"延迟退休"还没有正式施行，但可以肯定的是，它已经在来的路上了。延迟退休的概念早就提出来了，之所以会这样做，是因为现在国家的人口结构出现了变化。如果能够推行延迟退休，就能够有效地解决这个问题，并且能够让我们国家的就业情况有所改善。"延长退休年龄"是国家和社会发展的必然趋势，考生站在"支持延长退休年龄"的立场上，会更容易行文、更加符合主流价值观。
T	定立意（theme）	结合以上四步分析，本题可以立意为"支持延长退休年龄"，也可以立意为"反对延长退休年龄"。

结构

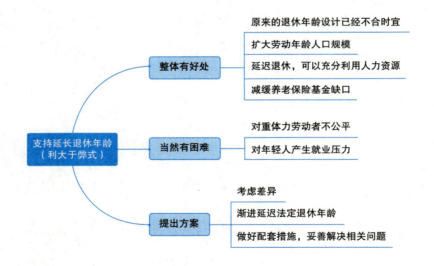

素材

1. 典型素材

（1）延迟退休这项政策的提出，主要是针对目前我国法定退休年龄偏低这么一个实际提出来的。我国法定退休年龄是1953年劳动保险条例规定的。1978年，国务院104号文件再次明确，就是女工人退休年龄是50岁,女干部55岁,男职工60岁。当然,一些特殊群体还有其他的政策规定。中华人民共和国成立初的时候,我国人均预期寿命只有40岁左右,我们现在人均的预期寿命,"第六次全国人口普查"的数据是74.8岁。也就是说,中华人民共和国成立60多年来,我国经济社会发展、人口数量、人口结构、人口预期寿命,都发生了巨大的变化。在中华人民共和国成立初期制定的退休年龄政策,很显然和当前经济社会的发展不相适应,所以有必要作出调整。

——2015年3月人力资源和社会保障部部长尹蔚民答记者问

(2)第一,我们会根据我国人口老龄化的趋势和劳动力的状况,把握调整的节点和节奏。第二,肯定是"小步徐趋、渐进到位"。就是说每年只会延长几个月的退休年龄,经过相当长的时间达到规定的法定退休年龄。第三,会有一个社会预告。就是先把这项方案公布出去,但方案的实施时间至少要在5年以后,给大家一个心理的预期。比如现在公布了这个方案,5年以后才可以实施。比如我是55岁退休,5年以后实施也就是55岁零两个月退休,第二年的人可能就是55岁零6个月退休,就是这样一个心理预期,渐进式的。所以这个政策就是渐进式延迟退休年龄。当然,还有一些其他的配套政策。考虑到这项政策涉及老百姓的切身利益,在这个方案正式出台之前,会把这个方案的要点向社会广泛征求意见,征求意见的过程也是凝聚社会共识的过程,我们会把各个方面的意见吸收了之后,使这个方案制定得更加完善、更加稳妥、更加符合中国的国情。渐进式的退休年龄政策是世界各国特别是一些发达国家普遍采取的政策,有一些发达国家目前的退休年龄已经是65岁甚至67岁,而我国现在已经领取退休待遇的8 000万企业退休职工退休时的平均年龄只有54岁。

——2015年3月人力资源和社会保障部部长尹蔚民答记者问

2. 引用句

①采取延迟退休年龄的政策,是保障养老保险制度可持续发展的一项重大政策。(人力资源和社会保障部部长　尹蔚民)

②中共十八届三中全会明确提出,研究制定渐进式延迟退休年龄政策,这意味着以延迟退休为突破口,我国的养老保险制度乃至社会保障制度将面临再次调整。然而,延迟退休年龄关乎每个劳动者的切身利益,政策细节可谓众口难调。(《延迟退休:一厢情愿还是大势所趋》刘鸿娟、卫志民)

③人力资源和社会保障部表示,将坚持从中国国情出发,综合考虑劳动力市场情况、社会的接受程度,根据不同群体现行退休年龄的实际情况,进行深入研究论证,稳妥推进。延迟退休年龄涉及群众的切身利益,是一项重大的社会政策,政府是非常慎重的。政府将坚持从中国国情出发,综合考虑劳动力市场情况、社会的接受程度,根据不同群体现行退休年龄的实际情况,进行深入研究论证,稳妥推进。(人力资源和社会保障部在答中国政府网网民关于"参加养老保险存担忧"的留言)

段落

结构	段落	母理或要点
整体有好处	原来的退休年龄设计已经不合时宜。我国现行的退休年龄是20世纪50年代确立的，那时候人的预期寿命才60多岁，女性50岁退休，她领养老金也就十几年的时间。现在的女性，特别是大城市女性的预期寿命已经80多岁了，她如果50岁退休，相当于领养老金的时间会超过了她工作的时间。这样下去，这个社会是不可持续的，所以必须要延迟退休年龄。 ——来源于网络	制度设计
	延迟退休是由我们现在的人口结构决定的。据统计，当下中国60岁以上的老年人数量已经超过了1.7亿，而这个数据也会逐年上升。同时，中国新生儿数量越来越少，这就意味着日后能够到社会上参与社会劳动的人数也在越来越少，而与此同时，社会还需要对老人进行抚养赡养，这加重了政府的经济负担。所以，延迟退休是迫在眉睫的。 ——来源于网络	人口结构
	延迟退休，可以扩大劳动年龄人口规模，降低每个劳动年龄人口供养的退休人数。从国家层面看，增加了经济发展的劳动力供给；从社会层面说，为未来的养老增强了支付能力；从个人层面看，大河有水小河满。 ——人民日报民生观《不要误读了延迟退休》熊建	扩大劳动年龄人口规模
	延迟退休，可以充分利用人力资源。我国60岁及以上人口中，健康状况较差的仅占26.9%，且这些人口有不少具备较高技术水平，尤其是一些高级管理或专业人才，年龄越大越能体现出他的价值。比如教授、医生、高级管理人员、高级工程人员等。	充分利用人力资源
	延迟退休，可以为养老保险基金"卸包袱"。有专家指出，到2035年中国将面临两名纳税人供养一名养老金领取者。如果把退休年龄男性提高到65岁，女性提高到60岁，则多收5年养老保险，少发5年养老金。有专家也算过一笔账，退休年龄每延迟一年，我国养老统筹基金可增长40亿元、减支160亿元，减缓基金缺口约200亿元。 ——《70后、80后都摊上延迟退休　活到96岁才能回本》中国太平洋保险（集团）股份有限公司官网	减缓养老金缺口
当然有困难	延迟退休，对一些重体力劳动者不公平。对于脑力劳动者，延迟退休年龄可能不会对其生活造成过大的负面影响，但是对于那些体力劳动者，延迟退休可能会对他们的身体健康造成严重伤害。	对重体力劳动者不公
	延迟退休，会对年轻人的就业产生一定压力。虽然延迟退休人员的工作岗位和性质，与刚刚参加工作的年轻人的工作岗位和性质，并不一一对应，但从就业岗位总量上看，延迟退休还是减少了闲置岗位的供给，而且减缓了年轻人的晋升步伐。	就业压力

续表

结构	段落	母理或要点
提出方案	一项公共政策，只有在设计的起点上就包含公平的理念，才具有操作上的可行性。制定延迟退休政策，不能一刀切，必须考虑到劳动人群的地区差异、寿命差异、收入差异、职业差异等因素。 ——人民日报民生观《不要误读了延迟退休》熊建	考虑差异
	实施渐进式的延迟法定退休年龄，这是从我国经济社会发展全局出发作出的一个重大决策，它有利于我国人力资源的充分利用，推动经济社会协调发展，也有利于增强社会保障制度的可持续性，更好地保障人民群众的基本生活。 ——人力资源和社会保障部副部长游钧于国新办发布会	渐进延迟法定退休年龄
	改革退休制度，需妥善解决好相关问题：一是应当尽快缓解不同养老制度下过大的养老金待遇差距；二是劳动者特别是一线劳动者报酬偏低的状况亟待扭转。当前一些劳动者的劳动报酬甚至不如退休后的养老金，这必然助长他们对早退休的期待和对延迟退休的反对；三是对退休人员再就业进行必要且合理的规范。 ——中国人民大学教授郑功成	妥善解决相关问题
	要做好配套措施，包括关注就业形势的变化。很多老年人退休之后愿意帮助子女照顾孩子，实施延迟退休后，应积极发展社会化的托幼服务。此外，还需注意防止群体之间的非公平现象，不同群体、不同个体的工作特点、待遇不同，相关举措要想得全面一些，灵活一些，取得最大公约数。 ——央视新闻	做好配套措施

范文

1. 范文一

延长退休年龄之我见

吕建刚

是否应当延长退休年龄？社会各界众说纷纭。我认为，应该延长退休年龄，理由有以下四点：

首先，延迟退休是由我们的人口状况决定的。我国现行的退休年龄是 20 世纪 50 年代确立的，那时候人的预期寿命才 60 多岁，女性 50 岁退休，她领养老金也就十几年的时间。现在的女性，特别是大城市女性的预期寿命已经80多岁了，她如果50岁退休，相当于领养老金的时间会超过了她工作的时间，这个社会是不可持续的，所以必须要延迟退休年龄。

其次，我国已经进入老龄化社会，劳动力供给越来越少，50~60岁的人，按现在的标准来看是非常年轻的，过早地退休，在浪费劳动力。有人说，现在不是放开二胎了吗？这样不就解决老龄化问题了吗？这种想法很美好，但是不太可能实现，因为你放眼一看周边地区，没有计划生育的国家都在老龄化。所以，既然老龄化无法避免，那么延迟退休也是必然的选择。

再次，延迟退休可以充分利用人力资源。有些工作，年龄越大越能体现出他的价值。比如教授、医生、高级管理人员、高级工程人员等。还有一些工作，让年轻人干是浪费，比如门卫、清洁工。

最后，延迟退休，可以减轻企业的负担。有人说，年龄大的员工退休了，企业就不用为他交社保了，这不正好减轻了企业的负担吗？其实，只要你这个岗位有需求，有人退休就得有人进入，还是没有减轻企业负担。而退休养老的人增多，年限变长，政府必然提高税负或者增加社保交纳比例，这样就增加了企业的负担。所以，延迟退休，可以减轻企业负担。

综上所述，延长退休年龄，已经箭在弦上，不得不发，让我们伸开双臂，迎接它的到来吧。

（全文共645字）

2. 范文二

延长退休年龄之我见

吕建刚

延长退休年龄有利有弊，但细细权衡，我认为延迟退休弊大于利，理由如下：

第一，延迟退休会增大就业压力。据社会科学文献出版社发布的《人力资源蓝皮书》统计，我国城镇每年需要就业的人口超过2 400万人，而新增就业岗位只有1 200万左右，劳动力市场供大于求的现象十分严重。如果延迟退休，则会进一步减少就业岗位的供给，会使更多的人面临失业，可能会造成更多的青壮年失业，形成人力资源的严重浪费。

第二，延迟退休可能会加重企业负担。虽然老年劳动者具有更为丰富的劳动经验，但不可否认的是，随着年龄的增长，老年人不可避免地面临体力、精力和创新能力的下降。一般而言，老年劳动者的工作效率要低于青壮年劳动者。如果政府强令延长退休年龄，就会造成企业职工平均年龄增大、平均劳动生产率下降，从而造成企业盈利水平下降、加重企业负担。

第三，延迟退休并不能从根本上解决当前养老金的缺口问题。的确，退休年龄每提高一年，养老金可以增收40亿元，可以减支160亿元。但是，据《中国养老保险基金测算与管理》课题组的测算，中国社会养老保险个人账户的空缺以每年1 000多亿元的规模在扩大。面对如此庞大的缺口，延长退休年龄不能从根本上解决问题，需要想其他更好的办法。

总之，延迟退休年龄虽然有一些收益，但其弊端难以忽视，在解决这些问题之前，延迟退休年龄应该缓行。

（全文共552字　数据及部分素材引自《经济观察报》）

2017年经济类联考论说文母题思路详解

真题原题

论说文：根据下述材料，以"是否应该对穷人提供福利？"为题，写一篇不少于600字的论说文。（20分）

国家是否应该对穷人提供福利存在较大的争论。反对者认为：贪婪、自私、懒惰是人的本性。如果有福利，人人都想获取。贫穷在大多数情况下是懒惰造成的。为穷人提供福利相当于把努力工作的人的财富转移给了懒惰的人。因此，穷人不应该享受福利。

支持者则认为：如果没有社会福利，穷人则没有收入，就会造成社会动荡，社会犯罪率会上升，相关的合理支出也会增多。其造成的危害可能大于提供社会福利的成本，最终也会影响努力工作的人的利益。因此，为穷人提供社会福利能够稳定社会秩序，应该为穷人提供福利。

审题立意

1. 命题背景

随着经济发展而不断提高民生改善的水平，让人民群众更多分享发展红利，这既是新发展理念的体现，更是当今中国社会的最大共识之一。近年来，我国采取的"精准扶贫"政策就是改善民生的重要举措，这体现了我国政府消除贫困的决心。

但也要看到，我国仍处于并将长期处于社会主义初级阶段，改善民生不能脱离这个最大实际，只能根据经济发展和财力状况逐步提高人民生活水平。在这个过程中，需要防止出现故意吊高群众胃口的"空头支票"，避免陷入"高福利陷阱"。一些国家正是由于过度提高福利和过度承诺，导致"养懒汉、高税收、财政难"等问题，过度提高福利反而让福利恶化、过度承诺反而让承诺落空。可以说，要福利而不要过度福利，要民生而不要透支民生，才能有稳步提高的民生改善，才能有可持续发展的社会保障制度。

所以，改善民生需要处理好"尽力而为"与"量力而行"的辩证关系。既要尽力而为，在经济发展可承受的范围内最大限度改善民生；也要量力而行，尊重民生改善和经济发展自身的规律。

2. 审题立意（"克罗特"审题立意法）

步骤	内容	分析
K	抓关键 （key words）	关键词：对穷人提供福利、存在较大的争论。 关键句：国家是否应该对穷人提供福利存在较大的争论。反对者认为……；支持者认为……。
R	析原因 找寓意 （reasons）	本材料不存在寓意问题。
O	定对象 （objects）	材料要求以"是否应该对穷人提供福利？"为题，是一个命题作文，大家不能另行拟题或是更换对象。
A	辨态度 （attitude）	材料已经明确表示，对于"是否应该对穷人提供福利"这个问题是有争议的，支持和反对的观点都有，因此，你无论支持或反对，只要能自圆其说都可以。 但是，老吕建议你支持给穷人提供福利。有三个原因：第一，这符合我国精准扶贫的政策；第二，这体现了社会的公平；第三，人类社会不是弱肉强食的丛林社会，对弱势群体的帮助是人道主义的体现。
T	定立意 （theme）	综上，本题的推荐立意为"应该给穷人提供福利"；其他合格立意为"不应该给穷人提供福利"。

结构

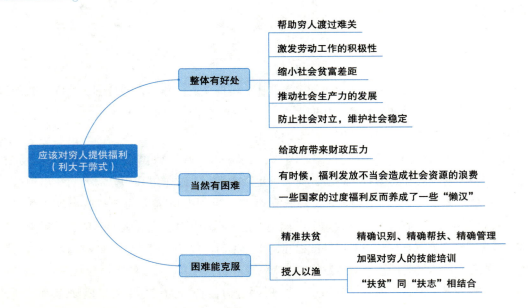

素材

1. 典型素材

（1）党的十八大以来，习近平总书记走遍全国 14 个集中连片特困地区，全面部署和推进脱贫攻坚工作。回首过去五年，脱贫攻坚力度之大、规模之大、成效之大，前所未有。从 2012 年末到 2017 年末，全国有 6 000 多万贫困人口稳定脱贫，贫困发生率从 10.2% 下降到 3.1%。中国的减贫实践与成就，创造了人类历史上的奇迹，为全球树立了典范。

——人民日报《汇聚精准扶贫强大合力》张凡

（2）脱真贫，真脱贫，需要扎扎实实行动起来。今年是脱贫攻坚作风建设年，要认真开展扶贫领域腐败和作风专项治理，加强扶贫资金管理，对挪用、贪污扶贫款的行为严惩不贷，目的是要让脱贫攻坚作风严起来、实起来、强起来。真刀真枪地干，真金白银地投，搞面子上的事就交不了账，一切工作都要落实到为贫困群众解决实际问题上，切实防止形式主义，不能搞花拳绣腿和繁文缛节，不能做表面文章。

——浙江日报《扶贫绝不能漂浮》高云才

（3）兜底扶贫，是社会主义制度优越性的重要体现，是让贫困群众有幸福感和获得感的机制保障，是"五个一批"中的制度补充，意在消除绝对贫困，不落下一人。强有力的兜底措施，不仅极大地调动了各地打赢脱贫攻坚战的积极性，提高了基层干部和贫困户战胜贫困的信心，而且切实降低了贫困人口的看病负担，使很多贫困患者从中受益。

不必讳言，兜底扶贫的制度设计，在一些地方被不当使用，成了福利陷阱。一些贫困患者，小病大治，甚至治愈后还"躺在床上"不走。一些子女，眼看着体弱多病的老人不去赡养，而是通过"分家"方式，把贫困人口交给政府兜底。甚至有一些地方，超标准实施救助，兜底措施的刚性支出，让捉襟见肘的地方财政难以为继。

——人民日报《兜底扶贫，要警惕福利陷阱》

（4）习近平总书记强调，要倡导简约适度、绿色低碳的生活方式，反对奢侈浪费和不合理消费。这就要求我们加快建立绿色生产和消费的政策导向，建立健全绿色低碳循环发展的经济体系。一方面，要提高全社会绿色消费意识，鼓励节约适度、绿色低碳、文明健康的现代生产消费方式，力戒奢侈浪费型消费和不合理消费，推进可持续消费；另一方面，要大力推广绿色消费产品，推动实现社会绿色低碳循环发展，营造绿色消费良好社会氛围。

——新华网《要推动形成绿色生活方式》张倩

（5）我国仍处于并将长期处于社会主义初级阶段，改善民生不能脱离这个最大实际，只能根据经济发展和财力状况逐步提高人民生活水平。在这个过程中，需要防止出现故意吊高群众胃口的"空头支票"，避免陷入"高福利陷阱"。一些国家正是由于过度提高福利和过度承诺，导致养懒汉、高税收、财政难以支撑等问题，过度提高福利反而让福利恶化、过度承诺反而让承诺落空。可以说，要福利而不要过度福利，要民生而不要透支民生，才能有稳步提高的民生改善，才能有可持续发展的社会保障制度。

——人民日报《坚持不懈保障和改善民生》李洪兴

（6）改善民生需要处理好尽力而为与量力而行的辩证关系。既要尽力而为，在经济发展可承受的范围内最大限度改善民生；也要量力而行，尊重民生改善和经济发展自身的规律。说到底，民生改善要以经济发展实际为其约束条件，这样才是可操作、能落地、可持续提升的民生改善，否则就只是博取一时掌声的镜花水月。习近平总书记指出："民生工作直接同老百姓见面、对账，来不得半点虚假，既要积极而为，又要量力而行，承诺了的就要兑现。"对各级政府部门而言，持续推进民生改善，要少开"空头支票"、少吹"彩色泡泡"，根据各自资源禀赋和发展阶段出台务实举措，解决群众最关心最直接最现实的利益问题，落实各项惠民政策，做好普惠性、基础性、兜底性民生建设，让各项民生举措能够落地生根、取得实效。

——人民日报《坚持不懈保障和改善民生》李洪兴

2. 引用句

①中国共产党的初心就是为人民谋幸福、为民族谋复兴，党中央想的就是千方百计让老百姓都能过上好日子。（习近平）

②"积力之所举，则无不胜也；众智之所为，则无不成也"。打赢脱贫攻坚战，需要"壮志如铁"的决心、"精准滴灌"的用心、"万夫一力"的齐心。聚众力、汇众智、集众志，有了这样的力量，我们将所向披靡，无坚不摧。（人民日报《汇聚精准扶贫强大合力》张凡）

③要"实施精准扶贫方略，找到'贫根'，对症下药，靶向治疗"。只有科学分析、实事求是、因地制宜，找准"贫根"，才能真正落实精准扶贫，实现发展成果共享。（习近平）

④我国作为一个人口众多、发展很不平衡的大国，如果实行脱离发展水平的高福利政策，更容易阻滞经济社会持续健康发展。当前，我国在积极完善社会保障体系的同时，应汲取高福利国家的教训，谋求实实在在的经济发展和社会进步。（中国人民大学教授　李义平）

⑤我们要正确处理眼前和长远、积累和消费的关系，循序渐进、量力而行地提高福利水平，以稳健的经济发展实现可持续的福利提升；同时，把自我保障与社会保障结合起来，完善适合国情和发展实际的福利制度和保障体系。（中国人民大学教授　李义平）

⑥要福利而不要过度福利，要民生而不要透支民生，才能有稳步提高的民生改善，才能有可持续发展的社会保障制度。（人民日报《坚持不懈保障和改善民生》李洪兴）

段落

结构	段落	母理或要点
提供福利有好处	福利是政府无偿地为符合一定条件的个体所提供的金钱、各类生活物资以及特殊权利等。为穷人提供福利有益于社会的进步，尤其是对于一些因病致穷、意外致穷的人，伸手帮他一把，他就能渡过难关。	无
	为穷人提供福利能够激发他们劳动工作的积极性，为社会带来生产力。目前，我国正处于全面建成小康社会的决胜阶段，为了打赢这场脱贫攻坚战，更是要让穷人们接受社会福利。基本生活需求有了保障，他们才有能力与精力去追求更高层次的需求，例如自我实现的需求。若是如此，人们的劳动积极性被调动，有利于他们从根本上摆脱贫困，缩小贫富差异，有利于社会生产力的发展。	推动社会生产力发展
	救济穷人，可以防止社会对立，维护社会稳定，平息社会不满，起到缓解社会矛盾的"安全网"作用，同时减弱穷人对现有制度的离心力。如果没有相应的社会福利，穷人没有收入，就会造成社会动荡，社会犯罪率会上升，相关的管理支出也会增加，其造成的危害可能大于提供社会福利的成本，最终也会影响努力工作的人的利益。	维护社会稳定
当然有困难	向穷人提供福利，必然会给政府的财政带来一定的压力，对于一些贫困地区尤其如此。这些地方本来经济就不景气，政府税收收入也低，给穷人提供福利就会有一些困难。	财政困难
	有的时候，给穷人提供福利会造成一些社会资源的浪费。负责发放福利的行政部门因为花的不是自己的钱，因而认真程度经常大打折扣，甚至导致权力寻租；而一些少数人的诈捐、骗捐等现象，又让问题雪上加霜。	资源浪费
	如果过度向穷人提供福利，有可能会影响社会运行效率。这是因为所有的福利归根结底是来源于税收或其他形式的财富转移。这样就可能降低企业的利润空间，影响企业家创富的劲头，从而影响社会运行效率。以北欧各国为例，高福利政策弊端重重，给政府带来了巨大的财政压力，与此同时，还促成了一批只想靠救济金、失业保险金生活的人。可见，过度的福利有害无利。	影响效率

续表

结构	段落	母理或要点
困难能解决	向穷人提供福利，不能用"大水漫灌"式的粗放手段，而应该精细精准。习近平总书记提出的"精准扶贫"就是很好的办法。精确识别、精确帮扶、精确管理，因地制宜、因户施策，这样更能把福利落到实处。	精准扶贫
	帮助穷人不能只"输血"不"造血"。加强对穷人的技能培训，为穷人提供更多的工作岗位，让其有能力提高自身收入水平，授人以渔，才是真正的福利之举。	加强技能培训
	要着力激发贫困人口内生动力。地方贫困，但观念不能贫困。贫困不要紧，最怕的是思想贫乏，没有志气。成天想到的，不是向上伸手，就是怨天尤人。必须坚持"扶贫"同"扶志"相结合，把提升贫困人口脱贫攻坚的主动性、积极性、创造性摆在更加突出的位置，发掘符合当地资源禀赋的产业潜力，找到致富奔小康的正确道路。 ——人民网《兜底扶贫，要警惕福利陷阱（话说新农村）》	"扶贫"更要"扶志"

范文

1. 范文一

是否应该对穷人提供福利？

吕建刚

是否应该对穷人提供福利？我的回答是应该！

很多人建议取消对穷人提供福利，他们有种种理由，但其实并不成立。

他们的理由之一是：穷人之所以穷，是因为他们懒。但现实真的是这样吗？我们可以看到，很多农民工风餐露宿，拿到的仅仅是勉强糊口的收入；很多农民面朝黄土背朝天一辈子，也依然生活在社会底层。这是因为他们不努力吗？他们已经足够努力了！

他们的理由之二是：穷人的思路有问题，盲目地勤奋。这一点我也承认，但很多穷人之所以思路不够开拓，还是因为教育问题。在我国当前的国情下，很多人没有受到良好的教育并不是他个人的问题，真正的原因一是历史因素造成的大量的人没有接受教育，二是当前教育资源的分配不均，很多人没有条件去接受良好的教育。

所以，我国现在很多人的贫穷是不能完全归因于个人的。比如，分配制度造成的制度性贫困，教育资源的缺乏造成的思想性贫困，地理原因或历史原因造成的贫困等。这些原因造成的穷人，恰恰需要社会提供福利和保障，以保护他们远离赤贫，同时也有利于社会的稳定与和谐。

而且，我国新兴的中产阶级，其实和底层的距离并不遥远。他们往往有着收入不算高但还算体面的工作，辛辛苦苦攒了十多年钱，终于还清了房贷、车贷，成功从一个底层后代变成了一个中产阶级，一场天灾、一场人祸或者一场大病就能让他们"一夜之间从中产变成贫民"。所以，建立良好的社会保障制度，并不仅仅是保障穷人的福利，也是保障其他普通人的权利，让我们无后顾之忧。

总之，那些认为"可怜之人必有可恨之处"的人，恰恰是缺少悲悯情怀的人。我们需要对穷人提供福利，不仅是为了他们，也是为了我们自己。

（全文共673字）

2. 范文二

是否应该对穷人提供福利？

吕建刚　宋巩

针对是否应该为穷人提供福利这个问题，支持者和反对者各执一词，激烈争论。我认为，向穷人提供福利是应该的，但不应过度。

福利是政府无偿地为符合一定条件的个体所提供的金钱、各类生活物资以及特殊权利等。为穷人提供福利有益于社会的进步，尤其是对于一些因病致穷、意外致穷的人，伸手帮他一把，他就能渡过难关。但是，我们不能忽略了过度的福利可能带来的弊端。

一方面，过度向穷人提供福利，有可能会影响社会运行效率。这是因为所有的福利归根结底是来源于税收或其他形式的财富转移。这样就可能降低企业的利润空间，影响企业家创富的劲头，从而影响社会运行效率。以北欧各国为例，高福利政策弊端重重，给政府带来了巨大的财政压力，与此同时，还促成了一批只想靠救济金、失业保险金生活的人。可见，过度的福利有害无利。

另一方面，粗放漫灌式地提供福利，可能并没有把福利真正送到穷人手中。负责发放福利的行政部门因为花的不是自己的钱，因而认真程度经常大打折扣。而少数人的诈捐、骗捐等现象，又让问题雪上加霜。例如，郭美美事件、罗一笑事件就令慈善机构的公信力受到了极大损害。因此，粗放地提供福利，有时候并没有改善穷人的状况，反而造成了社会资源的浪费。

反对政府向穷人过度提供福利，并不意味着要政府对贫穷现象袖手旁观。首先，习近平总书记提出的"精准扶贫"就是很好的办法。精确识别、精确帮扶、精确管理，因地制宜、因户施策，这样更能把福利落到实处。其次，帮助穷人不能只"输血"不"造血"。加强对穷人的技能培训，为穷人提供更多的工作岗位，让其有能力提高自身收入水平，这才是真正的福利之举。

综上所述，给穷人提供福利，不能仅仅盲目、过度地授人以鱼，授人以渔更为关键。

（全文共709字）

拓展阅读

过高福利是经济发展的陷阱

作者： 李义平　来源：《人民日报》，2015年8月11日07版

高福利国家"从摇篮到坟墓"的社会福利一度吸引了世人艳羡的目光。但20世纪80年代以来，高福利国家经济的徘徊不前，逐渐使人们改变了看法。经合组织专门就高福利带来的危机作过研讨，其议题为"危机中的福利国家"。近日发生在希腊的银行挤兑潮，再次引发人们对高福利制度的诟病。那么，高福利何以成了经济发展的陷阱，非但没能促进反而拖累了经济社会发展呢？

高福利直接影响积累，影响创新和经济结构升级。一个社会要提高消费水平、实行高福利，前提是必须提高生产水平。这里所讲的生产，不是简单再生产，而是扩大再生产；也不是单纯扩大生产规模，而是经过技术创新和产业结构提升的扩大再生产。这样的扩大再生产是没有边界的，从而能够提供源源不断的消费资料。而这样的扩大再生产必然要求资本有机构成的提高，必须有足够的积累。高福利阻碍经济发展的原因之一，就在于没有正确处理消费与积累的关系。

高福利的资金来源往往是高税收或高负债，不利于经济社会可持续发展。瑞典的高福利靠的是高税收、高财政赤字，希腊的高福利是靠高负债支撑的。以高税收支撑高福利，必然减少企业发展资金，制约企业发展，无异于杀鸡取卵。拉弗曲线揭示，税率超过一定限度时，企业收入下降，反而导致税收减少，导致高福利难以为继。靠负债支撑福利是寅吃卯粮。由于社会福利水平上调容易下调难，公众很难接受紧缩政策，因而只能借新债还旧债，以致窟窿越来越大，最终酿成债务危机。

高福利容易产生道德祸因，造成社会资源浪费和国民惰性。由国家提供的高福利是一种公共

品，如同计划经济体制下的大锅饭，不吃白不吃，因而会埋下道德祸因。具体表现为：高福利下的社会保障资源利用率不高，如公费医疗中药品和其他医疗资源的浪费；一些人本来可以就业而不积极就业，过度享受由社会保障、失业保险带来的闲暇，以及选择提前退休；过分依赖国家，自我积累、自我保障的积极性和能力弱化；等等。这些现象一旦具有普遍性，社会资源遭到严重浪费，国民精神不再积极向上，就会影响经济发展。

高福利是一种社会资源再分配，运用过度会挫伤生产积极性。高福利是通过税收进行的社会资源再分配。这种再分配在现代社会是必要的，但运用过度则会产生明显弊端：一是产生寻租机会，容易导致权力寻租；二是扭曲市场信号。市场分配机制和再分配机制不同，市场机制强调机会均等，而再分配更注重结果平均。平均分配会给人们不好的信号：努力与否是一样的。这就会挫伤生产积极性。也就是说，貌似注重公平的再分配，其实际效果可能恰恰相反。

我国作为一个人口众多、发展很不平衡的大国，如果实行脱离发展水平的高福利政策，更容易阻滞经济社会持续健康发展。当前，我国在积极完善社会保障体系的同时，应汲取高福利国家的教训，谋求实实在在的经济发展和社会进步。一是始终咬紧经济发展不放松。只有不断创新、提升产业结构的高质量发展，才是解决我国经济社会问题的根本途径，才能使我国在激烈的国际竞争中立于不败之地。而创新、扩大再生产必须有资本积累。这就要求我们正确处理眼前和长远、积累和消费的关系，循序渐进、量力而行地提高福利水平，以稳健的经济发展实现可持续的福利提升。二是强调社会保障与生产力发展水平相适应。一些西方政客为了选举的需要，超出实际可能去附和选民的诉求，结果民众的诉求越来越高，经济发展能力和后劲被严重削弱，最终损害的还是民众的利益。我们应向广大人民群众说明社会保障水平是受生产力制约的，只有通过积累、通过发展才能有更高水平的社会福利。三是发挥我国家庭自我保障的传统优势，把自我保障与社会保障结合起来，完善适合国情和发展实际的福利制度和保障体系。

精准扶贫先找准"贫根"

作者：孙咏梅　来源：《人民日报》，2016年9月23日07版

消除贫困是人类共同的奋斗目标，也是实现中华民族伟大复兴中国梦的内在要求。我国从1986年起持续开展大规模开发式减贫，取得了显著成效。然而，随着城镇化快速推进、劳动力在区域之间流动加速，我国贫困现象呈现多重性，不仅表现在物质层面，而且表现在精神、能力、福利等多个层面。习近平同志指出，要"实施精准扶贫方略，找到'贫根'，对症下药，靶向治疗"。只有科学分析、实事求是、因地制宜，找准"贫根"，才能真正落实精准扶贫，实现发展成果共享。

找准物质"贫根"。物质"贫根"主要表现在两个方面：从收入角度看，受不同行业劳动生

产率差距较大、资源分布不均等因素影响，还有一部分人的收入处于最低生活保障线以下；从食物消费的角度看，我国贫困人口的食物消费占收入比重普遍较高，他们往往会主动缩减食物消费，这使得以食物消费的标准来甄别贫困人口存在一定难度。因此，应确立合理有效的识别指标，创新识别方法，精准识别贫困人口；通过提高劳动收入、促进社会资源公平分配、加大对贫困人口补贴力度等手段，帮助贫困人口实现物质脱贫。

找准精神"贫根"。精神层面的"贫根"主要表现为：信念、追求和价值观等方面存在模糊之处，缺乏理想追求，进而在工作和日常生活中出现内心孤独、人格不独立、得过且过等状态，脱贫的动力不足。对于这类贫困，首先要"扶志"，鼓起贫困人口主动战胜贫困的志气、激发他们摆脱贫困的内在动力。对这类贫困人口，精准扶贫工作应侧重于消除他们受到的社会歧视和工作压力，帮助他们自强自信，树立人生目标、提升认知能力，摆脱"人穷志短"的困境。

找准能力"贫根"。一些贫困地区由于教育水平不高，劳动者素质偏低、缺乏职业技能，形成了"打工没技术，创业没思路，务农没出路"的状况，这些地区的贫困人口摆脱贫困的难度更大。对于这种能力"贫根"，精准扶贫重在"扶智"，提高贫困人口自我脱贫的能力，其重点不在于"授之以鱼"，而在于"授之以渔"。要通过劳动素质培养、职业技能培训、经营意识再造等方式，提升贫困人口的生产技能和竞争能力。

找准福利"贫根"。福利"贫根"主要表现为贫困人口难以获得应有的公共产品和服务，比如享受比较充分的医疗保障、获得失业保险、教育培训等。对于福利层面的贫困，政府应履行公共服务职责，在进一步转变政府职能的同时，积极扩大公共产品和公共服务供给，加强社会保障体系建设，尽可能利用社会力量，更好发挥市场机制作用，有针对性地解决贫困人口的福利缺失问题。此外，还应以消除多重贫困为导向，积极构建反贫困政策体系、完善相关法律法规，为贫困人口提供法律援助，保障贫困人口的合法权益。

贫困的多重性、不同"贫根"的叠加性，给扶贫脱贫增加了难度。只有找准"贫根"，从扶持对象、项目安排、资金使用、措施到户、因村派人、脱贫成效六个方面加强精准扶贫，有的放矢，才能确保实现到2020年现有标准下贫困人口全部脱贫的目标，让全体人民一道迈入全面小康社会。

2018 年经济类联考论说文母题思路详解

真题原题

论说文：根据下述材料，写一篇不少于 600 字的论说文，题目自拟。（20 分）

近日有报道称，某教授颇喜穿金戴银，全身上下都是世界名牌，一块手表价值几十万，所有的衣服、鞋子都是专门订制、造价不菲。他认为对"好东西"的喜爱没啥好掩饰的："以前很多大学教授都很邋遢，有的人甚至几个月都不洗澡，现在时代变了，大学教授应多注意个人形象，不能太邋遢了。"

审题立意

1. 命题背景

高校被誉为"教书育人的神圣殿堂"，是传播知识和培养人才的重要场所、先进思想和优秀文化的重要源泉，也是科技创新的重要力量。然而，近年来，高校学术不端与学者腐败乱象频发，负面影响不容忽视。

2. 审题立意（"克罗特"审题立意法）

步骤	内容	分析
K	抓关键 （key words）	**关键句**：某教授颇喜穿金戴银，全身上下都是世界名牌，一块手表价值几十万，所有的衣服、鞋子都是专门订制、造价不菲。
R	析原因 找寓意 （reasons）	本材料中不存在寓意问题，只需要阐明对材料中现象的观点即可。
O	定对象 （objects）	材料只提到"某教授平日喜好穿金戴银"，但同时，如果跳出教授这一个体来看，这种"攀比虚荣"的现象在社会上又有普遍性。大家在立意行文过程中，可以适当地扩大话题范围，但还是要把主要对象限定在"教授、学者"，时刻记得紧密联系材料。
A	辨态度 （attitude）	很明显，适度地反对教授"穿金戴银"的行为，并提倡"勤俭节约、理性消费"是更容易行文的。 但是，材料中命题人没有给出明确的态度倾向，所以其实支持或反对教授的行为均可，立意写任一种都不能算跑题，只要鲜明地阐述自己的观点和立场、突出自己的观点并给出方案，言之成理即可。
T	定立意 （theme）	结合以上四步分析，本题可以确定立意为："教授穿金戴银大可不必""教授穿金戴银无可厚非"等。

结构

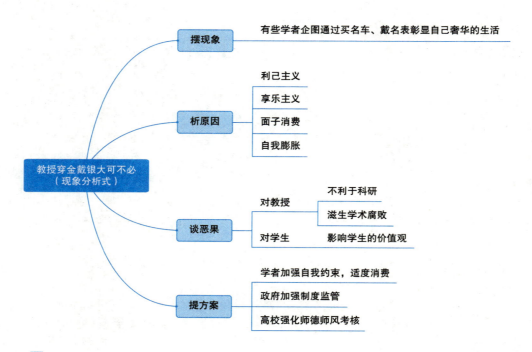

素材

1. 典型事例

（1）宝马教授"全心教学等于毁灭"

开价值50多万元的宝马车去上课，手机号码有7个8，是3家上市公司的独立董事，其在课堂上公然炫富，不像个教授，倒像个十足的暴发户——副教授尹晓冰在全国独立学院工商管理专业案例教学创新研讨会上与同行交流时"善意提醒"：大学教师全心投入教学是种毁灭。

让人情难以堪的是，尹教授这般的"曲高"却不见得"和寡"。就在前不久，北师大教授董藩在微博上告诫学生："当你40岁时，没有4 000万身价不要来见我，也别说是我学生。"并称高学历者的贫穷意味着耻辱和失败，引起公众炮轰。有网友直接指出，这样的教授培养出来的学生必然是金钱的奴隶，会将学生引入歧途。

——重庆商报《"宝马教授"：大学教师全心投入教学是种毁灭》

（2）学术界的争名逐利现象

现在学术界有太多的头衔或评奖，如某某学者、某某奖获得者、某某重大课题主持人等，这些头衔或奖励的背后，都有物质利益的驱动。学者被分成不同的级别或档次，有不同的地位和报酬,特别是那些有了名誉地位的学者,经常被不同的机构用高薪、住房、科研经费等招揽,这就更刺激了学者对这些名誉地位的追求。

——《学术发展要避免过度物质化》王晓毅

(3) 道德模范郭明义

郭明义,全国无偿献血奉献奖金奖、全国红十字志愿者之星、鞍钢矿业公司模范共产党员、鞍钢精神文明建设标兵、鞍山市道德模范。

他用自己微薄的工资撑起了180个家庭的天,用6万毫升鲜血挽救了75条鲜活的生命,用20年执着的无私奉献激发了50多人的爱心,有人问老郭:"你自己家里并不富裕,为什么要拿出那么多钱帮助特困学生和周边同志,而且坚持了那么长时间?"他回答说:"我和妻子都有稳定的收入,家中没有额外负担。同那些困难的孩子、职工家庭相比,我觉得自己是富裕的。"

——事迹报道—专题报道—人民网,郭明义

(4) 周国知:捧着一颗心来,不带半根草去

周国知先后担任过乡武装部部长、乡长、计生办主任、民政助理等职,岗位不同,但为民之心不改。他常年是手持一只手电筒,穿一双"解放"鞋,背一个竹背篓走村串户,了解特困户、残疾人、受灾户、孤寡老人及优抚对象的困难需求。年仅42岁的汉子周国知积劳成疾,走完了他短暂而光辉的一生。他的事迹可歌可泣,被人民群众铭记和传颂,用生命铸就了新时期基层党员干部的良好形象,被追授"为民模范"荣誉称号。

——南粤清风网《2004:感动中国的廉政人物》

2. 引用句

①大力宣传节约光荣、浪费可耻的思想观念,努力使厉行节约、反对浪费在全社会蔚然成风。(习近平)

②要倡导简约适度、绿色低碳的生活方式,反对奢侈浪费和不合理消费。(习近平)

③"奢靡之始,危亡之渐。"不正之风离我们越远,群众就会离我们越近。(习近平)

④由俭入奢易,由奢入俭难。(周怡《勉谕儿辈》)

⑤奢侈的必然后果——风化的解体,反过来又引起趣味的腐化。(卢梭)

⑥奢侈会破坏人们的心灵纯质,因为不幸的是,你获得愈多,就愈贪婪,而且确实总感到不能满足自己。(安格尔)

⑦不择手段地追求高级物质生活的人,他的思想品德,必然是低级的。(潜夫)

⑧历览前贤国与家,成由勤俭破由奢。(李商隐)

段落

结构	段落	母理或要点
摆现象	学者大都有立德、立功、立言的追求，这本正常。但是有的学者却超过了这个"度"，嫉妒他人日子过得滋润、潇洒，于是也不甘寂寞和清苦，企图通过买名车、戴名表彰显自己奢华的生活，甚至追求骄奢淫逸，以满足自己"高人一等"的优越感和虚荣心。 ——中国社会科学报《学术奢靡之风更不能放过》彭时代	无
	近年来，部分学者奢靡之乱象频发。公款吃喝、商务宴请，蔚然成风；珠光宝气、名车名表，"贵"极一时……这些教授学者表现出的享乐主义倾向，令人骇然。他们在精神风貌上是"懒怠型"，安于一隅，萎靡恍惚，躺在资历簿上"当一天和尚撞一天钟"；在价值取向上是"利己型"，拈轻怕重，怕苦怕累，待遇稍差一点便满腹牢骚；在生活方式上却是"玩乐型"，婚丧红白皆为盛宴，节庆往来全是豪礼，美其名曰"今朝有酒今朝醉，人生得意须尽欢"。 ——引用改编自人民日报《摈弃享乐主义，重在奋斗》	无
析原因	我们得承认，适度地追求一下个人的形象无可厚非。教授是学生的表率，整天邋里邋遢确实也不是表率应该有的样子。因此，教授们追求点简洁、时尚的穿着，佩戴些精致、典雅的首饰也是人之常情，尤其是对于一些女性教师而言，让她们整日素面朝天对她们来讲也不公平，毕竟爱美之心人皆有之，不能因为人家是教授是老师，就剥夺人家爱美的权利。	人们有爱美的权利
	教授们这种"炫耀"型消费，很大程度上源自"面子"。在人际交往中，个体借助"面子"彰显社会地位和加强身份认同。在讲体面、给面子等思维模式或"面子文化"的影响下，消费者为获得和维护"面子"，必然导致"炫耀消费"现象的滋生，比如"礼品要珍贵，饭菜要丰盛，汽车要豪华，规模要宏大，场面要隆重"。好像菜不多觉得不热情、酒不贵表明不真诚、车不豪显得不尊贵。 ——《积极倡导理性消费》王岩、邹兵	"面子消费"
谈恶果	一方面，对教授本人而言，过度追求奢侈品有害无利。大学教授不仅承担了教学工作，也承担了很多研究工作。对研究工作来说，最重要便是心静，要用"咬定青山不放松"式的决心，下"为伊消得人憔悴"式的苦功，才能产生重大研究成果。如果总是追求奢侈品，今天看这个品牌的故事，明天追那个品牌的新品，怎么能静下心来做研究呢？ 　　而且，近年来学术腐败现象频发，一些教授做个学术期刊的主编，就拿卡要，作者不给钱就不给发文；一些教授做个主任院长，就以官员自居，下属不送礼就不给升迁。这种享受一时之利的行为，难免为自己埋下被法律制裁的祸根。	影响做学术，且容易滋生学术腐败
	另一方面，对教授们的学生而言，也可能会受到教授穿金戴银的影响。教授们教育的是中国的大学生、研究生，他们是中国未来的脊梁。他们正处于十八九岁、二十出头的年龄，正是人生观、价值观定型的年龄。如果学生们都和这些老师一样，把追求奢华的生活作为人生志向，谁还能静得下心来做学问呢？	影响学生的三观

续表

结构	段落	母理或要点
提建议	学者不应对新鲜事物过分沉迷，切勿跟风和攀比。要结合自身经济能力、消费需求和兴趣爱好等，理性消费、量力而行，多一分理智和冷静，少一分盲目与冲动。	加强自我约束
	整治奢靡之风，需要学者提高自身的道德觉悟，加强精神自律。马克思说过："道德的基础是人类精神的自律。"离开了这种自律，奢靡之风虽能禁绝一时，却难免会死灰复燃。铲除奢靡之风，除了需要法律和制度建设，还需要将高尚的情操和朴素的道德植入人们的心底。相比法律和制度建设，道德和精神方面的建设更为任重道远。 ——人民日报《反对奢靡关乎国家长治久安》李韬、林经纬	加强自律
	高校应该不断强化师德师风考核，将结果存入教师档案，不合格者在职务及职称晋升、岗位聘用、评优奖励等方面实行一票否决，形成严肃、廉洁的学术风气。 ——《教育部关于建立健全高校师德建设长效机制的意见》	考核师德

范文

教授穿金戴银大可不必

吕建刚

某教授出行穿戴颇为"讲究"，一身行头动辄几万，甚至几十万。在我看来，教授如此穿金戴银，大可不必。

我们得承认，适度地追求一下个人的形象无可厚非。教授是学生的表率，整天邋里邋遢确实也不是表率应该有的样子。因此，教授们追求点简洁、时尚的穿着，佩戴些精致、典雅的首饰也是人之常情。尤其是对于一些女性教师而言，让她们整日素面朝天对她们来讲也不公平，毕竟爱美之心人皆有之，不能因为人家是教授是老师，就剥夺人家爱美的权利。

但有些教授"名牌"与"高定"齐飞，"奢侈"共"华贵"一色，这样的"大手笔"，既不是精致生活的标志，也不是建立个人形象的正道。

一方面，对教授本人而言，过度追求奢侈品有害无利。大学教授不仅承担了教学工作，也承担了很多研究工作。对研究工作来说，最重要便是心静，要用"咬定青山不放松"式的决心，下"为伊消得人憔悴"式的苦功，才能产生重大研究成果。如果总是追求奢侈品，今天看这个品牌的故事，明天追那个品牌的新品，怎么能静下心来做研究呢？

而且，近年来学术腐败现象频发，一些教授做个学术期刊的主编，就拿卡要，作者不给钱就不给发文；一些教授做个主任院长，就以官员自居，下属不送礼就不给升迁。这种享受一时之利的行为，难免为自己埋下被法律制裁的祸根。

另一方面，对教授们的学生而言，也可能会受到教授穿金戴银的影响。教授们教育的是中国的大学生、研究生，他们是中国未来的脊梁。他们正处于十八九岁、二十出头的年龄，正是人生观、价值观定型的年龄。如果学生们都和这些老师一样，把追求奢华的生活作为人生志向，谁还能静得下心来做学问呢？

可见，教授过度追求穿金戴银，既不利于个人，也不利于学生，这种行为大可不必。

（全文共701字）

2019年经济类联考论说文母题思路详解

真题原题

论说文：根据下述材料，写一篇不少于600字的论说文，题目自拟。（20分）

法国科学家约翰·法伯曾做过一个著名的"毛毛虫实验"。这种毛毛虫有一种"跟随者"的习性，总是盲目地跟着前面的毛毛虫走。法伯把若干个毛毛虫放在一只花盆的边缘上，首尾相接，围成一圈。他在花盆周围不远的地方撒了一些毛毛虫喜欢吃的松叶。毛毛虫开始一个跟一个，绕着花盆，一圈又一圈地走。一个小时过去了，一天过去了，毛毛虫们还在不停地、固执地团团转。一连走了七天七夜，终因饥饿和精疲力尽而死去。这其中，只要任何一只毛毛虫稍稍与众不同，便立刻会吃到食物，改变命运。

审题立意

1. 命题背景

法国心理学专家约翰·法伯曾经做过一个著名的"毛毛虫实验"：把许多毛毛虫放在一个花盆的边缘上，首尾相连，围成一圈，并在花盆周围不远处撒了一些毛毛虫比较爱吃的松针。

约翰·法伯在做这个实验前曾经设想：毛毛虫会很快厌倦这种毫无意义的绕圈，转向它们比较爱吃的食物，遗憾的是，毛毛虫并没有这样做。导致这种悲剧的原因就在于毛毛虫的盲从，在于毛毛虫总习惯于固守原有的本能、习惯、先例和经验。毛毛虫付出了生命，但没有任何成果。其实，如果有一个毛毛虫能够破除尾随的习惯而转向去觅食，就完全可以避免悲剧的发生。人的思维也一样，人一旦形成了习惯的思维定势，就会习惯地顺着定势的思维思考问题，不愿也不会转个方向、换个角度想问题，这是很多人的一种"难治之症"。

2. 审题立意（"克罗特"审题立意法）

步骤	内容	分析
K	抓关键 （key words）	关键词：固执地团团转。 关键句：这其中，只要任何一只毛毛虫稍稍与众不同，便立刻会吃到食物，改变命运。
R	析原因 找寓意 （reasons）	由于缺乏变通意识，毛毛虫的"跟随习性"使得它们在一步之遥的食物面前被饿死。这说明做人或者做企业，不能盲目跟随、不能依赖固有的路径，懂得变通更容易取得成功。
O	定对象 （objects）	本题是比较典型的故事型材料的题型，出现的对象都是在以物喻人。本文的说服对象可以是普通人，也可以是管理者。
A	辨态度 （attitude）	批判类似毛毛虫的行为。
T	定立意 （theme）	结合以上四步分析，本题可以确定立意为"要有变通意识""不能盲目跟风"等。

结构

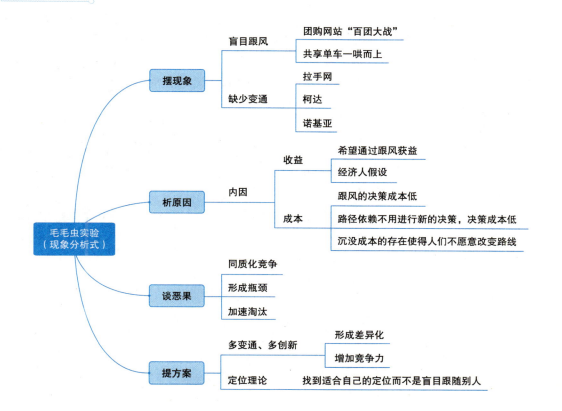

素材

1. 典型事例

（1）共享单车一哄而上

共享单车是解决"最后一千米"出行问题的很好的工具，但是，各家企业看到共享单车的风口后，一哄而上，"小黄车""小蓝车""小绿车""小橙车"……，形成了巨大的社会资源浪费。

（2）明星企业的陨落

世纪之交，柯达、诺基亚、摩托罗拉和雅虎都是各自行业的领跑者，拥有看似稳固的行业地位，兼具技术壁垒，亦不缺前沿创新，在行业改朝换代之前，它们甚至储存了不少最领先的技术。但当创新的火花迸发时，大企业臃肿的管理效率使其对可能引发的巨大变化视而不见，由于安于现状，无视市场趋势的扭转，最终无奈走向消亡。

——新财富杂志《过去15年15家知名公司断崖式坠落 败给了同一个"对手"》陈永谦

（3）星巴克的非同质化之路

星巴克在创立之初，有两条路摆在眼前，一条是之前品牌的咖啡粉之路，一条是现磨咖啡之路，走前人走过的路，不需要进行大量的创新研究就可以进行。但最终，星巴克还是选择了与其他任何咖啡店都不同的路，才成就了星巴克传奇。

（4）拉手网的凋零

当年，短短一年时间内，拉手网就突破了网站交易额10亿元的大关，可以说风光无限。后来，美团不断创新，相继推出了酒店、旅游以及外卖等全方位的业务。但拉手网一直故步自封、只做团购，导致其最终陷入一个死循环。再后来，美团和大众点评合并，极大地增强了自身实力，而拉手网在2014年被三胞集团收购，被收购后仍然固守团购业务，不能跟随市场变化而进步，最终不敌美团，消失于人们的视野。

（5）盒马鲜生的创新

盒马鲜生一跃成为国内生鲜品牌的领导者，不是靠追随其他生鲜品牌的经营模式，而是专注国内市场基础，解决国内生鲜的痛点，避免了相同模式而产生的审美疲劳，形成了自己独特的品牌。

（6）芒果TV的专注

芒果TV是行业内唯一连续三年盈利的互联网视频企业。其成功的秘诀就在于不跟风，专注自己的业务，尤其是自主创新了多档综艺和电视剧，不仅在国内大获成功，还吸引了海外影视公司购买其原创版权。

2. 引用句

①惟变所出，万变不从。（吕本中）

②事不凝滞，理贵变通。（《宋史·赵普列传》）

③求生，就是在风险与收益之间平衡取舍。（贝尔·格里尔斯）

④只有先声夺人，出奇制胜，不断创造新的体制、新的产品、新的市场和压倒竞争对手的新形势，企业才能立于不败之地。（黄汉清）

⑤企业的成败在于能否创新，尤其是当前新旧体制转换阶段，在企业特殊困难时期，更需要有这种精神。（黄汉清）

⑥法无久不变，运无往不复。（魏源）

⑦保守是舒服的产物。（高尔基）

⑧人生要不是大胆地冒险，便是一无所获。（海伦·凯勒）

⑨万无一失意味着止步不前，那才是最大的危险。为了避险，才去冒险，避平庸无奇的险，值得。（杨澜）

段落

结构	段落	母理或要点
摆现象	盲目跟风之举并不鲜见。以共享单车为例，它本是解决"最后一千米"出行问题的很好的工具，但是，各家企业看到共享单车的风口后，一哄而上，"小黄车""小蓝车""小绿车""小橙车"……，形成了巨大的社会资源浪费。	现象
	盲目跟风之举并不鲜见。以团购网站为例，短时间内，美团、拉手网、24券、抢团网、糯米网……一哄而上，形成"百团大战"的局面。	现象
析原因	之所以有那么多人愿意跟风，无非是想从风口中获益。从当年团购网站的"百团大站"，到后来视频网站的"烽烟四起"，再到共享单车的"一拥而上"，皆是如此。当风口出现时，人人都知道这样的风口会创造一部分富翁，人人都想分一杯羹，于是盲目跟风就不足为奇了。	经济人假设
	还有一些跟风者，自身的决策能力有限，再加上信息不对称造成的决策障碍，使得他们自己难以做出有效决策，因此，他们就喜欢追随成功者的脚步，认为跟着他们走，自己也可以获得成功。各种成功者的讲座、鸡汤文、经验文大行其道，就是此理。	信息不对称
	跟风的决策成本是很低的。别人干什么我们干什么，不用重新做市场调研、不用重新做产品研发，这就降低了一系列的成本，因此，做这种决策几乎不用费什么力气。	决策成本低
	还有一些企业，不是忙着跟风别人，而是埋头重复自己，像文中的毛毛虫一样，一圈又一圈地重复自己的路线。这是因为跟随原来路线不用重新做市场调研、不用重新做产品研发，省时又省力；再加上如果原来的路径取得过成功，那就更容易陷入对原有模式的"路径依赖"，失去变通和冒险的动力。柯达在数码时代的困局、诺基亚在手机领域的失败，皆因如此。	路径依赖

续表

结构	段落	母理或要点
谈恶果	细数这些跟风之举，往往并没有带来好的结果。"百团大战"只有美团活了下来，共享单车最后只留下青桔等少数品牌，其他的企业则成为市场竞争中的炮灰。	易被市场淘汰
	盲目跟风往往不会带来好的结果。你跟着别人的路线跑，产品与别人类似、竞争手段与别人相仿，那就会面临同质化竞争，同质化竞争就会摊薄产品利润，企业会活得很累，甚至走向灭亡。	同质化竞争
	传统行业的公司，大多是经历过一段长时间的辉煌后由于缺乏变通、技术落后等原因而被市场淘汰。拉手网、JAWBONE 和摇摇招车这些公司，踏准了时代脉搏，在短短数年内迅速崛起，但在成为行业领头羊后又不思变革、故步自封，最终难逃被市场淘汰的命运。它们抓住了机遇，却错过了成长。	易被市场淘汰
	企业作为一个有机整体，势必存在着限制整体效率提升的瓶颈。只有开拓创新，才能形成"解决瓶颈—提升效率"的良性循环。一味安于现状、缺乏变通，企业始终无法突破现有的发展瓶颈，生产效率也就无法得到提升，变相导致管理成本增加。	瓶颈理论
提建议	因此，企业应该找准自己的定位。因为，社会发展的必然结果是分工越来越细，任何企业都只能做自己最擅长的事。企业应当准确分析市场情况，结合自身优势和实际情况，寻找好自己的定位，从而确保自己的产品在符合市场需求的同时，也可以在消费者头脑中建立良好预期，进而建立起"强势品牌"。	定位理论
	因此，企业应该灵活变通。变通，意味着全新产品的生产、工作方法的革新、制度流程的改善、先进设备的使用等。长期来看，可以使企业的生产效率提高，从而降低企业现有的边际成本，提高企业利润。一方面，企业要树立变通意识，对市场变化敏感，并快速作出反应。另一方面，企业应当具备长远眼光，切实分析风险与收益，在变通中要建立风险预警机制，及时止损。	灵活变通

范文

企业要有几把变通的"刷子"

老吕团队　张英俊

　　毛毛虫因为自身"跟随者"的习性，总是盲目地跟着前面的毛毛虫走，最终因饥饿和精疲力尽而死去。这也给管理者带来了启示：学会变通，企业才能打破僵局，获得新的突破和发展。

变通，是指在一定条件一定范围下，依据自身资源调整经营策略，以更好地达成企业目标。适时的变通能够使企业"绝处逢生"，在激烈的竞争中找到立足之地。

变通的优势显而易见，企业"自我封闭、固守现状"的例子却依然不胜枚举。两年就达到10亿元估值的拉手网，在模式褪色后匆忙谢幕；百年企业如柯达、诺基亚，穿越了整个20世纪的风雨，却因为后续变通创新不足而轰然倒地。

提到变通，很多企业说起来头头是道，做起来缩头缩脑，为何？究其根本，无非源于"为险所困"和"路径依赖"。一方面，面对变幻莫测的市场，创新者有时无法准确地把控需求，常常是投入了人力物力等资源，"创新"出来的产品却因为不合消费者的口味而夭折。一旦创新失败，之前的投入可能都会成为沉没成本，造成难以挽回的损失；另一方面，因循守旧、按惯常的路径做事，可以降低企业的决策成本，使很多事情无须思考即可很好地执行，更加省时省力。

然而，管理者应该知道，变通，是企业高质量发展的"基因"。变通，意味着新产品的生产、工作方法的革新、制度流程的改善、先进设备的使用等。长期来看，可以使企业的生产效率提高，从而降低企业现有的边际成本，提高企业利润。当前，我国疫情防控阶段性成效得到进一步巩固，复工复产取得重要进展，经济社会运行秩序加快恢复，企业更要注重把握趋势、灵活变通，更加坚持自力更生、自主创新，真正走实、走好变通之路。

古语有云："变则新，不变则腐；变则活，不变则板。"管理者要摆脱毛毛虫的"跟随习性"，根据市场变化及时转换视角，为企业良性可持续发展提供不竭动力和可靠支撑。

（全文共740字）

2020年经济类联考论说文母题思路详解

真题原题

论说文：根据下述材料，写一篇不少于600字的论说文，题目自拟。（20分）

2018年，武汉一名退休老人向家乡木兰县教育局捐赠1 000万元，引起了广泛的关注。这笔巨款是马旭与丈夫几十年来一分一毫积攒下来的，他们至今生活简朴，住在一个不起眼的小院里，家里没有一件像样的家具。

马旭1932年出生于黑龙江省木兰县，1947年参军入伍，在东北军政大学学习半年后，成为解放军第四野战军的一名卫生员，先后参加过解放战争、抗美援朝战争，其间多次立功受奖。20世纪60年代，她被调入空降兵部队，成为一名军医，后来主动要求学习跳伞，成为中华人民共和国第一代女空降兵。此后20多年里，马旭跳伞多达140多次，创下空降女兵跳伞次数最多和年龄最大两项记录。如今，马旭事迹家喻户晓，许多地方邀请她参加各类活动，她大多婉拒。

她说:"我的一生都是党和部队给的,我只是做了我力所能及的事。只要活着,我们还会继续攒钱捐款,把自己的一切献给党和国家。"

审题立意

1. 命题背景

马旭是中国第一名女空降兵,抗美援朝期间,马旭被授予抗美援朝纪念章、保卫和平纪念章和朝鲜政府三等功勋章。马旭和老伴都是师级离休干部,本来日子可以过得更舒坦些,但他们却选择了节俭的生活方式。他们发表过一百多篇学术论文,还为空降兵发明了"供养背心"和"充气护踝"等装备,获得国家专利。老人的捐款中,很大一部分来自这些发明的报酬。

马旭在采访中说道:"离开家乡多年了,我一直想念我的家乡,这只是情感上的,我得为黑土地上的父老乡亲做点实在的事情。"得知木兰县一直在为尽早脱贫做着积极努力,老人就此下定决心要继续攒钱,为家乡做点事。2018年9月,老两口攒齐了整整1 000万元,捐给木兰县作为精准扶贫资金,专项用于教育事业、培养人才。

用爱心汇成暖流,用奉献回报社会。马旭坚定地履行公益责任,以高度的社会责任感回报社会。她的勤奋敬业、善行义举,诠释了当代军人的梦想和追求,唱响了新时代爱的赞歌。

2. 审题立意("克罗特"审题立意法)

步骤	内容	分析
K	抓关键 (key words)	关键词:捐赠1 000万元、献给党和国家。 关键句:她说:"我的一生都是党和部队给的,我只是做了我力所能及的事。只要活着,我们还会继续攒钱捐款,把自己的一切献给党和国家。"
R	析原因 找寓意 (reasons)	年近九旬的马旭向家乡木兰县教育局捐赠了几十年积攒下来的1 000万元。她说:"我的一生都是党和部队给的,我只是做了我力所能及的事。"由此可见,做人应该懂得感恩与回报。只有践行感恩、担当起社会责任,才能凝聚和传递积极的能量。考生可以从"懂得感恩、回馈社会、承担社会责任"等角度进行立意。
O	定对象 (objects)	每个公民和企业都有回报社会的责任。
A	辨态度 (attitude)	材料引用了马旭无偿捐款1 000万元的事例,马旭懂得感恩、回馈社会的行为应该被支持和倡导,值得企业管理者学习和深思。此题宜认同材料的观点,不宜反驳材料的观点。
T	定立意 (theme)	结合以上四步分析,本题可以确定立意为:懂得感恩、积极回报社会、承担社会责任。

结构

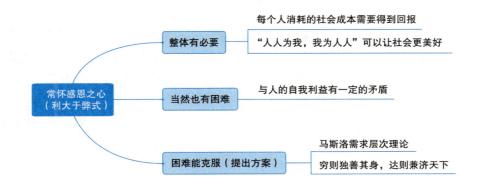

素材

1. 典型事例

(1) 洽洽食品捐赠善款

合肥华泰集团旗下的洽洽食品股份有限公司,秉承着"坚定履行公益责任,以高度的社会责任感回报社会"的意旨,在集团发展的过程中,不忘回报社会,积极参与和支持慈善活动,承担企业公民责任,不仅在多所学校设立"洽洽快乐奖学金",还通过捐建希望小学、爱心厨房,为莘莘学子的成长保驾护航。截至目前,合肥华泰集团股份有限公司累计向社会各界捐款捐物达7 000多万元。近五年来,华泰集团所做教育基金类活动6项,公益扶贫类13项,捐款捐物累计金额达2 800多万元,其自发向各类基金捐款150万元。

——《以赤诚之心回报社会——记合肥华泰集团股份有限公司》钟伟

(2) 华润希望小镇

华润集团致力于推进"华润希望小镇"的各项建设工作。通过在革命老区和贫困地区选址,统一规划,就地改造,彻底改变农民的居住环境;利用集团自身的产业和资源优势,帮助农民成立专业合作社,发展新型农村集体经济,把华润希望小镇建设成为生态、有机、绿色,具有农业发展活力、鲜明地方和民族特色的社会主义新村镇。迄今,华润已建成广西百色、河北西柏坡、湖南韶山、福建古田、海南万宁华润希望小镇,贵州遵义、安徽金寨、北京密云华润希望小镇正在建设中,已有约3 100户小镇农户,12 200名小镇居民直接受益。

——华润官网资讯

(3) 逸夫楼

早在1985年,邵氏兄弟电影公司的创办人邵逸夫先生就开始了持续捐助内地。截至2012年,邵逸夫先生27年共给内地科教文卫事业捐赠47.5亿港元(折合人民币近40亿元),捐建项目超6 000个,包括中国内地大、中小学和职业技术学校、师范学校、特殊教育学校的图书馆、教学楼、科技楼、体育馆、艺术楼和学术交流中心等,遍布全国31个省、市、自治区,对中国的教育事业产生了深远影响，让几代学子受益。

（4）张富清的故事

97岁的老党员张富清是原西北野战军359旅718团2营6连战士，在解放战争的枪林弹雨中九死一生，先后荣立一等功三次、二等功一次，被西北野战军记"特等功"，两次获得"战斗英雄"荣誉称号。1955年，张富清退役转业，主动选择到湖北省最偏远的来凤县工作，先后在县粮食局、三胡区、卯洞公社、外贸局、县建行工作，为贫困山区奉献了一生。60多年来，张富清刻意尘封功绩，连儿女也不知情。直到2018年年底，在退役军人信息采集中，张富清的事迹被发现，这段英雄往事才重现在人们面前。

——新华网《习近平对张富清同志先进事迹作出重要指示》

2. 引用句

①奉献乃生活的真正意义。（阿德勒）

②要重返生活，就须有所奉献。（高尔基）

③我们应当在不同的岗位上，随时奉献自己。（海塞）

④你若要喜爱你自己的价值，你就得给世界创造价值。（歌德）

⑤懂得感恩，是为人最起码的修养，也是从业、治学难能可贵的品质，更是应该力倡的社会氛围。（《人民日报》）

⑥有一颗感恩的心很重要，所有的人都要有感恩的心。（习近平）

⑦投我以木桃，报之以琼瑶。（《国风·卫风·木瓜》）

⑧感恩是美德中最微小的，忘恩负义是恶习中最卑劣的。（英国谚语）

段落

结构	段落	母理
整体有必要	人都是社会人，每个人的成长不是凭空而来，也不仅仅是自己父亲母亲的付出。每个人的成长过程中必然会消耗一定的社会资源，比如教育资源、自然资源等，也就是说，人的成长是存在社会成本的。因此，既然你消耗了社会成本，那么为社会做出一些贡献当然是应该的。	社会成本
	最好的社会其实是"人人为我，我为人人"的社会。如果每个人都能为社会他人付出一些劳动、做出一些贡献，这个社会当然会变得更加美好。	无
当然也有困难	当然，回报社会也存在一些困难。根据经济人假设，每个人都是考虑自身利益的经济人。因此，要把自己的利益让渡给他人和社会，是存在一定的困难的，尤其是对一些自己物质条件还不是特别好的人来说。	经济人假设

结构	段落	母理
困难能克服（提出方案）	回报社会、为社会做贡献看起来好像与人自私的一面相矛盾，其实不然。根据马斯洛需求层次理论，人在满足了自己的衣食住行等方面的需求之后，会存在更高的精神层面的需求，比如自我价值的实现。回报社会是实现自我价值的一种方式。	马斯洛需求层次理论
	其实，要想做到回报社会是非常简单的事。一方面，做好分内之事是对社会最大的贡献。工人努力做工、农民辛勤种地、学者勤奋钻研，努力做好本职工作，进而推动劳动生产率的提高和社会的发展，这样就能提高社会总福利。另一方面，如果自己条件比较好，对于有困难的群众伸伸手，帮一把，这时候财富并没有消失，只是转移到更需要的人手里了，从而也提高了社会总福利。这就是"穷则独善其身，达则兼济天下"的道理。	无

范文

积极回报社会值得提倡

吕建刚

　　车尔尼雪夫斯基曾言："生命跟时代的崇高责任联系在一起，就会永垂不朽。"马旭把毕生积蓄回馈给家乡的善行义举，彰显出其"心怀大爱"的家国情怀。我们也应该向她学习，常怀感恩之心，积极回报社会。

　　首先，人都是社会人，每个人的成长不是凭空而来，也不仅仅是靠自己父亲母亲的付出。每个人的成长过程中必然会消耗一定的社会资源，比如教育资源、自然资源等，也就是说，人的成长是存在社会成本的。因此，既然你消耗了社会成本，那么为社会做出一些贡献当然是应该的。

　　其次，最好的社会其实是"人人为我，我为人人"的社会。如果每个人都能为社会他人付出一些劳动、做出一些贡献，这个社会当然会变得更加美好。《诗经》里面有一句话，叫"投我以木桃，报之以琼瑶"，这其实就是互相感恩、互相回报的一种体现。

　　当然，回报社会也存在一些困难。根据经济人假设，人们都是考虑自身利益的经济人。因此，要把自己的利益让渡给他人和社会，是存在一定的困难的，尤其是对一些自己物质条件还不是特别好的人来说。

　　但是，回报社会和实现自我价值之间并不矛盾。根据马斯洛需求层次理论，人在满足了自己的衣食住行等方面的需求之后，会存在更高的精神层面的需求，比如自我价值的实现。回报社会是实现自我价值的一种方式。

而且,要想做到回报社会并不难。一方面,做好分内之事是对社会最大的贡献。工人努力做工、农民辛勤种地、学者勤奋钻研,努力做好本职工作,进而推动劳动生产率的提高和社会的发展,这样就能提高社会总福利。另一方面,如果自己条件比较好,对于有困难的群众伸伸手,帮一把,这时候财富并没有消失,只是转移到更需要的人手里了,从而也提高了社会总福利。这就是"穷则独善其身,达则兼济天下"的道理。

总之,积极回报社会的思想值得提倡。

(全文共 727 字)

2021 年经济类联考论说文母题思路详解

真题原题

论说文:根据下述材料,写一篇不少于700字的论说文,题目自拟。(20分)

巴西热带雨林中的食蚁兽在捕食时,使用灵活的带黏液的长舌伸进蚁穴捕获白蚁,但不管捕获多少,每次捕食都不超过3分钟,然后去捕食下一个目标,从来不摧毁整个蚁穴。而那些未被食蚁兽捕食的工蚁就会马上修复蚁穴,蚁后也会开始新一轮繁殖,很快产下更多的幼蚁,从而使蚁群继续生存下去。

审题立意

1. 命题背景

2021的这道题目,考的话题是"可持续发展"。党的"十八大"以来,习近平总书记反复强调,要高度重视可持续发展,正确处理生态文明建设问题,明确提出了六项重要原则:坚持人与自然和谐共生;绿水青山就是金山银山;良好生态环境是最普惠的民生福祉;山水、林田、湖草是生命共同体;用最严格制度、最严密法治保护生态环境;共谋全球生态文明建设。

然而,近年来,从秦岭违建别墅破坏生态到浙江千岛湖违规填湖,从新疆卡拉麦里保护区"缩水"给煤矿让路,再到宁夏某企业向腾格里沙漠排污,企业为了利益而视"可持续发展"于不顾的现象屡见不鲜。但是,在践行环保理念、保障可持续发展的路上,每个人都应该是参与者和践行者,而非旁观者和局外人。

2. 审题立意（"克罗特"审题立意法）

步骤	内容	分析
K	抓关键 （key words）	关键句：从来不摧毁整个蚁穴……从而使蚁群继续生存下去。
R	析原因 找寓意 （reasons）	食蚁兽每次捕食都不超过3分钟，从来不摧毁整个蚁穴。而工蚁会修复蚁穴，蚁后也会开始新一轮繁殖，从而使蚁群继续生存下去。大家进一步思考，不难总结出：蚁群继续生存下去，食蚁兽也就有了可持续的食物来源，也可以一直稳定地生存下去。所以，材料体现的其实是"可持续发展"的思想，大家可以围绕"可持续发展"进行立意。
O	定对象 （objects）	材料中出现了两个对象：食蚁兽与白蚁。 在材料的故事中，白蚁是被动的，它并没有主动做决策。主动做决策的是食蚁兽，因此应该站在食蚁兽（资源的利用者）的角度立意。
A	辨态度 （attitude）	支持食蚁兽的决策。
T	定立意 （theme）	结合以上四步分析，本题可以确定立意为："促进/保障可持续发展""要有可持续发展的意识"等。

结构

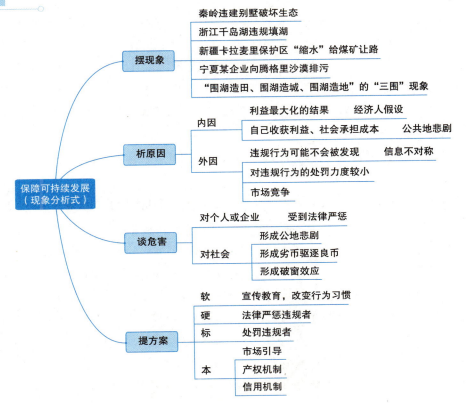

素 材

1. 典型事例

（1）秦岭违建别墅破坏生态

秦岭，有着"国家中央公园"和"陕西绿肺"之称，是重要的生态安全屏障，具有调节气候、保持水土、涵养水源、维护生物多样性等诸多功能。

然而，长期以来，秦岭违建别墅开发乱象却屡禁不止，一些人盯上了秦岭的"好山好水"，试图将"国家公园"变为"私家花园"，违规建成的别墅导致大量耕地、林地被圈占，严重破坏了生态环境。屡禁不止的开发乱象形成"破窗效应"，直至失管失控，秦岭北麓地区生态保护形势日趋严峻。

——龙源期刊网《秦岭别墅6次批示拆不动，背后究竟有哪些隐情》陈冰

（2）浙江千岛湖违规填湖

千岛湖是浙江最著名的旅游景区之一，湖水也是淳安县最为宝贵的饮用水来源。

然而，近几年，这里优美的自然风光一度受到严重威胁。一些不法商人在千岛湖湖岸线大兴土木，填湖造地，湖面正在被大量的高档酒店、豪华别墅、高尔夫球场严重侵蚀。这对千岛湖宝贵的水资源以及湖周边的生态环境造成了极大的破坏。

（3）新疆卡拉麦里自然保护区调减面积给矿产业让路

新疆卡拉麦里野生动物自然保护区拥有国家一级保护物种12种，二级保护动物36种，主要的保护对象是蒙古野驴和鹅喉羚等野生动物资源，以及原产于此的普氏野马、赛加羚羊及野生动物繁衍生息的自然环境和保护区的恐龙化石等古生物化石资源及其他资源。该保护区以其丰富的野生动物资源被研究者们誉为"观兽天堂"。然而，在2005—2015年间，为了给矿产开发等经济活动让路，卡山保护区一再被调减，连续6次"瘦身"，面积削减了近1/3，生态环境也因经济开发而不断恶化，区内的野生动物日益减少。

——澎湃新闻《新疆卡山自然保护区因开矿6次瘦身 曾被喻为"观兽天堂"》

（4）腾格里沙漠环境污染案

腾格里沙漠位于内蒙古、宁夏和甘肃交界处，是中国的第四大沙漠，也是中国沙区中治沙科研示范区。这里分布着诸多第三纪残留湖，地下水资源丰富，地表有诸多国家级重点保护植物，是当地牧民的主要集居地，曾被誉为"人类治沙史上的奇迹"。

但近几年，沙漠腹地的工业园区，却将工业污水排进腾格里沙漠深处。当地牧民反映，化工厂向沙漠直排曾经是当地常态。有记者注意到，近化工园区的沙漠形态已有明显变化，一些低洼地带，拨去浮沙立即显现出紫色或者黑褐色沙子。一些足球场大小的排污池，有的注满墨汁样的液体，有的是暗色的泥浆，上空还飘着白色烟雾。气味刺鼻，令人无法呼吸。

化工企业的废水废渣，含有高浓度酸性液体，很可能已经渗入地下，此前有环保组织检验地下水，发现酚类超标400多倍，但没有得到当地政府的承认和重视。专家透露，沙漠地下水一旦

被污染，修复几乎是不可能的。

——百度百科《腾格里沙漠环境污染案》

（5）围湖造田

我国的洪湖、鄱阳湖、洞庭湖、滇池等湖泊，自1960年以来被大规模围垦造田，加剧了湖区环境生态的劣变。湖北省的洪湖，1964年尚有水面83.2万亩，经多次围湖累计达30万亩，现存水面53万亩。由于湖容减小，严重减弱湖区的调蓄抗灾功能，以致汛期渍涝灾害频繁、低湖田土壤环境恶化。其次是水生动植物资源衰退，湖区生态环境劣变，使鱼的种类不断下降，数量减少。

——百度百科《围湖造田》

2. 引用句

①不违农时，谷不可胜食也。数罟不入洿池，鱼鳖不可胜食也。斧斤以时入山林，材木不可胜用也。谷与鱼鳖不可胜食，材木不可胜用，是使民养生丧死无憾也。养生丧死无憾，王道之始也。（孟子《寡人之于国也》）

②我们既要绿水青山，也要金山银山。宁要绿水青山，不要金山银山，而且绿水青山就是金山银山。我们绝不能以牺牲生态环境为代价换取经济的一时发展。我们提出了建设生态文明、建设美丽中国的战略任务，给子孙留下天蓝、地绿、水净的美好家园。（习近平）

③要加强生态文明建设，划定生态保护红线，为可持续发展留足空间，为子孙后代留下天蓝地绿水清的家园。（习近平）

④中国将更加注重绿色发展，把生态文明建设融入经济社会发展各方面和全过程，致力于实现可持续发展，全面提高适应气候变化能力，坚持节约资源和保护环境的基本国策，建设天蓝、地绿、水清的美丽中国。（习近平）

段落

结构	段落	母理或要点
摆现象	从秦岭违建别墅破坏生态到浙江千岛湖违规填湖，从新疆卡拉麦里保护区"缩水"给矿产开发让路，再到宁夏某企业向腾格里沙漠排污，企业为了利益而视"可持续发展"于不顾的现象屡见不鲜。	事例
	涸泽而渔、焚林而猎的事情并不鲜见，主要体现在对环境的污染和破坏上。比如中国最大的淡水湖鄱阳湖，本应予以保护，可这几年却出现了"围湖造田、围湖造城、围湖造地"的"三围"现象，使鄱阳湖面积急剧缩小；再比如我们西北地区，过度放牧导致草原质量下降，甚至造成草原荒漠化，沙漠面积扩大。	事例

结构	段落	母理或要点
析原因	这些事件之所以发生，利益是背后的推手。根据"经济人假设"，谋利是企业的天性，其做出的选择也是为了追逐经济利润的最大化。企业在可持续发展面前"得过且过"，短期内确实可以通过降低成本的方式，赚取更多的利润，使个人和企业当前的利益最大化。	内因：经济人假设
	涸泽而渔、焚林而猎并不鲜见，原因很简单，经济学上的公共地悲剧理论即可解释：涸泽而渔、焚林而猎的收益归个人或企业，而对环境造成破坏的恶果却由整个社会来承担，这就给了一些人或企业破坏环境的天然动机。	内因：公共地悲剧
	很多企业排斥绿色经营，这是为何？因为绿色经营、低碳环保，需要付出更高的成本。但在一个完全竞争的市场上，企业是价格的接受者而不是制定者，这就使得低碳环保的企业由于成本问题反而在竞争中处于价格劣势，让很多企业产生了污染环境、偷排乱排的天然动机。	外因：市场竞争
	法律监督不严是导致违规行为出现的原因之一。一方面，我国对环境保护方面的立法和执法尚在完善阶段，有一些细微之处的不足难以避免；另一方面，一些地方政府为了经济发展，为了GDP好看，对一些企业破坏环境的行为视而不见，放任了这些企业的违规行为。	外因：监管不力
	信息不对称的存在也是违规行为出现的诱因之一。企业大量消耗资源、偷排"红汤黄水"的违法行为，消费者并不知情，而低碳环保的良心企业，消费者也未必能了解。如此一来，极易形成劣币驱逐良币、逆向淘汰的局面。	外因：信息不对称
谈恶果	这些破坏环境之举，往往会给企业带来严重的后果。一是，随着互联网技术的快速发展，信息的传递速度越来越快，信息不对称现象有所缓解。因此，试图通过资源过度开发、粗放利用而获利的企业已经很难不被发现，而这些行为一旦被曝光，企业往往会迎来灭顶之灾；二是，随着我国法律法规的不断健全，企业破坏环境的经营行为逃脱法网的可能性也越来越小，极易受到法律的严惩。	受到法律制裁
	如果"散乱污"企业以成本低获得了更多的竞争优势，用"涸泽而渔"的手段获得了更多的利益，而兢兢业业走"可持续发展之路"的企业却无利可图，成了傻子吃了亏，那么就会形成"劣币驱逐良币"的恶果，"可持续发展"就成了空谈。	劣币驱逐良币

结构	段落	母理或要点
提方案	法律监管不可能面面俱到，也不可能监督到每个人的所有行为。通过宣传教育，逐渐形成文化和风气，让大家由不愿到甘愿、由自发到自觉地成为环保卫士，人人都参与到创建绿色家园之中。	软：宣传教育
	政府要健全完善法律监督体系，让践行环保者得甜头，让违法乱纪者吃苦头。尤其是对于那些屡教不改者，重拳出击、当罚则罚、当关则关。	硬：法规监管
	对破坏生态环境、大量消耗资源的企业，决不能心慈手软，即使是有需求的产能，也要关停，特别是群众意见很大的污染产能、偷排"红汤黄水"的违法企业，更要坚决"一锅端"。 ——人民日报《对破坏生态环境"零容忍"》程晨	
	解决人民群众反映强烈的环境污染和生态破坏问题，只有坚持露头就打、打早打小，一抓到底，不彻底解决绝不松手，才能让制度成为刚性的约束和不可触碰的高压线，确保生态文明建设决策部署落地生根见效。 ——人民日报《对破坏生态环境"零容忍"》程晨	
	营造可持续发展的理念，离不开市场的引导。要继续深化改革，优化市场机制，让践行可持续发展理念的企业有利可图。	市场引导

范文

保障可持续发展要软硬兼施

吕建刚

食蚁兽以白蚁为食，却从来不摧毁整个蚁穴，让白蚁得以继续生存，也使得自己能长久地获取食物。可见，涸泽而渔、焚林而猎不可取，要可持续发展。

涸泽而渔、焚林而猎的事情并不鲜见，主要体现在对环境的污染和破坏上。比如中国最大的淡水湖鄱阳湖，本应予以保护，可这几年却出现了"围湖造田、围湖造城、围湖造地"的"三围"现象，使鄱阳湖面积急剧缩小；再比如我国西北地区，过度放牧导致草原质量下降，甚至造成草原荒漠化，沙漠面积扩大。

这些事情之所以发生，利益是背后的推手。一方面，湖泊、河流、草原、林地、空气有公共地的性质。反正这是大家的东西，我去围湖造田、垦林造田、过度放牧、偷排乱放，收益是我自己的，但成本和恶果由大家共担，于是就有人为了自己的利益做出涸泽而渔之事。另一方面，前些年我国对此类事件的处罚力度还不够，再加上他们这种违规行为有时候也未必能被发现，这样，违规收益大于违规成本，就会有人乐此不疲。

可是类似这样的事情后果极其严重。如果不加以有效地制止，极易形成公共地悲剧，对环境造成不可逆的伤害。以鄱阳湖为例，现在其水体面积约为 1 707 平方千米，与近十年同期平均值相比，减小约 30%。

可见，保护环境，维持可持续发展势在必行。具体方法上，要"软""硬"兼施。

"软"是指宣传教育。法律监管不可能面面俱到，也不可能监督到每个人的所有行为。通过宣传教育，逐渐形成文化和风气，让大家由不愿到甘愿、由自发到自觉地成为环保卫士，人人都参与到创建绿色家园之中。

"硬"是指法规监管。健全完善法律监督体系，让践行环保者得甜头，让违法乱纪者吃苦头。尤其是对于那些屡教不改者，重拳出击、当罚则罚、当关则关。

习近平总书记说："绿水青山就是金山银山，宁要绿水青山不要金山银山。"守住绿水青山，保障可持续发展，"软""硬"兼施必不可少。

（全文共 740 字）